新时代大学生管理能力培养与提升研究

陈　露　罗晓忆　著

中国原子能出版社

图书在版编目（CIP）数据

新时代大学生管理能力培养与提升研究／陈露，罗晓忆著. — 北京：中国原子能出版社，2022.8

ISBN 978 – 7 – 5221 – 2045 – 4

Ⅰ. ①新… Ⅱ. ①陈… ②罗… Ⅲ. ①大学生 – 教育管理 – 研究 Ⅳ. ①G647

中国版本图书馆 CIP 数据核字（2022）第 139733 号

新时代大学生管理能力培养与提升研究

出版发行：中国原子能出版社（北京市海淀区阜成路 43 号 100048）

责任编辑：刘　佳

责任印制：赵　明

印　　刷：唐山唐文印刷有限公司

经　　销：全国新华书店

开　　本：787mm×1092mm　1/16

字　　数：285 千字

印　　张：12.5

版　　次：2022 年 8 月第 1 版　2022 年 8 月第 1 次印刷

书　　号：ISBN 978 – 7 – 5221 – 2045 – 4

定　　价：78.00 元

前　言

　　随着党和政府对教育事业的高度重视和投入加大，高等教育得到了快速发展，目前，我国已成为世界上高等教育在学人口最多的国家。如何树立以提高质量为核心的高等教育发展观，全面提高高校人才培养质量、科学研究水平、社会服务能力和文化传承创新能力；如何树立与高等教育大众化相适应的高等教育质量观、实施重大发展项目，既着力培养拔尖创新人才，又大量培养应用型、复合型、技能型人才；如何提高高等教育国际化水平、提高高等教育管理水平，带动高等教育质量全面提高等，诸多新情况新问题为新形势下高等教育发展提出了新挑战。

　　高等教育管理指引着高等教育发展的方向和路径。近年来，随着社会各界对高等教育管理研究的重视，研究成果、学科建设、人才队伍建设等方面呈现出繁荣发展的景象。同时，在高等教育管理研究中也存在着不少争议，在研究内容、研究方法、研究人员、成果评价等方面存在一些偏差：一是偏重理论性、政策性研究而缺乏实践应用性研究，无法解释和解决实践面临的问题；二是缺乏理论与实践相结合的综合性研究，研究成果对高等教育管理实践的指导意义和可操作性不强；三是研究队伍的来源、能力和素养结构不合理；四是研究成果的评价体系存在重量化考核、轻质性评价，重视学术性、忽视实用性等。为此，加强高等教育管理研究必须科学定位发展方向，树立理论与实践相结合的发展理念，关注高等教育管理工作中面临的新情况、新问题，增强问题意识和批判意识，积极探寻高等教育管理规律，注重理论研究、学科建设与管理实践相结合，充分借鉴其他学科的理论与方法，促进高等教育管理研究与管理实践的融合发展，从而推动我国高等教育管理事业的科学发展。

　　提高高等教育管理水平是为了向社会培养输送更多高素质的人才。创新创业教育是当今世界教育主动适应经济社会发展所采取的重要改革措施，是国际教育领域发展的潮流。

　　本书从我国高等教育事业快速发展给高等教育管理研究和大学生创新创业教育研究带来的新情况、新问题为切入点，从国际与国内、宏观与微观、理论与实践相结合的角度，对高等教育管理、大学生创新创业教育问题进行了研究和探索，提出了一些新理念、新方法。

编　者

目 录

第一章 新时代大学教育管理的理论基础

第一节 大学教育管理的概念

一、管理的一般概念

管理一般是指在特定的环境下，对组织所拥有的资源进行有效的计划、组织、领导和控制，以便完成既定的组织目标的过程。我们在学科体系的理论研究中也提到过，管理是人们依据社会发展的客观规律和在特定历史条件下对各种规律的表现方式进行有意识地调节社会系统内外的各种关系和资源，以便达到既定的系统目标的过程。很显然，这两个方面的表述并不矛盾，只是表述的方式稍有差别而已。前面的表述直接一些，比较简练直观；后面的表述比较宏观一些，从社会系统的角度和方法进行表述。

这一表述的含义包括以下三个方面。

（1）管理是为实现组织目标服务的，是一个有意识的、有目的的活动过程。管理是任何组织不可或缺的，但绝不是孤立存在的。只要有组织及其活动，就存在管理问题。就管理本身而言，管理不具有自己的目标，不存在为管理而管理，没有活动也就不存在管理问题，管理是依附于活动而存在的，组织活动的目标就是管理的目标，而管理是服务于组织目标的。

（2）管理活动是通过一系列相互关联的资源要素所进行的，管理工作就是要综合运用组织中的各种资源要素，通过计划、组织、控制等来实现组织目标，达到活动的目的效果，这就成为管理的基本职能。

（3）从管理本身来讲，管理活动应该按照自己的规律进行，但是，现实管理活动中的资源并不是孤立存在的，管理工作是在一定环境条件下进行的，管理是一种社会活动，有效的管理必须充分考虑组织的特定环境。

"一般管理理论"最早诞生在法国。当泰勒及其追随者正在美国研究和倡导生产作业现场的科学管理原理和方法的时候，大西洋彼岸的法国诞生了组织管理的理论，被后人称之为"一般管理理论"或者"组织管理理论"。与泰勒主要研究基层作业的管理理论不同的是，"一般管理理论"是站在高层管理者的角度研究组织管理问题，在此基础上，现代管理理论的研究发展很快，形成了许多管理的经典理论和理论体系。根据研究管理的对象不同，可分为广义的管理和狭义的管理。广义的管理可以是针对大自然中的万事万物的管理。狭义的管理只是针对某项具体活动，以及这些活动中的资源所进行的计划、组织、领导、控制。一般我们研究的管理是指狭义的管理，是指组织管理、行为管理、活动的管理。活动的结果，实际上是人的能动性的结果，管理的实质是人，是管理者与被管理者之间发生的矛盾的解决。既然这样，那么，管理就是管理者、被管理者、事项三方形成的特定的活动。

对于管理的分类，现代管理一般可以从多个方面来进行划分。一是从活动的规模与大小可以分为宏观管理和微观管理；二是从具体的活动的内容可以分为综合管理和专项管理。另外，从管理的形式上，又可以分为紧密管理和松散管理。当然，这些区分也只是相对的。

二、管理的基本理论

管理的基本理论有很多，特别是随着现代社会的发展，人们的认识水平的不断提高，社会活动的不断丰富，社会财富与利益驱动机制更加强烈，新的管理理论在创新、在发展。而系统管理理论、人本管理理论、目标管理理论、标准化管理理论、组织管理理论、模糊管理理论、混合管理理论等只是众多管理理论中的一部分，它们既是管理的理论，也是管理的思想和方法。

（一）系统管理理论

系统管理理论指出，管理的任务就是协调系统中的各个子系统及系统要素，以保持系统的动态平衡，取得系统最佳运行效果。这种管理理论及其方法的核心是把管理作为一个整体的系统，系统就要有系统要素，系统要素就是人、物、活动及其项目。这种管理理论和方法一般应用在的军事战略、建设工程、大型活动（内容复杂、组织规模大、投入量大、长时间与长周期）上较为合适，当然，这些也只是相对的，因为大和小本身就是相对的。

（二）人本管理理论

人本管理理论和方法是以人为中心的管理，实际上，这种管理理论与方法是最难以做好的，如果把握不好，甚至有时候还会出现偏颇。有效的人本管理实质是人的权力的利用和利益的分配，在这种过程中，既要尊重人，又要让人的潜能充分发挥，是一对很特殊的矛盾，往往有时候存在两难的情况。以人为本的管理目的就是发掘人的最大潜能，这种潜能并不完全是指被管理者的，同时也包括管理者，管理者的潜能是工作的积极性和表现出来的工作效益，被管理者的潜能是管理者的思想和艺术施加结果的体现，二者的结合才能达到管理的最大效果。人本管理理论虽然是一个相对比较早的管理理论，但是在实践中成熟应用的并不是很多很好。究其原因，传统的、单纯的人本管理理论十分强调管理的"人"的素质，可以说，低素质的人是绝对运用不好人本管理理论的，一个管不好自己的人同样也是管理不好别人的，更不用说有效地运用好人本管理理论了。不过，现代的人本管理理论加入了一些新的元素，在人本管理中加入制度管理，人本管理加制度管理，形成一种新的意义上的人本管理理论，可以说是现代的人本管理理论的发展。

（三）目标管理理论

目标管理理论和方法是一种与利益相关联的刚性管理模式。这种管理理论和方法实际上是与价值理论密切相关的，甚至可以说是以价值理论为基础的。要有一个预先设置的价值目标，然后以这种价值目标的实现为核心而展开的管理活动。价值目标的认同是关键，是目标管理的前提。价值目标的确立也是十分重要的，价值目标必须通过全体成员认同，目标管理理论强调组织目标的制定要得到所有组织成员的认同，没有认同感的组织目标是不切实际的目标，是难以达到组织目标的。有人说目标管理只是注重结果，这是十分错误的，最新的目标管理理论不仅仅是注重管理活动的一头一尾，除了最先确定价值目标、最终对完成价值目标的检验结果外，还对过程实施严格监督，让目标按既定的方向完成，不要等到问题成了堆，最后出现一个很糟糕的结果，既成事实不是目标管理的目的，要让管理者与被管理者通过共同的努力，一步一步向既定目标靠近。实现以价值目标为中心而组织的目标管理活动，是一种刚性的量化管理，因此执行也是刚性的。目标管理理论除了注重价值目标外，具体的应用还有一个公平理论问题，这是由目标管理理论的刚性所决定的。

（四）标准化管理理论

这种管理理论和方法是在专业化管理的基础上，由管理者组织专家制定管理的标准，要通过一定的法律法规程序予以确定。这种管理的思想十分明确，最朴素的道理就是"没有规矩不能成方圆"。标准化管理虽然是组织和专家行为，但标准并不是武断的和空穴来风，既要有权威性，又要有社会基础和群众基础，通过科学的过程来制定。在这一过程中有两个十分重要的环节，一个是标准的制定；另一个是标准的执行。第二个环节是标准化管理的要害，有时候可能还是成败的关键。在管理活动中，有了标准不好好地执行，或者执行起来走样，必将导致标准化管理的全面失败。当然，这不是标准化本身的问题，是实施标准化管理的实践问题。

（五）组织管理理论

组织管理理论和方法的实质是最高决策层通过设置管理的各级组织，规定各级组织的职能，通过领导核心、组织授权、组织实施等进行的管理。组织管理的重点是组织结构的设计，关键是组织职能的授权。同时，也有人把它归结到组织的层级管理理论、组织的能级管理理论、组织的行为管理理论。组织管理理论要有严密的组织结构，要有明确的组织目标和组织功能，同时，要有一套有效的组织运作机制，否则，再好的科学组织，再完善的组织功能，没有好的运作机制它不可能活起来，甚至导致组织管理活动不可能有效地展开。

（六）模糊管理理论

这是一种现代的管理思想和方法，特别是在软管理方面，运用模糊数学的管理思想与技术进行管理。这是一种在高层次的人群中实施的行为管理，是一种软性管理。简单管理没有必要运用模糊管理，一般是在复杂的、庞大的、中长周期的、高智商的管理活动中实施。

实际上，我们通常的组织活动中，特别是比较大的组织系统中，运用比较多的是混合管理模式。混合管理是多种管理思想和方法的组合，在规模比较大的大型组织中，管理的内容又比较复杂，头绪又很多，多种活动项目的性质差距较大，运用某一种方式来进行全盘的统领往往是不可能的，这就需要运用混合管理的理论和方法来完成。

三、高等教育管理概念

高等教育管理是根据高等教育的目的和发展规律，调配高等教育资源，调节高等教育系统内外的各种关系，进行有效的计划、组织、领导和控制，以便达到既定的高等教育系统目标的过程。这是通常给出的高等教育管理的定义。

从教育管理的层面上讲，高等教育是中等教育基础之上的教育，因此，它是指高等教育这一特殊的专业层面上的管理。

从管理的分类上讲，也可以分为宏观高等教育管理和微观高等教育管理。

从管理的内容上讲，可以分为宏观高等教育管理中的战略规划管理、宏观调控管理，微观高等教育管理中的教育组织内部的具体的教育管理活动。

从定义分析，高等教育管理具有下述三层含义。

（一）高等教育管理的依据

高等教育管理的概念首先指明了高等教育管理活动的依据是高等教育的目的和发展规律。高等教育的目的是为社会提供各级各类的高级专门人才，各级各类高级专门人才的教育是指：在类别上为普通高等教育，成人高等教育；在性质上为公办高等教育，民办高等教育；在层次上为专科教育，本科教育，研究生教育。这些教育的目的和目标是管理的根本依据。高等教育受到学生身心发展的影响，通过德育、智育、体育、美育等过程，培养全面发展的人，只有把人作为社会关系的总和来看待，才能对人的发展有全面的理解。因此，各级各类教育过程都有其自身的客观内在规律，只有正确认识它们的客观规律，才能实施科学的管理。高等教育必须受到一定社会的经济、政治、文化制约，并为一定的经济、政治、文化发展服务。因此，生产力和科学技术的发展水平，社会的制度、文化传统都对高等教育活动产生制约；无论是国家宏观的高等教育发展政策的制定，还是高等学校培养人的过程，都必须遵循高等教育的目的和高等教育发展的客观规律。这也是高等教育管理的出发点。

（二）高等教育管理的任务

高等教育管理的概念指出了高等教育管理的任务，这就是有意识地调节高等教育系统内外各种关系和高等教育资源，以适应高等教育系统发展的客观规律。从一个国家或者地区来讲，高等教育系统是国家或者地区社会系统中的一个子系统；从高等教育组织系统来讲，高等学校也是一个社会子系统。由于系统中存在着多种矛盾，因此，高等教育管理的任务就是协调并最终解决系统中存在的矛盾。在高等教育管理中，要用系统论的眼光来设计高等教育的整体和各部分之间、要素与要素之间、学校系统与外部环境之间、学校系统内部子系统之间的相互关系，树立整体的观念，并通过有效的管理实现系统要素间的整体优化。

（三）高等教育管理的目的

高等教育管理的概念还指明了高等教育管理的结果是不断促成高等教育系统目标的实现。高等教育管理的目的最终也只是高等教育目的的一种辅助性（工具性）目的。在高等教育系统中，培养人的目的是高等教育的根本目的，高等教育系统的一切工作（包括管理工作）都必须围绕这一目的展开，对高等教育系统中各种关系和资源的协调构成了高等教育管理的目的，它的目的是通过有效的管理，确保高等教育实质性目的的实现。因此，高等教育管理最终也只能是手段。当然，由于高等教育管理有其自身的需要，其自身也有目的，如效率就是管理的目的之一，但它是通过有效的管理来保证高等教育目的有效实现的。

综上所述，不论是宏观的高等教育管理，还是微观的高等教育管理，所依据的都是国家的教育方针，组织的发展目标，活动的游戏规则，高等教育的基本规律，社会政治、经济、文化的发展背景与环境，通过立法、行政、经济、市场等手段进行协调和控制，保证高等教育人才培养质量、推动科学文化知识创新、促进社会进步等目标的实现，最终实现高等教育的可持续发展。

第二节　大学教育管理的本质

一、高等教育管理的行为

（一）管理行为

管理活动中的行为具有其特殊的表现形式，它是管理过程和效果的具体体现，过程和效果反映了管理活动的基本特征，那么，要认识管理的这些过程及效果，必须首先分析管理行为，以及这些行为与效果有什么关系。

管理方格理论是由罗伯特和穆登提出来的。基于人们对领导者的一种要求，即不仅要关心生产而且要关心人的重要意义，他们巧妙地设计了一个方格图以醒目地表示这种"关心"。

他们把这种方格图作为训练主管人员和明确各种领导方式之间不同组合的手段。这种方格有两个维度，横向维度是"对生产的关心"，纵向维度是"对人的关心"。

"对生产的关心"一般认为是对工作所持的态度，诸如政策决定的质量、程序与过程、研究的创造性、职能人员的服务质量、工作效率及产品质量等。

"对人的关心"也包括许多因素，诸如个人对实现目标所承担的责任、保持下属的自尊、建立在信任而非顺从基础上的职责、保持良好的工作环境及具有满意的人际关系等。

有人列出了以下几种类型的领导方式。

1. 贫乏的管理

为完成工作和保持组织士气所需要的最低限度的努力。这种领导者对职工、对生产关心很不够，只以最少的努力去完成应做的工作。这种管理是很少见的。

2. 权威与服从管理

以几乎不考虑人的因素影响的方式安排工作，获取效率。领导者只关心生产，试图把人的因素降低到最低程度，以达到完成生产任务、提高效率的目的。

3. 乡村俱乐部管理

周到地注意人们的需要，以达到友善和舒畅的组织气氛与工作进度。领导者非常注重职工的需要，注意建立良好的人际关系。这种领导者认为，只要职工心情舒畅，生产就能搞好，因此，试图通过创造良好的工作环境、良好的人际关系来提高工作效率。

4. 协作管理

这是一种松散的管理模式，是以一种协作者的心态，工作由所委任的人完成，他们因在组织目标上有共同利害关系而互相依赖、互相信任和尊重，并且相互协作。

根据管理方格的概念，领导者可以对自己的行为做出评价。但是它并不告诉我们，为什么一名领导者会处于方格图中的此处或彼处。需要指出的是，"最好的"方式也只是从理论上说的，要领导者都成为理论上的人也是困难的，每个领导者都应根据不同的环境和因素，选择不同的管理方式和管理行为。

（二）行为类型

在教育行政管理中，哈尔平等人总结出的管理的内容大致有两类：一类是创建组织机构的行为（为了实现组织的目标）；二是体贴关心下属的行为。哈尔平的分类体系在西方教育行政管理中是很著名的。创建组织机构的行为是指领导者在描述自己与集体成员之间的关系时，致力于建立被充分限定的组织的类型、建立信息交流渠道及具体实施过程中的所作所为。这主要包括领导者为实现组织目标而与下属的各种相互作用，让下属了解自己的意图和态度；与下属一起实验或实施自己的新想法和新计划；指定下属去完成某些特定的任务；对工作进行检查和评价；制定推行某些标准、制度和规范；促进下属之间的相互合作等。体贴关心下属的行为是指领导者在与下属的相互关系中表示友谊、相互信任和尊重、温暖、支持、帮助及合作的行为。对下属表示理解与支持；愿意倾听下属的意见；关心下属的个人利益；尽量与下属讨论商量问题，让他们参与组织计划；平等公正地对待下属；乐意进行改革；及时将下属的建议付诸实施等。

（三）高等教育管理中的领导行为

高等教育管理中的领导行为是一种主要的管理行为。这种管理行为同样地可以分为两类：创建组织机构的行为和体贴关心下属的行为。高等教育的领导行为所针对的组织系统、组织目标、组织成员、人际关系等都有自己的特殊性，与其他许多社会系统的情况有所不同。比如，高等学校这一层次的管理中，领导者要全力完成的是教学与科研任务，两者又以人才的培养为核心。但是要搞好教学与科研工作，领导者还必须抓好有关的后勤配套工作，需要从各方面关心支持第一线的教学、科研人员。这就是上面所讲的两类领导行为。从理论上讲，领导者可以调整自己的行为，以适应某一特定的环境和任务。在实践中，领导者不能也不应该只关注某一类行为，而应当根据具体情况决定采取什么样的领导行为。当然，在这种时候，领导艺术是帮助领导者取得成功的必备之物。在宏观高等教育管理中，国家和地方政府对高等教育组织，即高等学校的管理，其中之一就是规范高等教育组织中领导的办学行为，既要按照国家的政策规范办学，又要办出各自学校的特色，这既是矛盾的，又是统一的，最终的目标是一致的。具体来讲，在完成高等教育目标的过程中，各级领导者为实现目标而履行领导的职责时，其关注的行为领域主要有下述几种。

1. 行政领导者的行为

它主要包括各级领导者或管理者作为负责人行使领导职责时的行为。领导者的职责就是对目标的实现或目标的改变所需的集体活动进行激励、协调与指导。如果不能做到这一点，那就是对领导责任的放弃。对高等教育系统来说，系统的目标是非常明确的，教育部对国务院负责，各省市教育行政主管部门的行政首长对省市党委和首长负责。一般来讲，到了高等教育组织这一层面，组织领导者的行为要对高等教育主管部门负责。各高等教育组织的领导，围绕着高等教育系统目标进行的活动，在形式和内容上各有特色，即使是同一专业、同一课程的教学活动，在各校之间也是不完全一样的，更由于各校的教师、学生在知识水平、能力结构、兴趣爱好、心理需要及性格特征、校园文化等方面存在着明显的差异，各高等学校的领导者为完成组织目标而行使领导职责时，所面临的环境条件就各不相同，所采取的领导行为当然也是不相同的。

2. 组织集体中的领导行为

这是指高等教育系统中的各级领导者，要为组织目标的顺利实现创造各种各样的条件，对于组织目标的顺利实现而言，领导者的行为所具有的作用分为直接作用和间接作用两个方面。直接作用包括：创建某些专门的组织机构和程序，指定专门的人选去负责完成某项或某方面的工作，对下属的工作进行检查与督促，聘请某一方面的专家能人等。间接作用包括：不直接参与各类具体的计划，但对计划的制订及实施过程施加各种形式的影响。譬如，提倡某种领导风格、实施某种奖惩措施、颁布某类晋升标准等做法都会对各项具体工作的开展产生重大影响，虽然领导者尤其是高层领导者没有直接插手具体工作，换句话说，领导者的行为也许可能不会对某些特定的具体活动产生影响（即起直接作用），但却对这些活动顺利开展并取得成功所依赖和借助的各种组织机构、过程和程序产生了影响。例如，各级政府中的教育行政领导，也许并不过问每所高等学校具体的教学和科研工作，但必须对高等学校培养人才的方向、规格、基本途径、办学思想等进行指导；大学校长也许并不一定过问某一门课程或某一堂课的具体教学活动及其效果，但他可以影响某个院（系）及教务部门在课程安排上的指导思想，影响该院（系）的课程计划或课程体系的目标，从而在某种形式上对各门课的教学活动及其效果产生一定的影响。有时候组织集体中的领导行为是无形的，有时候是起直接影响作用的，或者是干扰性作用的，因为领导的影响行为是权威性的。所以，领导行为应该是分层的、积极的、适度的、有效的。所谓分层，就是指各级的领导行为是有区别的，上一级的领导行为不能做下一级领导行为的事，否则就是越级行为。领导行为的积极性是讲领导的行为对于组织的作用是正面的，不要产生负面影响，否则，领导的行为肯定是错误的行为。领导行为的适度不分哪一级，哪一级领导的行为都必须要有一个度，超过了这个度，可能适得其反。有效的领导行为对管理活动产生好的影响，有效的领导行为是与管理活动的结果相辅相成的，有效与否，由结果来检验。

二、高等教育管理的本质

高等教育系统相对于其他社会系统有其独特的活动主体和活动目标，这就使高等教育管理同其他社会系统的管理区别开来，表现出它的特殊性。高等教育的总目标是：培养高级专门人才和发展科学技术文化并与社会经济发展的需要相适应。高等教育管理活动就是要在总目标的指导下，把对高等教育系统的战略规划、资源调配通过制度和机制进行协调。高等教育管理的本质就是协调高等教育系统有限资源的投入与高效益地实现高等教育总目标的矛盾。

无论高等教育有多么复杂，无论把高等教育系统分解为怎样的子系统，高等教育系统都必然要求各子系统在目标上协调一致。不仅要求每个子系统的目标与整体目标相协调一致，也要求每个子系统的目标与自己内部的组织成员的个体目标相互协调。更重要的是，每个系统的目标与实现这些目标的条件之间需要相互协调，这就形成了管理活动的整体性和普遍性，即每个系统都需要协调。高等教育系统内部的等级层次性导致了高等教育管理活动也具有层次性，这就形成了一个多层的、多级的、专门的分系统，即集合成高等教育的管理系统。协调就是蕴涵于各个子系统之间，对各个子系统的目标进行设计，筹集和分配资源，分析系统的活动信息，即通过政策、制度和一些技术手段等协调系统成员的活动，以达到系统所设计的目标。从事这些专门活动的管理人员（或称管理者）的活动所构成的有机整体就是管理系统。

马克思对"管理"曾有过精辟的论述："一切规模较大的直接社会劳动或共同劳动都或多或少地需要指挥，以协调个人的活动，并执行生产总体的运动（不同于这一总体的独立器官的运动）所产生的各种职能。一个单独的提琴手是自己指挥自己，一个乐队就需要一个指挥家来指挥乐队。"

马克思的这一段话，揭示了管理协调所包含的以下几个含义：

（1）管理是集体协作劳动的共同需要，即"或多或少地需要指挥"；

（2）管理必然有管理者，管理协作的对象主要是组织及其成员；

（3）管理是执行生产总体运行所产生的各种职能；

（4）管理的职能主要是指挥和协调他人的活动，同时把自己也处于管理活动之中，以取得成效；

（5）管理的目的是取得比"各个独立的运动"之和更大的效益。管理活动的普遍性（指管理活动作为人类活动的一个重要方面）普遍存在于所构成的各种组织机构中。专门管理者的出现体现出社会系统在结构层次上的性质，表明个人在社会系统中具有的不同位置、作用和性质。管理活动中人是管理的主体，权力是管理系统赖以存在的基础，权力对人的活动的约束性使人们按一定的方式组织起来，以便实现系统的整体目标，也在一定程度上体现了权力在协调中的作用。协调或称调节是指调整或改善高等学校与校外及校内各部门或成员之间各方面的关系。就一个国家和地区来讲，把高等教育放到社会的大背景中，政府对高等教育的协调是使高等教育的层次、规模、结构、水平、质量、效益的协调发展，与社会的政治、经济、文化的发展相适应，如果不相适应，就必须进行协调。就高等教育的组织——学校来说，它是高等教育系统中的子系统，学校组织的类型因区域的差别、体制的差别、机制的差异、管理者的差异等出现差异，存在着的矛盾是多种多样的，有总体目标与部分目标之间的、有长期规划与近期打算之间的、有整体利益与部门利益之间的、有组织利益与个人利益之间的矛盾，这些矛盾如果不加以协调和解决，就会影响高等教育系统的运行和发展，也会影响高等教育效益的最优化。高等教育的协调任务与高等教育管理的本质要求是相一致的，体现了高等教育管理的基本矛盾和本质特征。

了解管理活动中冲突的本质才能对症下药地协调。冲突是指由于工作群体或个人试图满足自身需要而使另一工作群体或个人受到挫折时的社会心理现象。冲突表现为双方的观点、需要、欲望、利益或要求不相容而引起的一种激烈斗争。冲突是人类社会的一种普遍现象，它具有有利和有害两种结果。从有利的方面看，冲突的解决能促进组织的发展，可以增强干劲，形成一种激励力量，它还能促进交流，诱发创新。从有害的方面看，冲突使人产生情绪压力，影响人的身心健康，剧烈冲突带来的破坏作用会浪费资源，不及时解决冲突会影响组织运转，破坏组织目标的实现。因此，必须探讨冲突产生的根源及其解决途径和方法，便于协调。

一般地说，在集体组织成员之中总是存在许多不一致，其中，某些不一致可能上升为矛盾（程度不一的矛盾），这些矛盾关系中比较激烈的便会转变为明显或不明显的冲突。冲突一般分为三种类型：第一类是认知性冲突。由信息因素、知识因素、价值观因素等引起的冲突都属于认知性冲突。这种冲突随着双方认识趋于一致就能得到缓和与克服。第二类是感情性冲突。这是一种由非理性因素引起并为这种非理性因素所控制的冲突，也可能是由认知性因素所诱发，最后为非理性因素所支配的冲突。个性相抵是这种冲突最常见的诱因，它持续时间长，破坏性大。第三类是利益性冲突。这是一种由本位因素引起的目标冲突。社会中的个人和群体在处理问题时所关心的利益不同，从本位出发就可能引发矛盾和冲突，伴随利益的再分配，这种冲突可以克服。在日常的社会活动中，随处存在可能导致冲突的根源，一旦有了起因，这种潜在的冲突随时就会转变为现实的冲突。

产生冲突一般有以下原因。

（1）人的"个性"。从人的本性讲，不满情绪积累到一定程度就会形成冲突，需要有适度的发泄。

（2）有限的资源争夺。资源在一所高等学校总是有限的，而需要却是无限的，为争夺有限的资源而产生的冲突在所难免。

（3）价值观和利益的冲突。不同经历的人价值观容易形成冲突，部门和个人都可能因利益而形成冲突。

（4）角色冲突。由于个人和群体所承担的角色不同，而不同的角色都有其特定的任务和职责，从而产生不同的需要和利益，因而发生冲突。

（5）追逐权力，是一种权力欲望的争夺。

（6）职责规范不清楚，导致对任务的要求产生冲突。

（7）组织的变动。组织的变动会导致利益的重新组合而产生冲突。

（8）组织风气不佳。如领导的矛盾和派系"传染"给整个组织而形成的冲突。

单从冲突的结果看，无外乎三种可能：一胜一败、两败俱伤、两者全胜。显然前面两种结果都不是理想的结果，这些结果往往潜伏着第二次更大的冲突，领导过程应尽量避免这种结果出现。第三种结果是在双方都较满意的基础上解决冲突而得到的，这是可取的解决问题的方案，这就需要很好地进行协调，有效的协调是我们协调的目的。

第三节　大学教育管理的属性

一、自然属性与社会属性

高等教育管理的自然属性主要表现在普遍性方面。高等教育的管理是一种社会活动，社会活动的有序进行就需要进行管理，因此，高等教育管理是社会活动中普遍存在的一种管理现象。不论哪个国家，无论哪个历史时期，只要存在高等教育活动，就存在各种培养高级专门人才的活动（包括专业设置、培养目标、课程设计、教学过程、教学方法、教学手段等），就有进行管理的必要。在当今社会中，高等教育已经成为国民的素质需求乃至消费需求，成为国家和民众的普遍需求，特别是在高等教育大众化的时代，高等教育管理已经成为一种普遍的专业管理。高等教育管理的共性方面，即高等教育管理在各个历史发展时期都具有明显的共同点，这些共同点不因国家的政治、经济、文化等差异而有所变更，也不因历史时期的变化而消失。正是由于这种共同性，中国传统高等教育中的优秀部分应当继承和发扬，如唐朝的高等学府在教学管理上制订较详细的教学计划，规定了严格的考核制度，放假、升级与退学等都有明确的规定，唐朝太学退学的规定有三条：请假逾期不返校者，令其退学；学满最高修业年限三次不及格令其退学；品德行为恶劣不堪教育者令其退学。这些管理仍有其现实意义。与现代大学有历史渊源关系的欧洲中世纪大学，一开始就建立包括文法学、哲学和医学等学院，这种校院制一直被后来的大学所采用，随着课程的发展，学习制度发展成最初的学位制，这种制度对以后的大学学位制度产生了深远的影响。例如，在法学、哲学、医学等学科，都规定有不同的学习年限，需要学习若干门课程，还要实习讲授一定量的课程，然后才能申请学士、硕士和博士学位，之后，还要接受一次口试和辩论，经评审批准，才能戴上硕士帽、博士帽。现代大学申请硕士、博士学位程序基本同过去一样，只不过是在此基础上更加完善。这就是高等教育管理的"古为今用，洋为中用"。这些共同点来源于高等教育管理活动的循序渐进，在发展过程中所形成的特点和规律，成为高等教育活动中遵循的管理的一般原则，表现出它的共同性特点。另外，在高等教育管理的技术性方面，高等教育管理使用的技术和方法一般不受社会制度的影响，各国都可以相互学习先进的管理技术，如数学、经济学、计算机科学等，更加丰富了高等教育管理的内容，推动了高等教育管理的发展。

高等教育管理的社会属性包含两层含义：一是高等教育管理具有历史文化的继承性，即在人类创造历史的过程中，由于社会及自然环境不同所形成的各种地域文化，在高等教育管理活动中留下深深的烙印。这些"印记"在高等教育管理思想上，表现为不能超越一定的社会文化形态及人们的社会心理状态，并且在具有"同源文化"的国家和地区，在高等教育管理思想和管理哲学上具有很大的相似性，而非同源文化中所产生的高等教育管理思想和管理哲学就存在明显的差异。欧洲中世纪的高等教育管理受到神学、宗教及哲学的影响，使其在管理思想和方法上都有其浓厚的中世纪痕迹，反映出中世纪的宗教和神学文化。二是高等教育管理具有政治性。因为高等教育管理是与权力关系联系在一起的，高等教育的体制和有些制度、政策总是一种社会制度和政策的一部分，是为一定的政治服务的。在阶级社会里决策者与被管理者之间一般表现为阶级关系。在社会主义社会里，人民群众是社会和国家的主人，社会主义国家的管理者，包括高等教育管理者，是为人民办事的公仆，而不是骑在人民头上的老爷和官僚，如果发生公仆转为主人的现象，就意味着管理的性质发生蜕变了。所以，有人不太赞成高等教育管理具有这样的社会属性，好像是把管理的自然属性社会化了，这是片面的，作为高等教育的管理者，特别是高级的、高层次的管理者，一定要懂得管理的社会属性，高等教育管理必定具有社会属性，并且，要搞清楚管理的社会属性在哪些方面，在我们的管理活动中如何恰如其分地处理好社会属性的问题，是当前高等教育管理者必须懂得的。从宏观高等教育管理来讲，它的社会属性的政治性问题是不言而喻的，反映在高等教育的方向上，反映出是否办社会主义的高等教育的问题。从微观高等教育管理来看，管理的方向性具体地反映在培养的人上。高等教育管理社会属性认识的淡化是很危险的，有的人甚至不承认社会属性则更可怕，这是高等教育的民族性、国家性的根本问题。

自然属性与社会属性是高等教育管理活动本身所具有的两种属性，两者处于矛盾统一体之中。高等教育管理的两个目标，规定了高等教育管理两种属性是一对相对统一的矛盾，它具体表现在维持系统整体特性功能目标应具有的稳定性与高等教育管理追求最大"结合力"，要求改变系统结构而产生不稳定性之间的矛盾，此两者之间的矛盾运动，使高等教育管理不断得到改善。同时，高等教育管理的两种属性又统一于高等教育管理计划、组织、领导和控制等管理环节上，根本上统一于高等教育管理的效益上。没有社会属性，没有维持系统整体特性的功能目标，就不会有产生最大"结合力"的需要，高等教育管理的自然属性就失去了存在的基础而无从实现它的自身价值。把高等教育系统内成员的个人目标整合成系统整体特性的功能目标，目的在于把分散的具有一定功能行为的个体结合起来，实现系统功能的"放大"，而离开了自然属性，高等教育管理的社会属性也不可能体现出来，它的社会价值目标也不可能实现。

二、封闭性与开放性

高等教育管理的封闭性是指在高等教育管理过程中，根据高等教育管理的特殊矛盾而在高等教育系统内部自我运转和良性循环的性能；高等教育管理的开放性是指在高等教育管理过程中，根据高等教育管理的特殊矛盾而在高等教育系统与外界环境相互关系中，实现物质、能量、信息交换的性能。就高等教育管理的封闭性而言，在高等教育系统内，无论进行哪种高等教育管理工作，一个首要的前提就是在一个相对独立、完整的高等教育系统内部，按照高等教育系统的特定目标而进行优化组合，即在高等教育系统的"投入——加工——产出"的过程中构成一个相对封闭的系统。没有相对的封闭性，高等教育系统就没有相对稳定的环境，任何对高等教育系统的分析及高等教育管理活动过程都不可能按照自己的独特方式运行。这种相对封闭性是一种客观的存在，是更好地进行高等教育管理的必然要求，当然，完全封闭的高等教育系统是不存在的，因为完全封闭就意味着与环境不进行任何物质、能量、信息的交换，这样的高等教育系统必然会逐渐消亡。因此，这就是我们所指的高等教育系统和高等教育管理的封闭性又具有相对性的方面。现代社会中，任何一个系统都不可能是封闭的，封闭是相对的。就高等教育管理的开放性而言，高等教育系统受外界环境的制约和影响，只有开放才能获取更大的信息资源和物资资源，才能进入社会大系统中去循环，去接受洗礼，去成长壮大。纵观中国高等教育的改革与发展、中国高等教育管理现代化进程的不断加快离不开开放，我国高等教育管理的很多思想与观念就是因为通过改革开放得到启发，很多技术与方法就是在国际高等教育的大背景下开发与形成的，现代高等教育管理的进程没有国际化的开放是不行的。没有开放性就没有中国高等教育的大发展，就没有中国高等教育管理的成熟和成长。

故步自封、关门主义使高等教育系统独立于社会大系统之外，是有历史教训的。因为，这个社会不可能停留在古代文法教育时代，教育脱离社会，脱离社会化生产活动，成为贵族教育的一种象征，难以推动社会生产力的发展。现代社会大生产催生了科学教育的迅猛发展，科学教育的内容、科学教育的方法，无不是来自于社会的，封闭已经是不可能了。那么，高等教育的管理在思想上首先要开放，要引入先进的管理思想和方法，但不改变高等教育管理的本质，这就是开放性的基本原则，也是封闭性和开放性的矛盾统一的需求点。高等教育管理的封闭性与开放性的矛盾在于：如果片面强调高等教育管理的封闭性，为高等教育系统的"存在"花费更多的人力、物力和财力，那么就会影响系统的外延"发展"，失去取得更大效益的机会；如果片面强调高等教育管理的开放性，过分注意高等教育系统效益的最优化，而忽视甚至否定高等教育管理的相对封闭性，破坏高等教育系统自身，就会只强调系统"发展"而忽视系统"存在"。这将导致高等教育系统的紊乱和能量的消耗，最终将导致系统"存在"基础的动摇。无论是高等教育管理封闭性还是高等教育管理开放性，其目的都是使高等教育系统的生存和健康发展得到保证，具体表现在统一高等教育管理的诸环节上。例如，通过高等教育计划，在解决高等教育系统与环境矛盾中使封闭性与开放性统一起来；通过高等教育组织、领导，在解决高等教育系统内系统与系统、系统与个人矛盾中使封闭性和开放性统一起来；通过高等教育控制，在解决高等教育系统既定目的与实施中偏离目的的矛盾中使封闭性和开放性统一起来。这里要明确的是，高等教育要向世界开放，汲取世界上先进的管理经验，包括一些先进的管理制度。要向其他行业开放，走开放办学的道路，特别是在市场经济体制下，企业管理是最活跃的，产生的现代企业管理的先进理念和方法尤其值得高等教育管理借鉴。

高等教育管理的自然属性与社会属性的两重性是我们要充分认识清楚的。两重性规律以高等教育系统中一切有目的的活动为基础，自然属性和社会属性、封闭性和开放性是高等教育管理本身所固有的。因此，高等教育管理的自然属性及其客观性规律，不仅在对高等教育管理的认识上，而且在高等教育管理的具体活动中都是必须要遵循的。高等教育管理活动中的两重性规律揭示的是高等教育管理固有的自然属性和社会属性、封闭性和开放性及其相互联系，这种联系是由高等教育管理的"整体功能"和"结合力功能"两个目标的矛盾运动所规定的，事实上，两重性从整体上反映了高等教育管理的特殊矛盾。因此，管理属性要素之间的联系是本质的和必然的。

总之，我们研究高等教育管理的自然属性与社会属性、封闭性与开放性，以及它们的规律在高等教育管理过程中是共同存在、相对稳定的，是高等教育管理本质的反映，是高等教育管理的基本规律。

第四节　大学教育管理的特点

显而易见，事物之间的区别就在于它的特殊性。了解了高等教育管理的特点，我们就能遵循它的本质规律，有针对性地协调管理活动中的各种矛盾，清醒地驾驭各种管理活动。

一、高等教育管理目标的特殊性

高等教育系统目标的特殊性决定了高等教育管理目标的特殊性。高等教育系统的主要目标是根据高等教育的功能来确定的，因此，对管理的功能与目标相应地提出了它的特定要求。高等教育管理的功能就是要通过计划、组织、协调、控制等使高等教育更加符合社会发展的要求，符合社会生产力的要求，这种要求表现在教育的层次、结构、规模、质量等方面的目标。另外，在微观方面，高等教育管理要使组织中的每个成员按高等教育规律办事，更好地完成既定的目标。高等教育系统的目标是根据高等教育规律和社会发展对高等教育的需求来制定的，所以，高等教育系统的协调活动也应该以高等教育的规律为指导，而不能简单地照抄企业管理中的某些方式方法。从这个意义上来说，高等教育的微观管理是以更好地培养人才并且着眼于提高人才的质量为根本目标的管理活动，它不能、也无法以只追求经济效益为目标（更不能以只追求利润为目的）。

在市场经济体制下，高等教育要不要考虑经济效益的问题，一直以来都是政府行政管理部门和管理工作者闭口不谈的问题，好像一谈经济效益就乱，就偏离教育方向，而不谈经济效益就"死"，因为，在市场经济体制下没有不讲经济效益的组织，没有不讲经济效益的管理活动。与行政管理、企业管理等其他管理所不同的是，如何将社会效益和经济效益有机结合，纳入到高等教育管理的目标中，正确地处理好社会效益与经济效益的关系，是高等教育管理者值得研究的，这也正反映了高等教育管理目标的特殊性。

高等教育管理具有两个最基本的目标功能：一是尽其所能地将系统内的各种关系和资源凝聚起来，形成一个整体，这就是管理的"维系"功能；二是最大限度地围绕系统的整体目标，发挥要素的主动性、积极性，更好地实现高等教育系统的整体目标，这就是管理的"结合"功能或"放大"功能。高等教育系统是由有关教育行政机关和各级各类高等学校所组成的系统，它的结构与功能与其他社会系统有所不同。高等教育在同其他社会系统进行物质、能量和信息交换的过程中，在为社会提供精神产品的同时，也提供物资产品，这种物资产品表现在劳动力方面、科学技术成果方面、现代文明与文化产品方面，也可能形成工业产品。高等教育系统是最具创造力的社会系统，通过各成员、各要素主观能动性的发挥，可以最大限度地实现"系统大于部分功能之和的效果"。但反过来，如果教育者及教育资源中的人的主观能动性发挥得不好，这比其他任何社会系统都更有可能制约生产力的发展。所以，高等教育管理者要充分认识到这两大功能的特殊性，并注意将此二者有机地结合起来，用凝聚力推进整体的结合力，用系统的发展加强整体的凝聚力。

二、高等教育管理资源的特殊性

不论是宏观高等教育管理还是微观高等教育管理，高等教育管理资源要素的特殊性具体表现在以下三个方面。第一，这是由一群高级知识分子组成的特殊的群体，组织及其成员的特殊性就构成了要素的特殊性。从高等教育管理的主体和客体来看，即从管理者和管理对象两个方面来看，组成高等教育系统的主体要素之一是教师，是创造和掌握专门知识的群体。因此，对他们的管理要符合这一群体的心理活动和以个人脑力劳动为主的集体性活动的特征。另外一个高等教育系统的主体性成员之一是学生，是一群18岁以上、受过完全中等教育的青年，对他们的管理和协调方式要符合他们身心发展阶段的特殊性。正是由于高等教育系统组成人员的特殊性，管理中存在着一种特殊的管理现象，这种现象强调和要求自我管理。应该说，自我管理是任何管理中都存在的一种现象，但是，在高等教育管理中，自我管理尤为重要，它是一种身心和智力发展的自我管理，他们需要学到或养成具有自我管理、自我组织、自我发展的能力。他们的心理特征也表明，在教育过程中，完全有必要让其发挥自己的自我组织管理的能力，才能更好地促进发展。所以，管理对象是高等教育管理要素最重要的特点。第二，教育投资与经费的管理是一项复杂的工作，因为它的用途是复杂的，有时候还不能用绝对的量化管理来处理，有时候投入产出还不能短期内就能见到成效，经济回报率可能很低。这就是高等教育的经费管理有别于企业管理、行政管理、经济管理等的特殊性。第三，教学与科研的物资设备的管理特殊性，表现在这类资源不完全是生产性资源，这些物资设备是建立在教学科研功能上的，是为了完成教育教学实验实习、科学研究开发等，它不仅仅是一套设备，可能是一个个教学实验和科学研究的基本平台。

前面我们也讲过，高等教育资源的特殊性构成了高等教育管理的特殊性。高等教育资源是指整个社会用于教育领域中的人力、物力和财力及知识产品、文化产品等的总和，有效的、可利用资源是指高等教育的主办者对高等教育的投入所形成的资源，主要表现在经费投资方面。社会用于教育资源的来源又与社会中的区域发展相关联，与政府对教育的投资相关联。教育是一种事业投资，但是它又不仅仅是纯粹的事业投资，因为它的投资对象决定了教育不可能是完全的事业投资，事业投资的对象主要是针对公共事业，公共事业是针对大众的，基本上所有的民众都可以享受到。而高等教育的对象群体不是单纯的享受公共事业的群体，毕竟当高等教育还没有达到普及化的时候，高等教育就不可能是一种完全的事业行为，虽然高等教育的结果是回报了社会，但是受教育者只是整个社会群体中的一部分。那么，为什么不能普及高等教育？这是由高等教育资源的有限性决定的，这些资源又受到整个社会政治经济发展的制约。所以，一方面，高等教育的投入来自政府、学生家长、学校自身和社会的多方融资构成了投资的特殊性，这就决定了高等教育资源的特殊性。马克思指出："要改变一般的人的本性，使他获得一定劳动部门的技能和技巧，成为发达的和专门的劳动力，就要有一定的教育或训练，而这就得花费或多或少的商品等价物。"要进行教育活动，先要从社会的总劳动力中抽出一部分劳动力，这就是从事教育的劳动者和进入劳动年龄的受教育者，他们要消耗一定的学习资源、生活资源，还必须有一定的物质技术条件，如校舍、图书、仪器设备等。高等教育财力资源不是自然资源，或者也不是可以通过生产方式就可以生产制造出来的，而是要通过长时间打造和培育出来的，随着社会的发展与需求逐步形成的。另一方面，在满足了人的再生产及所需要的物质再生产以后，社会所能用于教育的资源就很有限了，难于满足社会和个人对教育的需求，这也是教育管理中的一对特殊矛盾。因此，如何去获得更多的教育资源，如何有效地使用稀少的教育资源，就成为社会领域和教育领域共同关心的问题。高等教育资源投资的特殊性构成高等教育管理资源的特殊性就不言而喻了。

三、高等教育管理活动的特殊性

从宏观高等教育管理来看，高等教育事业具有很强的战略性、前瞻性。高等教育的管理活动整体的发展规划关乎长远的社会民生问题，需要许多专家系统地来完成，活动的内容涉及民族文化、区域经济、人口发展、科学技术水平、社会环境等。从微观高等教育管理来看，高等教育管理活动的特殊性体现在高等教育组织管理的活动中，最主要的表现特点之一就是要协调学术目标与其他目标之间的矛盾。学术目标是一种高智力投入和高智力劳动的追求，除了个体的高智力劳动外，同时还要强调高智力劳动的结合、高智力劳动者的团结协作。高等教育系统的主导性活动是传授知识、创造知识，高等教育所培养的各类专门人才和高等学校所提供的各种科技成果主要是通过学术水平和应用价值的高低来衡量的，管理活动的学术性十分强，而这种学术性不可以用一般行政性的方法进行管理。因此，学术目标的组织、协调、实现等是高等教育管理活动中的特殊矛盾，这就要求高等教育管理活动一定要重视学术这一特殊目标，使这一特殊的管理目标与学术目标相符合。高等教育组织中的教学活动是教与学的双边关系，高等学校师生是一个特殊的群体，在完成教学目标和管理目标的过程中，师生参与到具体的教学管理活动，达到双边认知认同，教学民主就显得更加重要。大学教职工是高等教育系统中能动的力量，是实现高等教育管理目标的智慧源泉，要发挥他们的智慧和力量，学术自由是高等教育管理必须考虑的问题。高等教育系统中实行学术民主将激发师生员工极大的能动作用，使大家从信任中受到鼓舞，在学术自由这个平台上施展自己的才华，在学校的管理活动中真正成为中坚力量。

第二章 大学生法治化管理

第一节 树立大学生管理法治化理念

一、树立法治化正确观念

（一）树立学生为本观念

以人为本是科学发展观的核心与本质要求，就是要以人作为发展的根本，依靠人民促进发展，发展成果由人民共享，坚持以人民为中心和根本，更好地尊重人、关心人、理解人、服务人。以人为本是一切以人为出发点和最终目的。人既是目的，更是主体。以人为本，本质上是以促进人自由与全面发展为根本目的，彰显了社会的进步。以人为本就是要进一步丰富与发展马克思主义人的全面发展理论，充分发挥人的积极性、主动性、创造性，实现人的全面发展。人的全面发展是建设有中国特色社会主义的本质要求，是人的发展与社会发展统，是物质生活与思想和精神生活发展的统一，也是人与自然、社会的协调发展。

法治的实质就是以人为本。大学生管理法治化必然尊重和保护大学生权益，必然高扬科学精神和人文精神，必然树立法治精神和维权意识，这势必有利于形成大学生发展的环境，实现对大学生的尊重与关怀，从而营造浓厚的法治氛围，有利于大学生个性的培育，有利于教育目标的实现，最终服务于教育的出发点和归宿。

"以人为本"的现代教育理念要求学校活动的终极目的是为人的发展服务，为培养具有独立性、自主性、能动性和责任感的人服务，这正是"以人为本"的要求，也是学校的独特价值所在。大学是人才培养机构，以大学生为本，培养高质量人才，是大学的基本使命。大学生管理要以人为本，这是由高校教育管理的使命决定的，而高校管理归根到底是对人的管理，具体到大学生管理工作就是以大学生为本，想大学生所想，急大学生所急，尊重大学生需要，适应高校发展要求，强化大学生管理工作中的服务意识，通过转变角色，来应对大学生管理中遇到的问题。

大学生管理过程中以人为本，就是要一切为了学生，一切依靠学生，一切服务学生，尊重学生，理解学生，关心学生，把大学生作为能动的主体，充分有效发挥大学生的积极性、主动性、创造性。辅导员等大学生管理者工作中，用尊重大学生的尊严、人格、情感的方法做深入细致的工作，"坚持以理服人，以情感人，以行导人，倡导隐性教育，探索虚拟教育，做到'随风潜入夜，润物细无声'。

（二）树立主体性观念

理念的更新成为教育界和全社会经常讨论的话题，现实上，观念的转变是微小的，存在"搁浅"状态。主体性观念，是教育管理领域既熟悉又暂新的话题，

熟悉源于对自身主体地位有过反思和追寻；暂新在于每个历史时期都赋予其新的意蕴。主体就是指从事实践活动和认识活动的人，且能意识到自身是活动的主导者。"人民群众是实践主体，人民群众是价值主体，人民群众是发展主体"。

近些年来，伴随高等教育的改革与发展，使得高校与大学生之间的法律关系一定程度上具有契约特征。管理者应该以大学生为本，树立服务意识，关心学生，了解学生，解决学生难题。辅导员老师在实际工作中注意发挥大学生主体能动性，引导大学生积极参与各种管理活动，改变大学生从属和被动的地位，实现大学生自我管理。高校一般实行以辅导员为中心的大学生管理方式，对大学生注重防控和严格管理，容易出现管理失范现象，大学生形成对立情绪。大学生管理中宜推行以辅导员为主导、以大学生自治为中心的学生管理模式。该模式下大学生是管理者又是被管理者，双重主体地位极大提高了大学生积极性，大学生主体意识明显增强。

大学生思想政治教育和管理工作中，要充分尊重和发挥教育对象即大学生的主体能动性，以民主、平等的主体关系和双向互动为基础，使得教育者和教育对象都成为教育活动的主人，使教育活动真正成为一种主体双边活动。面对主体意

识迅速发展的青年大学生，教育者应加强大学生主体性的培养、开发与建设，在尊重、沟通中提高大学生对话能力，认可教育者指导下的教育价值目标，以主体视角体察教育活动及其所表达的意义，在角色关系的良性互动中增强教育实效。教育管理活动中教育主体之间的矛盾与冲突，"不一定是正确与错误、先进与落后的冲突，有时候只是教者的定向要求与受者的自由选择要求的冲突！"。辅导员工作中主体性体现为教育者辅导员的主体性和受教育者即大学生的主体性。辅导员工作中实现"要我做"为"我要做"的转变，坚持弘扬主体意识，充分调动主体参与热情。同时，工作中依靠大学生，杜绝用经验、权力、政策和权威管理

大学生，尊重大学生主体地位，重视大学生基本权利，发挥大学生主体作用，塑造大学生主体属性，承认大学生主体能力差异，促进彼此平等，建立和谐关系。辅导员应努力成为大学生与高校沟通的桥梁、纽带，畅通大学生表达途径，倾听大学生心声，反映大学生意愿，维护大学生利益。

（三）树立权利本位观念

权利和义务作为一种文化和制度现象，是伴随法与国家而出现于人类社会，也是人类从古至今法律思想精华的积淀。权利和义务概念的形成有一个历史过程，是思想与文化发展进程的凝结。何谓权利、义务，中西方思想史上曾不断的追寻。权利一词，古希腊思想家并未直接触及它，而是在伦理学、政治学角度探讨过在人们互相冲突的主张之间，何为正当或正义，这必然触及到权利问题的症结。

权利义务观念的要义是："对权利和义务为何物有清楚的认识；知晓自己的权利及其正当性、合法性、可行性和界限；在法定范围内行动以追求和行使自己的权利，勇敢地捍卫自己的权利，但不可无视社会所能提供的物质和精神条件以及社会的承受能力而盲目主张权利和滥用权利；……在任何情况下绝不逃避和推卸由于自己的过错而应该承受的法律责任和道德责任。"权利和义务是法所追求的价值目标，"权利是体现在法律规范中，实现于法律关系中，主体以相对自由的作为或不作为而获得利益的手段"；义务是体现在法律规范中，实现于法律关系中，主体以相对抑制的作为或不作为而保障权利主体获得利益的约束手段，但法的终极关怀是实现权利。"法律权利是资产的索取权，它是由国家以特定个体或机构的财产来进行界定的。定义中的'资产'是包罗万象的。"资产包括物质资产、智力产品、品牌名称和声誉等等。

权利是目的，义务是手段，权利只受到法律限制，法无明文限制即为自由。权利本位不是"唯权利论"，以权利为本位的价值观并没有割裂权利和义务的联系，恰恰是以权利和义务的相互联系、相互作用和互为参照的。法治的精神在于规范与约束权力，尊重和保障权利，权利是民主的起点和法治的落脚点。对权利的保护体现出一种人文关怀，因为它是为了人的生存、尊严与价值。

权力是保障权利必不可少的手段与力量，权力的有效运行能最大限度地维护权利的实现，然而，权力具有天生扩张的本性，对其约束和限制必不可少。大学生管理法治化就是要规范权力的行使，限制权力扩张，使之良性运行，确保权利的实现。

辅导员为代表的大学生管理者在实际工作中，坚持学生权利本位，是大学生管理法治化的本质要求，将学生权利本位理念贯穿于辅导员工作中，承认大学生主体性需求，维护大学生权利、尊严和自由，实现对大学生的价值关怀与法治关怀。

二、强化法律意识、素质与教育

（一）培养大学生法律意识

1. 法律意识必要性与重要性

法律意识是法律现象在人们头脑中的反映，是人们对于法律现象的观点、知识和心理总称。大学生法律意识是大学生所形成的法律观、法律感、法律思想的总称。加强法律意识的培养是大学生管理法治化不可或缺的内容。大学生管理者具备了良好的法律意识，才能正确认识法、理解法、遵守法、运用法，才能提高

依法办事能力，才能将管理工作纳入法治程序。以辅导员为代表的大学生管理队伍定期或不定期地参加相关内容的培训，提高依法管理、科学管理、服务管理的意识和水平。

引导大学生树立正确的法律意识，增强法制观念，是辅导员等大学生思想政治教育主体共同责任，但是，在当今各种理论思潮冲突激荡、价值取向多元多样、社会现实复杂背景下，如何以坚持马克思主义理论为指导，有效引导大学生形成社会主义法律意识并非易事，值得探讨。

2. 法律意识多样性和复杂性

由于法律意识在内容、主体上的不同、在社会制度、阶级阶层上差异，导致任何一个社会里，法律意识不可能完全统一、一致，但其中一定有一个主流的占统治地位的法律意识，即该社会中占统治地位阶级的法律意识。如马克思和恩格斯所言："统治阶级的思想在每一个时代都是占统治地位的思想。支配着物质生产资料的阶级，同时也支配着精神生产的资料，因此，那些没有精神生产资料的人的思想，一般是受统治阶级支配的"。我国社会主义国家性质决定了阶级性与人民性的高度统一，为实现人民群众对社会主义法律意识高度认同提供了最大可能，但随着社会发展，不同阶层、不同群体出现收入差距，反映在法律意识上，不同阶层、不同群体法律意识出现了分别，"主要地表现在人们对于法律的观点、看法、态度和心理出现了明显的个别化、多样化的趋势"。哲学上讲，物质决定意识、社会存在决定社会意识，经济收入、经济地位以及经济关系的变化，必然反映在人们的意识层面，倘若物质条件和生活方式的改变所引起个人法律意识变化往往是感觉的、直观的、不系统、碎片化，那各种法学理论与学说介入，容易导致感性认识上升到较为稳固的法律观念，与社会主义法律意识极不和谐，因此要十分警惕西方法学理论传播和国外敌对势力在意识形态上恶意渗透，坚持马克思主义法学指导地位。

当前我国社会法律意识多样性复杂性，还突出表现在中国旧社会遗留下来法律意识，有积极向上、极具生命力的法律意识，如注重和谐，我们应合理继承，与社会主义法律意识相融合；有消极落后的，如专制观念、人治观念、权大于法等，我们应当剔除。总之，取其精华，弃其糟粕。当前我国社会法律意识中存有社会主义法律意识、资产阶级和小资产阶级法律意识、中国旧社会遗留的传统法律意识。以辅导员为代表的大学生管理者，对我国社会法律意识多样性、复杂性对青年大学生影响要有充分的认识。

3. 同非马克思主义法律思想作斗争

法律思想是意识形态的重要组成部分。"正像你们的法不过是被奉为法律的你们这个阶级的意志一样，而这种意志的内容是由你们这个阶级的物质生活条件来决定的"。马克思深刻揭示了法的阶级性、法的本质。我们社会主义国家性质决定了，我们坚持马克思主义指导思想，我们社会主义法制是为反映广大人民群众意志和利益的法制，我们法制教育为社会主义法制和人民利益服务，大学生形成社会主义法律意识而不是其他什么法律意识。坚持马克思主义法律思想及其中国化最新成果社会主义法治理念，就必须拿起批判的武器，同一切非马克思主

义的法律思想和观点做斗争。我们充分认清资产阶级法律思想欺骗性和迷惑性，自觉学习接受唯物史观基本立场和方法，不盲目相信西方的理论、学说、观点，

坚持马克思主义法学阵地，同非马克思主义法律思想作斗争。马克思主义法律思想是在批判资产阶级法律思想过程中形成的，因此，当下在国外搞"和平演变"这一意识领域战争背景下，思想政治教育工作者应当果断地拿起理论武器，把斗

争看成是发展马克思主义的机会与实践途径。辅导员为代表的大学生管理者在理

论教育和实践工作中，坚定地以马克思主义和社会主义法治理念为指导，理论与实践上深刻剖析西方学说，正确引领大学生，力求大学生掌握正确科学的思想观点。

需要注意的是，一是同各种非马克思主义法律思想斗争，不是放弃百花齐放、百家争鸣的方针，恰好相反，维护支持各种学派、流派在马克思主义指导下自由

开展辩论和争鸣，二是西方法律文化、法治文明，要合理吸收其精华，为我所用，继承其一切优秀文明成果，不要全盘否定学习西方法律思想，正确的方法是批判地继承，合理的扬弃，问题关键在于辩证法。毛泽东在《论十大关系》中谈及中

国和外国关系时指出，"我们的方针是，一切民族、一切国家的长处都要学，政治、经济、科学、技术、文学、艺术的一切真正好东西都要学。但是必须有分析

有批判地学，不能盲目地学，不能一切照抄，机械搬用。他们的短处、缺点不要学"。辅导员作为大学生思想政治教育和管理者，在辅导大学生学习生

活中，引导大学生掌握学习外国文化的方法、技巧，坚持学习中批判、学习中继承、学习中反思，要合理借鉴，为我所用，取其精华，弃其糟粕。

（二）提升大学生法律素质

1. 大学生法律素质涵义

从不同语境、不同视角理解"素质"，其涵义并不相同。素质一词通常被界定为概括性称谓，是指在固有先天生理基础上，通过后天环境和教育的影响，由知识内化而形成相对长期稳定的综合素质。何为法律素质，其内涵与外延包括什么？一直是学术界研究探讨的话题，至今未有定论，其中，以下几种观点较为具有代表性、典型性。"法律素质是指学法、懂法、守法、知法、用法的观念和意识。"法律知识、法律能力、法律精神"台阶式"的递进层次共同构成的有机整体。法律素质培养是一步一个台阶向高层次上升的，它是一个循序渐进、逐步完善的教育过程。法律素质是"一个内涵丰富的综合性概念，涉及法律信仰、法律意识、法律知识、法律情感、法律认同、法律心态、法律习惯、法律行为、法律价值评判等各个方面。由于不同学者对法律素质的分类标准、内涵认识的不同，法律素质的界定上必然存有差别，但彼此也有相似之处。

2. 大学生法律素质构成要素

大学生的法律素质包括法律意识、法律知识、法律信仰和法律能力。

法律意识是"一种特殊社会意识体系，是社会主体对社会法的现象的主观把握方式，是人们对法的理性、情感和意志等各种心理要素的有机综合体。律意识是大学生法律素质不断发展的起点，根据其实践中发展的递进规律，大学生法律意识由浅至深分为法律心理、法律观念和法律意识形态。法律心理是大学生形成的对法律的初步认识、情感、体验，具有直观性、片面性和零散性。法律观念是大学生形成的意向和决策思想。法律意识形态是大学生对法律全面、系统和客观的看法。

法律知识是大学生法律素质发展的前提与基础，是大学生对法律理论及实践知识的积累与理解。具体而言，其内容包括理论性法律知识、普及性法律知识、专业性法律知识。

大学生法律信仰是大学生主体对法律绝对的信服和神圣情感。大学生法律信仰，包括对公平、正义、自由、平等诸多法律价值的追求，蕴含着对法的期望。大学生理应形成法律信仰，也是大学生为实现法治所应有的态度和应做的贡献。

大学生法律能力是大学生在法律实践中运用法律知识分析解决问题，规范指导行为，将内心理性法律意识外化为相应法律行为的能力。大学生的法律能力必须经过长期的实践和锻炼才能形成。

总之，大学生法律素质四个构成要素相互渗透、相互制约。四要素之间，你中有我，我中有你，理性的法律意识、完备的法律知识、坚定的法律信仰和扎实的法律能力四者之间，相互促进。

3. 大学生法律素质教育理念探讨

站在学校教育视角来分析界定大学生法律素质教育，就是高等学校通过相关法律知识的传授和法律情景的设置，培养大学生的法律意识和法律运用能力的教育过程。很久以来，这种观念根深蒂固，"法制教育"蕴育在"德育"之下，法律素质处在道德素质最低层面，思想道德修养高，必然会守法、用法，无需进行专门的法律素质教育。实践中，未能凸显法律素质的重要性，根源于中国传统社会对道德的过分张扬，法律工具性观念极强，更为不解的是，凸显法律素质地位将会影响思想道德素质的境界。当今社会，法律成为市场经济中必不可少的一部分，如果没有法律的调整作用，市场经济将失去其存在的基石，所以，人们要改变观念，摒弃泛道德主义，树立法律至上观念，正视法律与道德的差异，认同二者对社会发展的重要作用和存在价值。

4. 大学生法律素质教育的趋势与方向

促进全面发展，培育法律信仰，是大学生法律素质教育的趋势与方向。法律信仰是人们对法律的信仰和崇拜的情感，是人们接触法律和学习中伴随自我体验而成的法律情感。法律的运行、法治的实现需要人们在信仰上予以支持，形成稳定的法律素质。思想道德修养与法律基础课是提高大学生法律素质教育的有效途径。高校教育管理过程中，要努力实现"行为规范为基础，思想观念为核心，权利与义务为重点的大学生法律素质教育教学体系"，形成知识传授、观念引导、能力培养三位一体的大学生法律体验式教学模式。大学生法律素质是大学生的法律知识、法律意识、法律信仰和法律能力的综合体现，是大学生内在观念和外在行为方式的统一。现实社会中，法律信仰的功利性、迷茫性以及法律信仰与行为选择的游离性是当代大学生法律信仰缺失的典型表现。因此，高校从全面发展视角，重点培育大学生法律信仰，通过模拟法庭、参观相关场所，激发大学生学习兴趣，促进大学生自我认识和自我体验的形成，逐渐形成法律信仰。

（三）注重大学生法律教育

1. 加强宪法宣传教育

2014年11月1日十二届全国人大常委会第十一次会议决定，设立每年12月4日为宪法日，足见对宪法权威认可、重视。宪法是国家根本大法，是治国安邦的总章程，我们要进一步彰显"弘扬宪法精神，建设法治中国"主题。青年大学生是法制宣传教育的重点对象，因为青年是祖国的未来，民族的希望，青年大学生具有一定的文化水平和较强接受能力，对其进行法制宣传教育容易收到理想效果，有利于宪法观念树立，法律素质提高。我国法制宣传教育以宪法为重点，进一步树立宪法意识，维护宪法权威，要广泛宣传宪法，让宪法深入人心，认识到宪法是保障公民权利的法律武器。作为大学生思想政治教育和管理者，实际工作中要忠于宪法、遵守宪法、维护宪法，坚持依法治国与以德治国相结合，工作中依法管理，立德树人，人性服务。辅导员等大学生管理者引导大学生树立宪法观念过程中，应当以社会主义法治理念为指导。社会主义法治理念是党中央在 2006 年后提出的新思想，是真正符合广大人民群众利益和需要的先进法治理念，要深入理解其内涵即"依法治国、执法为民、服务大局、公平正义、党的领导"，体现了党的领导、人民当家作主和依法治国的有机统一，体现了社会主义法治理念中国特征和社会主义性质，体现了马克思主义在法学和法治领域的指导地位。

2. 注重法规校规培训

伴随我国高等教育法律法规出台与完善及高校学生管理制度的规范，为大学生管理法治化提供了依据，学习法律法规，加强法治宣传，培养师生法治观念，成为大学生管理法治化的重中之重，这将有利于维护高校和谐稳定，促进高校教育事业健康发展。

因此，高校应该加强法治宣传教育。高校定期开展内部学习、自主学习、案例探讨，举办法制讲座，提升以辅导员为代表的大学生管理者法律素质，强化对法律、规则的认同，以期实现做到学法、知法、守法、用法，提升法律素养，摒弃传统人治模式，纠正重义务、轻权利的错误观念。辅导员教会大学生树立法律意识，向大学生宣传法规校规，讲解典型案例，使得大学生了解自身所应享有的权利和履行的义务，大学生懂得利用法律手段维护自身权益，形成遵纪守法、文明自律的氛围，促进大学生管理法治化的实现。

同时，在大学生当中开展法规校规的学习活动，形式灵活，内容丰富。具体而言，完善法律基础课授课方式，提升法律基础课教学效果，借助模拟法庭、校报、广播、校园网、宣传栏、学生手册等强有力的宣传渠道，利用微博、QQ、飞信、微信新媒体进行宣传，使大学生知道"必须做什么、可以做什么、禁止做什么"，增强遵纪守法观念。养成良好行为习惯，积极参与到与自身利益相关的各项工作与活动当中。

总之，通过广泛深入的学习宣传，使得法治观念，尤其是大学生管理法治化的观念深入广大师生心中，辅导员等大学生管理者率先垂范，以身作则，提升法律意识，增强法律素质，提高处理学生法律事务能力。广大学生积极参与学校的民主管理，维护自身的合法权益。

三、注重管理程序正当性

（一）正当程序释义

程序是控制权力滥用的有力武器和手段。正当程序可以确保行政行为的公开、公平与公正。正当程序是特定机关或组织在分配正义过程中遵循的法定程序，依据正当程序做出结果，才有法律效力，当事人必须服从，才能为受害者提供有效的救济。正当程序虽源于英美法系，是英美法古老而长青的原则，但其正当性价值所蕴含的中立、理性、平等、公开等价值取向得到广泛认同并传播。正当程序起初被包含在英国自然正义原则中，是司法原则的重要原则之一，后随着大量行政机构的出现，这一原则被移植应用于行政案件，再此后被大量介绍到中国，法律人士充分认识到，正当程序是规制权力、保障权利、实现正义的重要手段。本文将正当程序作为管理理念提出来，意在指明其是大学生管理走向法治化、民主化、现代化的必由之路，重在唤醒仍在"重实体、轻程序"的大学生管理者。程序正当避免权力的滥用，确保结果的公正。在大学生管理中存在的诸多问题表明，大学生管理者缺乏正当程序观念才是问题之源。笔者认为，辅导员等大学生管理者实现正当程序，首先消除误区，心中自认为的公正不能代替客观的公正，虽有程序但缺乏正当性未必实现真正正义。正当程序要贯穿于大学生管理始终，实现程序的中立性、公开性、参与性、避免偏私、恣意。严格按照既定的规则和程序处理学生事务，确保权力在阳光下运行，实现程序公正与实体公正，才能深得大学生和家长满意。

（二）程序正当保障正义

正当程序最早追溯到英国法中的"自然正义"，行政主体按照一定的方式、步骤、时限、顺序行使其职权。正当程序是重要的法治理念，也是一项重要的法律原则，已经被各国行政法普遍的遵守和贯彻，正当程序原则在中国已开始落地生根。哲学上来分析，物质决定意识，但意识是物质的反映，对物质具有能动作用，因此思想意识必然指导行为，未能树立程序正当理念，对正当程序重视不够，何谈行为的正当性？大学生管理领域，大学生管理权的行使必然遵循正当程序，尤其影响大学生权益时，履行告知义务，听取陈述、申辩，举行听证会等。正当程序是大学生权利保障的基本要求，因此可以说，程序正当是正义的保障，程序正当能够防止权力滥用，程序正当能够有效的提高行政效率，尊重各项权利。

行使大学生管理权，对大学生作出不利处分，对大学生受教育权有实质影响时，必须遵循正当程序。教育部《关于加强依法治校工作的若干意见》（教政法〔2003〕3号）中指出"学校要健全学籍管理制度，按照有关法律的规定，严格保护学生的受教育权；对学生的处分应当做到事实清楚、证据充分、依据合法，符合规定程序"。《普通高等学校学生管理规定》规定了"程序正当、证据充分、依据明确、定性准确、处分适当"程序性规定要求，切实保障大学生的陈述权、申辩权、知情权以及救济权。

以辅导员为代表的大学生管理者要能够真正领会正当程序的内涵和价值，赋予程序以力量，赋予程序以正当性，运用正当程序制约大学生管理权力，将正当程序贯穿于大学生管理始终，实现程序性权利与实体性权利相适应、相协调，实现实体公平与实质正义。通过程序制约，实现依法治校、依法办学、依法管理，促进大学生管理法治化，使大学生权利得到切实有效地保障。

第二节　完善大学生管理法治化制度

"如果说人的观念更新是人的全面发展的灵魂，人的能力提高是人的全面发展的核心的话，制度创新则是人的全面发展的保证。人的观念更新和能力提高，只有在现代制度条件下和制度创新过程中真正实现"为此，制度建设、制度管理，尤其大学生法治化管理，对于高校教育事业的发展和大学生成长成才起着不可或缺的重要保证作用。

一、健全大学生管理法规

修改相关法律，填补法律空白。中国特色社会主义法律体系基本建立起来，教育法律法规得到丰富发展，但目前与大学生教育管理相关的法律法规缺乏实体性和程序性规范，各主体法律关系及纠纷的解决等内容规定不全不细，教育法律体系存有不够完备之处，比如考试作弊问题、大学生申诉权问题都颇受争议和质疑，有待修改完善已有法律，弥补法律漏洞，法律的修、改、废势在必行，这是理论的共鸣与实践的呼唤。

大学生管理法治化的前提就是有"法"可依。良法是法治的前提，目前我国大学生管理相关法律法规大多属于宣言立法，条文过于原则，原则性表述多，应予以量化，明确表述少，缺乏实体性和程序性规范，法律用语欠缺规范，法律概念缺乏界定。高校、教师、大学生之间的法律关系缺少明确规定，大学生和高校的权利、义务、纠纷的解决等内容规定不全不细，因此要健全大学生管理法规，做到有法可依。

健全大学生管理法律法规要提高立法人员的法律素质，培养精通法律和高等教育管理人才，加强立法解释与宣传，增强实践性、操作性，及时做好法规的修改、清理和汇编工作。面对当前大学英语四级六级等各项考试中一些高科技舞弊现象，为维护各主体的合法权益，相关法律法规应该尽快回应实践，维护考试公平。国家尽快出台统一使用的《高校学生权益保护法》、《考试法》等法律法规，进一步分清各个主体职责，明确高校在招生考试行为中的法律地位，规定大学生权利救济的措施与途径，弥补考试存在的漏洞，界定考试作弊人员的法律责任，从而，更加有效地维护各方合法权益。

二、完善高校管理制度

（一）高校管理制度概说

高校是法律法规授权行使一定教育行政职能的组织，具备行政主体资格。高校为了有效开展教育教学与管理活动，需要制定内部规范文件，这些内部规范性文件属于自治规则，即高校规章制度。高校规章制度是根据教育法律法规之规定，高校制定的在高校范围内教职员工和广大学生必须遵守的自治规则，不具有法的全部属性，也非处理一些案件的有力依据，但是作为合法合理的自治规则，是对法律规范的有益补充或完善，在高校范围内对其管理对象理应具有一定的约束力，属于规范性文件范畴。但与法律法规、行政规章不同的是，高校规章制度本身没有法律效力，不能作为人民法院审理案件的依据，其具有预先设定性、一定的权威性和局部的强制性特点，合法合理的高校规章制度是进行高校内部管理的重要依据。高校规章制度的效力主要体现在对内部成员的约束上，是一种契约性和自治性的规范。从内容上来看，高校规章制度是高校根据法律、行政法规和行政规章而制定的具有针对性、操作性特点的规则；或是在法律、法规未涉及的方面高校根据法律精神、教育规律与学校实际而制订的规则，具有自律色彩，是高校自我管理、自我约束的基本依据。

目前，高校制定规章制度的程序是相关职能部门起草，学校法律法规部门或法律顾问审查，校长办公会议审议通过。制定环节缺乏一些必不可少的步骤，如征求意见环节，征求意见是提高规章制度质量和可执行性的重要一环，征求意见必然要求在规章制度起草过程中，听取有关部门、教师和学生代表的意见和建议，可以采取书面征求意见、召开座谈会、论证会等多种形式。但是，对于涉及大学生切身利益，如重大纪律处分的规章制度，起草部门应当组织召开听证会，审查环节针对重大、疑难法律问题的，咨询法律专家进行论证，使得制度具有合法合理性，在审议和决定环节，规章制度草案必须经校长办公会议按照规定的程序进行审议，最后，经审议通过的规章制度在全校范围内公布，可采取校内公告栏公布、校报、校园网等方式公布，保证制度的公开性，确保大学生知情权的享有和实现。

为了有效开展大学生管理工作，高校必然要制定大学生管理方面的规章制度，通常意义上讲的校规。高校在管理过程中给予大学生纪律处分时，校规通常作为高校对大学生管理或处分的直接依据。目前高校校规在制定和使用方面存有一定的问题，违背法治精神的现象也存在，因此，以法律法规为依据，及时修订现有校规，建立符合法律要求、社会进步发展与大学生切身实际利益的大学生管理规章制度势在必行。确保高校规章制度的程序科学、内容合法，是大学生管理法治化的关键，是"良法之治"应有之义。高校规章制度是高校教育教学、学生管理工作、学生全面发展有序进行的必要基础，是高校提高工作及管理效率的有效手段。高校规章制度注重秩序和效率，更应注重和实现大学生的合法权益，追求公平与正义。

（二）高校管理制度制定程序科学民主

高校规章制度的质量离不开严格的制定程序。规章制度的制定要明确负责部门和制定过程的各个环节，制定过程纳入法治化轨道。高校规章制度的制定，一般来说，应通过校长办公会议讨论落实，由有关职能部处如学生工作部（学生处）、教务处、研究生处（院）、后勤管理处等部门分工起草制定。学校管理规章制度涉及大学生合法权益时，高校要通过各种途径和形式广泛听取大学生意见和建议，选出大学生代表参与规章制度的制定和修改，以便节约成本，充分体现出大学生意志，高校制定符合法治精神与尊重大学生权益的学生管理规章制度。高校规章制度通过严格审核后及时发布。高校制定的规章制度先由学校法律顾问进行法律规范的严格审查，做到规章制度形式、内容和程序合理合法，最后，由校长办公会议讨论通过后发布，重要的高校规章制度（如校规）必须明确发文、校园网公布等形式"广而告知"。

1. 制定完善高等学校章程

学校章程作为学校的自治性规范，成为学校依法办学的纲领性文件。《中华人民共和国教育法》第 26 条、第 28 条和《中华人民共和国高等教育法》第 27 条、第 28 条明确规定了学校章程是学校自主管理的依据。学校章程是学校自主管理、对成员进行内部约束和规范的基本依据，是我国教育法制体系的延伸和补充，对学校内部机构和人员的活动具有规范性。学校组织依据章程行使的管理权，才为法律所确认。制定和完善学校章程，是学校实施自主管理、依法治校的基础。按照《高等学校章程制定暂行办法》（教育部令第 31 号）精神，高等学校为适应高等教育新形势和学校发展变化的需要，建立健全以大学章程为核心的现代大学制度，进一步巩固发展成果、明确办学方向、体现办学特色，推进依法自主办学，及时完成学校章程的核准发布工作。为了做好此项工作，首先，高校应加强章程修订工作的组织领导。成立《大学章程》修订工作领导小组、修订咨询委员会、修订工作小组。其次，做好章程修订前期基础工作。广泛征求意见，召开讨论会、审读会、征求意见会等会议，形成《大学章程（征求意见稿）》，通过校长办公会进行审议，提出章程修订意见，召开教代会常设主席团会议，审议通过《大学章程（修订稿）》，为进一步推进章程修订工作奠定坚实基础。再次，明确章程修订主要原则和重点内容。修订主要原则为，贯彻落实上级部署，遵循办学治校规律，倡导改革创新精神，坚持科学决策发扬民主。修订重点内容为，一是章程体例，参照教育部已核准高校的章程体例，形成由序言、总则、具体章节、附则等部分组成的章程基本体例。二是章节构成，原有章程基础上适时增补。三是对重点内容进行完善，在总则中进一步明确学校的办学教育理念、发展模式、办学战略、办学特色、治校方略等内容，在其它具体章节厘清学校内部治理体系，明确有关议事规则与决策程序，规范学术委员会的地位、组成、职责和运行规则。最后，明确章程修订程序与时间安排，做好做实修订准备、修改完善、审议上报、核准公布各阶段工作。

2. 制定完善学生管理规章制度

高校依据法律法规及学校章程，制定学生学习考试、评奖评优、日常行为、毕业就业诸多方面的管理规章制度，这些管理规章制度是学校推进依法治校工作的基础，是学校办学自主权的体现，也必然是大学生管理法治化的要求。高校需要根据相关法律、法规、行政规章等为指导，参照学校章程规定，制定高校学生管理规章制度，规范高校学生工作事务。高校学生管理制度涉及领域极其广泛，囊括了学生学习、生活诸多方面的行为准则要求。

高校学生管理规章制度的制定程序要科学规范。充分发扬民主，广泛听取意见，起草部门虚心听取和接受广大学生、教师、其他职工和有关部门的意见和建议。学生管理规章制度在审查环节，审查标准应当具体、清晰、明确。重大或者疑难法律问题，如涉及大学生身份资格的丧失、学位申请资格的丧失等与大学生重大利益相关的事项，应当邀请有关法律专家进行讨论，展开论证，建议需要确定哪些必不可少的程序。在审议和决定环节，必须明确规章制度按照规定的程序进行审议。

高等学校制定学生管理规章制度时必须考虑制度的内容范围、奖惩方式和手段是否适合大学生的身心发展，是否对教育教学目标的实现有利，是否符合人才培养的要求。高校学生管理制度是教育教学和管理工作有序运行的必要保障，也是对大学生错误行为予以管理、矫正和惩戒的依据。高校自行制定的校规、制度，虽无法之名，却行法之实，它与法律都具强制性，只不过强制效力和作用范围有别而已。大学生管理制度必须符合高等教育法律法规的规定和精神。要在法律授权的范围内，结合本校的办学条件和具体实际，按照合法性原则、可操作性原则、稳定性原则、科序性原则、适时性原则，及时梳理高校学生管理规章制度，不合时宜的立即废止，行之有效的继续坚持，存有漏洞的及时修订，尚有空白的适时建立。在完善过程中，要提高制度创制者的法律素质，规范程序，完善制度各个环节，有效组织大学生参与制度的创建。辅导员工作涉及大学生方方面面利益，诸多事务未有具体明确的规则可遵循，存在着自由裁量的空间，赋予辅导员基层性的大学生管理操作细则制定权，使大学生管理有"法"可依、有章可循。制度的制定和执行上要听取辅导员的意见和建议，充分尊重辅导员主体地位。辅导员要增强制度化管理意识，制定稳定明晰的规则，促进规则的丰富完善，努力促进大学生管理法治化的实现。高校学生管理制度是高校学生工作中必不可少的常用的教育管理手段，辅导员作为大学生思想政治教育和日常管理者，因而获得了制定相应规则的权利，规范大学生日常学习和生活中的行为，维持良好的教育教学和管理秩序，对大学生的违规行为给予相应的惩罚。

（三）高校管理制度具合法性与操作性

高校管理制度的合法性与可操作性，是高校管理制度实施的必要前提条件。高校管理制度的合法性要求具体涵盖了形式合法性和实质合法性。

首先，高校管理制度形式合法性就是要做到管理制度的标题、用语、格式等方面要规范与统一，同一性质的规定，名称统一，统一称为规定或办法，不能存在差异。高校管理制度本身也属于规范性文件，必须遵循语言规范、准确的要求，使用表述清晰、通俗易懂的法律语言，适用法律术语，杜绝使用模棱两可或有歧义的词语，避免生活用语，做到简洁明了，清晰准确。格式符合规范性文件要求，制定部门、实施时间在制度中简明地体现出来。高校管理制度实质合法性就是要求与上位法或法律精神相统一、相一致，不能相悖。上位法做出了原则性规定或者未做出规定的内容，高校管理制度不得突破、违背上位法，必须合法合理行使自由裁量权。高校管理制度内容中要明确确认大学生的实体权利同时，还应规定相应申诉权、诉讼权，并有相关的程序性规定。

高校管理制度内容的合法性是法律和制度本身的要求，好的高校管理制度必须体现正义、秩序、效率、公平、自由、平等价值，具备平等性、公开性、确定性、操作性、稳定性等特征。高校管理制度不能违反《高等教育法》、《普通高校学生管理规定》等上位法律法规和行政规章。高校管理制度对大学生学习与生活的规范控制在法律限度内，接受宪法和法律的规制和检验，反之，即不合法，容易引发高校与大学生之间的冲突，导致纠纷频繁出现。

有关高校学生管理的规章制度，必须具备较强的操作性。要求明确规定管理的主体、内容，条款尽量做到标准可量化，条款中有关期限设置的内容必须具体明确，满足操作性强的程序条款要求，遵循正当程序原则。高校管理制度内容要求具有规范、细致、操作性强的特点。例如高校对大学生纪律处分时，大学生享有知情权、申诉权，而且这些权利的行使都有详细、严格的程序规定，使大学生在权利受到侵犯时便于找到维权与救济的根据，尽最大可能减少对大学生造成的权利侵犯，尽最大可能代表全体大学生的利益，尽最大可能有效保护弱势大学生群体，审议通过的高校管理制度依照一定的要求和程序在全校范围内公布，便于大学生知晓、熟悉和应用，以便大学生在其权益受到侵害时能够拿起"法律"武器来保护自己。

（四）注重管理制度的适时修订与汇编

加强制度建设是营造和强化精神文化的需要，是大学有效管理的需要。学生拥有平等的权利去享受学校管理制度赋予的一切权利，在实施过程中每个大学生都有同样的权利。高校、大学生管理者在管理制度运用的同时应注意其适用性的审查。管理制度要有时代性，尽量避免制度严重老化导致缺乏有效管理现象。大学生管理工作随着社会发展和高等教育改革发展，出现新情况、遇到新问题，所以应对原有制度进行适时修订与补充。制度的修订与补充须发扬民主，让大学生广泛参与进来，使得大学生认识和了解制度，从而进一步提高大学生自主管理的意识。

为提高大学生管理水平，有效保证教育教学秩序，应当由专门工作人员进行相关制度的管理，从而保证高校管理制度的有效实施，简单来说需要对制度（校规）进行监督、清理、汇编等工作，保证制度能够得到严格实施，及时发现存在的问题。大学生管理制度应当得到严格实施，发挥制定制度的意义和价值，否则将会影响到学校管理秩序。在管理制度的清理过程中，一是对于内容不合时宜无法满足学校当前管理工作需要的陈旧的管理制度，或者与最新现行法律法规不符、相悖的管理制度，应及时予以修订或者废止。二是对不同时期针对特定领域、特定工作而制定的管理制度要适时进行整理和规范，做好文件间的衔接，避免相互冲突和矛盾。管理制度的清理有利于实现制度体系与法律体系的统一性，维护制度的严肃性、权威性。管理制度汇编成册，将制定、修订和废止情况的说明作为附件。管理制度发布在校园网上，方便广大师生员工进行查阅、复制和利用。

三、规范学生管理制度执行

（一）执行主体范围与思维方式

高校学生管理制度执行主体就是高校全体学生管理人员，主要包括学校领导、学生工作系统人员、教务系统人员、任课教师及其他工作人员。具体来说，负责学生管理工作的学校领导，教务处工作人员、院系主管教务行政领导、教务秘书（教员）、学生工作部（处）、招生就业处、组织部、宣传部、保卫处、武装部、团委工作人员，院系党总支书记、副书记、辅导员、班主任，所有任课教师，其他工作人员如财务管理、医务管理、图书管理、实验管理等人员。

人们处理事情有着不同的思维方式，法律思维方式就是重要的一种，"所谓法律思维方式是指按照法律的规定、原理和精神思考、分析、解决法律问题的习惯和取向，它的特征是讲法律、讲证据、讲程序、讲法理。"辅导员为代表的广大学生管理者，在进行学生管理上，特别是处理学生的问题时，要依"法"行事，按照高校学生管理制度的有关规定处理，不要按照传统习惯、道德思维方式办事，不主观臆断，按照正当程序办理相关手续。

（二）学生管理制度的执行程序

学生管理法律法规和高校规章制度应当设置清晰明确且操作性强的程序条款，遵循正当程序，规范权力运行。在现实中，大学生涉嫌违反校规校纪，校方通常很快做出处理决定，这样有利于减少或杜绝人情因素，值得肯定，但问题在于这样处理缺乏大学生就事实进行陈述、申辩的环节，大学生无任何充分的陈述、申辩准备，高校应充分听取大学生的陈述和申辩，防止权力滥用。当然，正当程序不仅体现在大学生管理工作当中的惩戒大学生的程序，也反映在大学生评奖评优程序、组织发展入党程序、学生干部选拔任用程序之中。

事前管理程序。事前程序关键是做好事先发布和告知环节。事前发布就是要做到将制定的规章制度通过文件、校园网、公告栏等方式公之于众，广大学生知道和了解规章制度的内容，认识到违反学校规章制度可能带来的不利后果。告知关键在于做出对学生处分决定之前，以送达书面通知的形式告知学生处分所依据的学校规章制度、证据以及享有的程序性权利。处理过程中，依照法律法规和制度规定，给予拟受处分大学生足够的时间来准备申诉和辩护。

事中管理程序。事中管理程序主要包括说明理由、听取申辩、举行听证、做出决定这些主要环节。说明理由就是做出对大学生不利影响的处分决定时，向大学生说明给予处分决定所依据的事实、规定、二者因果关系以及考虑的各种因素。听取当事大学生陈述、申辩。让大学生参与进来，便于高校严格审视决定是否真实、充分、恰当。听证其实是听取当事大学生意见的一种有组织的、较为严格的程序形式。处分若改变大学生身份（如开除学籍等）或对大学生权益有重大实质影响（如影响毕业证、学位证获得），必须举行听证。做出决定的机构和工作人员与案件没有直接利害关系。纪律处分决定通过校长办公会议以学校名义做出，纪律处分决定必须按照程序做好书面记录。

事后管理程序。事后管理程序主要包含送达、告知救济途径、备案环节。送达就是处理决定应及时送达当事学生本人，正常情况下大学生本人应签字，若不能签字，做好客观情况记载；救济途径是指告知当事学生依据《普通高等学校学生管理规定》等法律法规和校规，大学生对学校给予的纪律处分决定不服，有向相关主管部门提出申诉的权利。备案是指高校将处分决定上报给主管的教育部门，实践中来看，通常上报给省教育厅或教育部。

四、完善权利救济途径

无救济即无权利。基于法律法规相关规定过于原则和模糊等原因，致使大学生救济性权利基本处于"应然"状态，很难转化成"实然"权利，从法治角度应该进一步完善大学生权利救济制度显得极为重要。

辅导员等大学生管理者在大学生处分工作中，做好处分事实的调查，处分前告知、处分的送达、申诉等关键环节的基础性工作。当下大学生处分与权利救济制度还不完善，因此要进一步健全大学生权利的监督保障机制，遵循法治精神，杜绝或尽最大可能减少侵权行为，切实从以人为本视角去有效保护大学生权利。

简单来说，若申诉人受到警告、严重警告、记过、留校察看等不足以改变大学生身份的纪律处分，学校申诉处理委员会对申诉请求做出的决定视为终结决定；若申诉人受到身份处分丧失学习和受教育权这一学生权利与资格时，申诉人有权利向主管教育行政机关申诉，若不服行政申诉，可以向法院提起行政诉讼。另外，大学生没有受到处分而权益遭受学校、教师侵害，大学生可以向法院提起民事诉讼。

（一）建立法律服务机构

随着依法治国方略的不断深入，高校应当建立起一个专门的法律工作部门，形成对大学生管理制约和监督机制。建立法律工作服务机构，编纂高校政策法规文件，调研起草高校管理制度，制定高校学生校规校纪，受理和调查纠纷、劝导争议双方达成协议，为当事各方提供法律咨询服务，双方当事人自愿平等基础上，依据国家法律、法规进行调解，摒弃由学生处（学工部）、保卫处、辅导员、派出所等来调解的现状，有助于大学生管理法治化的开展以及对有关部门工作进行有效监督，值得推广和借鉴。与此同时，法律工作服务机构聘请校内外法学教师、律师等担任法律顾问，在处理大学生管理的各种法律问题及纠纷时，法律顾问作为独立、中立一方参与其中，能起到见证人及大学生权利保护人的作用。

（二）健全完善申诉制度

1. 校内学生申诉制度

《教育法》第四十二条针对学生申诉权利作了相应规定即"对学校给予的处分不服向有关部门提出申诉，对学校、教师侵犯其人身权、财产权等合法权益，提出申诉或者依法提起诉讼"。这是大学生权利救济的法定依据。新《普通高等学校学生管理规定》（2016年教育部24号令）将于2017年9月1口起实施，其较《普通高等学校学生管理规定》（2005年）在校内申诉制度的进步意义体现在申诉机构确立与组成、申诉的提出与受理、时效等程序性、规范性上，内容更具体，操作性更强。高校校内学生申诉制度，是大学生在接受教育管理过程中，对学校给予的纪律处分不服，或认为学校和教师的行为侵犯了其合法权利而向学校学生申诉处理委员会提出要求重新审查并做出处理决定的制度。学校学生申诉处理委员会应该独立于高校的学生管理机构，独立办理有关大学生申诉事宜并做出处理决定。

我国高校学生管理申诉制度存有诸多有待完善之处，需要进一步规范。

（1）扩展学申委的受理范围与职权。学生申诉处理委员会作为高校处理学生申诉案件机构，应当为大学生提供最便捷、成本低、最高效的救济途径，受理范围应当宽泛，不宜做出过多限制。

受理申诉的目的是为了维护和保障大学生正当合法权益，规范和矫正大学生管理行为，受理范围上尽可能宽泛，大学生对学校给予的纪律处分有异议或认为学校和教师侵犯其合法权益的，均可以提起申诉。因此，法律法规需要进一步明确受理范围。具体而言，包括大学生纪律处分范围，即警告、严重警告、记过、留校察看、开除学籍；人身权受案范围为大学生享有的各种人身权，如大学生的人格尊严受到侮辱享有申诉权利；财产权受案范围为大学生享有的各种财产权，如高校违反法律法规，向大学生乱收费等。

依据《普通高等学校学生管理规定》，学生申诉处理委员会需要改变原处分决定的，由学生申诉处理委员会提交学校重新研究决定。若高校再做出与先前决定同样的决定时，学生申诉处理委员会所做的决定仅有建议权意义，不具备决定权效力，学生申诉处理委员会面对这样的结果采取什么样的措施，在现有教育法律、法规和规章中没有规定。笔者认为，学生申诉处理委员会做出撤销和变更决定，享有特定事项的相对独立决定权，立法必须明确赋予学生申诉处理委员会独立处理的决定权，仅限于不影响学生受教育权完整性的管理行为（学术外管理行为）有决定权，即可以直接做出撤销或变更的决定，学校应该执行学生申诉处理委员会做出的决定。若对于影响学生受教育权完整性的管理行为（学术管理行为或取消学籍丧失学生身份资格行为），学生申诉处理委员会仅有建议权无决定权，由高校行使决定权，若高校仍然做出与先前决定同样的决定，学生可向省级教育行政部门申诉。所以，立法有待明确确立一个相对独立且享有处理决定权而在学校与大学生之间保持中立的学生申诉处理委员会。

（2）学生申诉处理委员会的地位、组成及比例。《普通高等学校学生管理规定》（2005年）第六十条有关于学生申诉处理委员会的设置和组成虽有进步性，但实践考察来看，有诸多不足之处。新《普通高等学校学生管理规定》（2016年教育部41号令，2017年9月1口起实施）第五十九条规定较以往具有明显的进步性、科学性，"学校应当成立学生申诉处理委员会，负责受理学生对处理或处分决定不服提起的申诉。学生申诉处理委员会应当由学校相关负责人、职能部门负责人、教师代表、学生代表、负责法律事务的相关机构负责人组成，可以聘请校外法律、教育方面专家参加。"目前实践来看学生申诉处理委员会的地位，不能让人满意，相当多的高校没有明确学生申诉处理委员会的地位和职责，大多挂靠在教务处、学生处等有关职能部门。目前学生申诉处理委员会组成人员，有的高校学生申诉处理委员会没有固定组成人员，遇到学生申诉临时召集一些相关人员对学生申诉意见进行复查；有的高校学生申诉处理委员会即使拥有固定的组成人员，但大多是学校的负责人、学校职能部门负责人，几乎成为学校一方"代言人"，教师和学生代表人数过少，而且，学生代表多为学生干部，普通同学代表极少，学生代表不具有广泛性与代表性，不能真正站在客观、公正的立场上陈述立场与发表意见。独立性是保证机构独立工作基础，今后应通过立法明确建立一个独立的学生申诉处理委员会，学生申诉处理委员会独立做出自己的判断和决定，坚持独立原则、中立原则与维护学生利益原则，尽量摆脱高校内各部门的压力。

实践中发现要在现有法律原则性规定下进一步细化学生申诉处理委员会组成人员及比例，更好的保障大学生权利的实现。结合大学生教育管理实际以及申诉行为不同，笔者认为将学生申诉处理委员会组成人员划分为两个梯队来考虑。若申诉的是学术管理行为，充分考虑申诉组成人员专业背景、业务水平能力，认为在学生申诉处理委员会组成人员中学术研究领域的专家占据 50% 比例，教务、学生管理人员占据 15% 比例，有广泛性、专业性和代表性的教育学、心理学和法律教师（律师）占据 15% 比例，具有广泛代表性的学生代表占据 20%，以保证学生申诉处理结果的客观性、准确性和权威性。若申诉的是学术外的管理行为，学生申诉处理委员会中教务、学生管理等管理人员应占据三分之一比例，教育学、心理学和法律教师（律师）等占据三分之一比例，具有广泛代表性、典型性的学生代表占据三分之一比例，而且，为保证申诉的客观性和公正性，学生代表要民主选举或随机抽取产生，不能由学工部（学生处）或学院指定学生参加。另外，针对学生申诉处理委员会的换届和选举程序也应做出专门细致的规定。

（3）规范申诉处理程序。注重程序是现代法治理念的核心，申诉程序必须注意一些细节问题的处理，真正做到程序正当，符合大学生管理法治化要求。目前，《普通高等学校学生管理规定》针对申诉提起程序做出了相应规定，但缺乏申诉审理程序规定，有待进一步补充完善。新《普通高等学校学生管理规定》（2016 年教育部 41 号令，2017 年 9 月 1 口实施）第六十一与六十二条规定了申诉的提出、受理程序，具有进步性。申诉过程具体应该涵盖提出、受理、审理和处理四个关键环节。大学生收到处理决定书后于规定期限内以书面形式向学生申诉处理委员会提出申诉，申诉书中载明事实、争议问题、申诉要求与附相关证明。学生申诉处理委员会收到学生申诉书后应当在规定期限内，对申诉资格和条件进行核实审查，决定是否受理。受理过程中要通过调阅材料、调查核实情况，对申诉事件展开全面审查，审理过程中听取争议双方的意见和理由，依照多数意见形成处理意见书，可根据不同情况做出处理决定。《普通高等学校学生管理规定》针对申诉具体程序未做出规定，然而，基于高校主体资格，校内申诉处理程序可参照《行政复议法》和《行政诉讼法》对行政复议和行政诉讼程序的规定，如将书面申诉、公开审理、回避、告知、时效等程序性制度引入到校内申诉当中。

（4）完善校内申诉后的救济渠道。学生不服学校学生申诉处理委员会的决定，可以向学校所在地省级教育行政部门提出书面申诉。若学生申诉处理委员会不受理学生申诉或超过规定期限未做出处理决定的，学生有权向学校所在地省级教育行政部门提出申诉。学生申诉处理委员会建议学校重新作出处理决定而学校不予做出或做出与先前相同处理决定的，学生可以继续向学校所在地省级教育行政部门提出申诉。

（5）学生申诉处理委员会制度纳入《高等教育法》。（《普通高校学生管理规定》对学生申诉处理委员会定性不明确，制度不完善，非常有必要重构该制度。学生申诉处理委员会应当是高校专门解决大学生与高校争议的独立机构，可以提高设立学生申诉处理委员会制度的立法层次，将这一制度的健全规范的内容纳入《高等教育法》，对大学生没有重大实质影响（如不改变大学生身份不影响受教育权），不涉及学生重大权利的处理决定，由申诉处理委员会做出终局处理决定，从而改变学生申诉处理委员会有管辖权，但没有决定权的尴尬，也保持了大学自主管理、司法干预与学生权益保护间的平衡。

2. 教育行政申诉制度

教育行政申诉制度是政府教育行政主管部门依法处理学生申诉请求的制度。是学生校内申诉无果后向学校主管教育行政部门提起的行政申诉制度，与高校校内学生申诉制度相对应，可理解为高校校外学生申诉制度。

《普通高等学校学生管理规定》第六十三条规定："学生对复查决定有异议的，在接到学校复查决定书之日起15个工作口内，可以向学校所在地省级教育行政部门提出书面申诉。省级教育行政部门在接到学生书面申诉之日起30个工作口内，对申诉人的问题给予处理并答复。"这是现行法规对大学生校外申诉即教育行政申诉的唯一规定。从我国现有教育法律法规看，对教育行政申诉制度实体内容有比较明确规定，但学生如何行使教育行政申诉相应权利，申诉程序如何进行未有具体明确规定，操作性不强。申诉的范围、程序、时效、结果的期限以及不服教育行政申诉如何再寻求下一步法律救济等缺乏具体明确细致的程序性规定。因此，教育行政申诉程序的完善显得十分迫切，教育行政申诉案件也应该进一步得到高度重视，教育行政申诉制度实施细则有待出台，实践中各级教育行政部门确立专门受理学生申诉的机构及工作人员，明确申诉的工作程序与受案范围，以期规范申诉案件的处理程序。教育行政主管部门在处理有关高校学生申诉请求时，应当根据个案情况做出维持、责令限期改正、撤销和变更决定。

新《普通高等学校学生管理规定》（2016年教育部41号令，2017年9月1日实施）第六十二至六十五条比较具体地规定了教育行政申诉制度内容。第六十三条规定，"省级教育行政部门在处理因对学校处理或者处分决定不服提起的学生申诉时，应当听取学生和学校的意见，并可根据需要进行必要的调查。根据审查结论，区别不同情况，分别作出下列处理：（一）事实清楚、依据明确、定性准确、程序正当、处分适当的，予以维持；（二）认定事实不存在，或者学校超越职权、违反上位法规定作出决定的，责令学校予以撤销；（三）认定事实清楚，但认定情节有误、定性不准确，或者适用依据有错误的，责令学校变更或者重新作出决定"。其为今后大学生管理提供了重要的法律依据，是大学生管理法治化又一个里程碑，体现了法律法规应当与时俱进的要求，突出了以学生为本的理念，更加注重程序正当。

第三节　实施大学生管理法治化行为

一、合理运用大学生管理权

大学生管理者主体众多、范围较广，前文已述，在此以辅导员和学生处、就业处、校团委等相关部门大学生管理者为例，阐述合法合理运用大学生管理权，依法履职，接受监督，违法必究。

（一）辅导员依法定职权履职

辅导员是大学生管理的重要力量，也是与大学生接触最多、处于管理一线的管理者。辅导员工作内容丰富，基本涵盖了课堂教学之外的领域，诸如大学生思想政治教育、日常事务管理、心理健康教育、特殊群体教育管理、党团组织建设、学风与班集体建设、职业生涯规划、就业与创业指导等内容，辅导员处于事务应付状态，工作的事务性、经验性与专业化、科学化要求不相适应，容易出现背离法治、政策的行为。因此，辅导员群体应树立法治意识，实现观念行动的统一，依法管理，人性服务，构建开放式、民主式、和谐型、文化型学生工作模式。

职权法定原则是指行政职权的来源和作用必须具有明确的法律依据，否则越权无效，要受到法律追究，承担法律责任。依据这一法定原则，辅导员职权和职责，均来自法律法规或者行政规章的赋予，辅导员不能在法定范围和事项外行使职权，不得滥用职权或玩忽职守，越权不具有法律效力，辅导员一定要清晰了解自身的法定职权。

《中华人民共和国高等教育法》第四条规定，"高等教育必须贯彻国家的教育方针，为社会主义现代化建设服务，与生产劳动相结合，使受教育者成为德、智、体等方面全面发展的社会主义事业的建设者和接班人。"第五条规定，"高等教育的任务是培养具有创新精神和实践能力的高级专门人才，发展科学技术文化，促进社会主义现代化建设。"《普通高等学校学生管理规定》第一条强调了立法目的是"为维护普通高等学校正常的教育教学秩序和生活秩序，保障学生身心健康，促进学生德、智、体、美全面发展"。简言之，高等学校进行学生管理的根本目的在于培养人才，因此，辅导员为代表的大学生管理主体应该依法行使法律赋予的权利。《普通高等学校辅导员队伍建设规定》（教育部令第24号）第五条规定了辅导员的主要工作职责是：

帮助高校学生树立正确的世界观、人生观、价值观，确立在中国共产党领导下走中国特色社会主义道路、实现中华民族伟大复兴的共同理想和坚定信念。积极引导大学生不断追求更高的目标，使他们中的先进分子树立共产主义的远大理想，确立马克思主义的坚定信念；

帮助高校学生养成良好的道德品质，经常性地开展谈心活动，引导大学生养成良好的心理品质和自尊、自爱、自律、自强的优良品格，增强大学生克服困难、经受考验、承受挫折的能力，有针对性地帮助大学生处理好学习成才、择业交友、健康生活等方面的具体问题，提高思想认识和精神境界；

了解和掌握高校学生思想政治状况，针对大学生关心的热点、焦点问题，及时进行教育和引导，化解矛盾冲突，参与处理有关突发事件，维护好校园安全和稳定；

落实好对经济困难大学生资助的有关工作，组织好高校学生勤工助学，积极帮助经济困难大学生完成学业；

积极开展就业指导和服务工作，为大学生提供高效优质的就业指导和信息服务，帮助大学生树立正确的就业观念；

以班级为基础，以大学生为主体，发挥大学生班集体在大学生思想政治教育中的组织力量；

组织、协调班主任、思想政治理论课教师和组织员等工作骨干共同做好经常性的思想政治工作，在大学生中间开展形式多样的教育活动；

指导学生党支部和班委会建设，做好大学生骨干培养工作，激发大学生的积极性、主动性。

高校辅导员必须依据有关法律法规和行政规章要求，依法履行法定职权，积极做好大学生思想政治教育、学生发展指导和学生事务管理等本职工作，若在履职过程中出现违反法律法规和高校相关规章制度，将依法受到行政处分，追究其法律责任。

（二）相关管理者履职受监督

实践来看，高校学生处工作人员是典型的大学生管理者，负责全校大学生思想政治教育、学籍管理、奖励处分、资助管理、勤工助学、心理健康等方面工作，拥有法律法规、学校章程赋予的大学生管理权，应依法履职，按章办事，规范权力行使程序，维护大学生权益。校团委工作人员亦是如此，在大学生干部选拔任用、评奖评优、推荐党的发展对象等方面有着自身的职权。就业处工作人员在职权范围内行使就业推荐、就业管理等方面职能，与大学生利益息息相关。

《中共中央关于全面推进依法治国若干重大问题的决定》指出，任何组织和个人都必须尊重宪法法律权威，都必须在宪法法律范围内活动，都必须依照宪法法律行使权力或权利、履行职责或义务，都不得有超越宪法法律的特权。这"四都"全面解释了法律面前人人平等原则的含义，突出了对公权的规制和监督。为了加大对公权的监督，必须做到：

有权必有责。公权力是人民赋予的，公权应该做什么、不应该做什么，必须依法确定、依法行使、依法监督，做到权责一致、授权和监督相平衡。

用权受监督。没权监督的权力必然导致腐败。加大打击力度，加强制度建设，把权力关进制度的笼子里，依法治国、依法行政、依法办事。

违法必追究。法律是公权力行使的依据，也是行使的红线。对违法滥用公权行为，必须依法追究责任，依法加以惩处，绝不允许法律权威、法治权威受到挑战。

大学生管理者在学籍管理、奖励处分、就业推荐等方面工作中可能会出现未能依法履职，导致不公平、不公正、不合理甚至违法情形发生。因此，大学生管理者工作当中依法接受纪检部门、师生员工和广大媒体的监督。

二、提高大学生管理法治水平

（一）遵循平等、比例与信赖保护原则

1. 平等原则

平等是社会的基础，是人们的信念与追求，是人人均可享受的权利，也是具有普遍性、永恒性的法律原则。通常来说，人类社会的平等可分为起点平等、规则平等和结果平等。平等作为一项法律原则频繁出现在宪法领域和民法领域，并被广大学者所探讨研究。著名的法学家徐国栋认为，平等观可分为"描述性的平等观、规范性的平等观、形式平等观和实质的平等观"，平等的类型体现在法律面前平等、法律中的平等（法律内容上的平等）和不得歧视的特别命令，由此得出结论作为民法常用的平等原则的种种表现大多属于宪法。有学者认为，社会主义平等原则的内涵是机会平等，必须"在理论上明确马克思主义关于社会主义平等问题的基本观点，明确机会平等、形式平等是社会主义平等原则的内涵，高扬社会主义机会平等的旗帜，在向建设社会主义市场经济体制的改革目标迈进的今天，无疑是非常必要和紧迫的。"针对平等原则有学者从行政法视角有所探讨研究，"平等原则"主要是行政主体针对多个相对人实施行政行为时应遵循的规则，具体包括三种情况，即同等情况同等对待，不同情况区别对待，类似情况比例对待。

在此无意论述平等原则的涵义是什么，试图阐释其在行政法中的价值。

追求平等是人性尊严的体现，也是行政法的任务与目的。行政法必须从人性和人权视角出发尊重公民平等权，反映和体现人们的平等要求，不追求平等理念的行政法就没有生命力。

当前针对我国法治现状，真正实现法律平等原则还有一条艰难之路，但是党的十八届四中全会《中共中央关于全面推进依法治国若干重大问题的决定》为法治实践提供了蓝图和指南，必然要求依法治国、依法执政、依法行政共同推进，必然要求法治国家、法治政府、法治社会一体建设，必然要求科学立法、公正司法、严格执法、全面守法。无救济即无权利，无有效救济即没有真实权利。教育依法行政的推进、高等教育的改革发展和高校依法办学的完善，必然要求平等不能停留在口号与理论层面，走向规范层面，落实到实践层面，真正体现平等保护的价值追求。

在大学生管理领域，平等原则在学业评价、纪律处分等方面具有重要意义。平等原则在高等教育管理领域的具体化和体现就是，同等情况同等对待，不同情况区别对待。大学生管理中平等原则的适用有其必要性，高校校内规章制度制定上，应一视同仁，避免恣意，实现法律上平等，在具体的大学生管理活动中，坚持同等情况同等对待，实现法律适用上的平等。

2. 比例原则

比例原则，从历史渊源来看，最早源于德国，从警察法扩展应用至行政法，乃至宪法，使用地域从德国延伸到其他国家和地区。比例原则是行政法学理论中的重要原则，是

行政法中的"皇冠原则"，地位类似于民法中的诚信原则这一"帝王条款"，比例原则也称为最小侵害原则、禁止过度原则，何谓比例原则很多学者都有论述，如有学者认为"行政法意义上的比例原则是指行政权力的行使除了有法律依据这一前提外，行政主体还必须选择对人民侵害最小的方式而进行"比例原则具有实体和程序两个方面，比例原则的内容主要包括目的性、必要性和相称性，分别从目的取向、法律后果、价值取向上规范行政权力与其行使之间的比例关系。

比例原则在中国行政法中没有明确的界定，也未能引起行政法学领域的足够重视，专门研究比例原则的学术论文极为罕见，比例原则不是一个法律概念，仅仅是一个学理概念。随着现代行政法治的发展，比例原则的一些因素出现或条件已经具备，比例原则内容明确、操作功能强的特点将逐渐走入行政法和行政法学领域。依法行政理念下，应构筑比例原则作为行政法基本原则。

比例原则对高校与大学生法律关系的处理上有非常重要的现实意义，现实生活中很多高校处理大学生行为引发我们对于这个原则的关注。比例原则引入高教领域，尤其在高校行使处分权的过程中，意义重大，是大学生权利保障的必然要求。高校及大学生管理者在行使权力时应依据比例原则认真加以权衡。辅导员等大学生管理者借助这一原则，在处理大学生处分等过程中，既实现惩罚教育目的，又对大学生的限制或侵害最小，减少处分权行使的任性，切实保障大学生的合法权益。具体来说，比例原则要求在大学生管理中，对违纪大学生处分时，充分考虑育人目的与管理手段间的适度比例。避免小过重罚、罚过不相当、责过失衡，应当切实保护大学生的合法权益，做到可处分可不处分时，不给予纪律处分；处分可轻可重时，必须选择较轻的纪律处分；受处分大学生所受的处分必须与违纪行为的性质、动机、目的及一贯表现相适应，不能畸轻、畸重。

比例原则引入教育领域便有了教育的特性和品格，比例原则要求高校及大学生管理者行使教育管理权时，必须有法律依据，注重教育行政权行使的手段和目的间的比例关系，它包含了对适合性（妥当性）、必要性（不可替代性）和相称性（均衡性）三者的考量。大学生管理者履职过程中应兼顾管理目标的实现与大学生权益的保护，处分大学生可能造成的不利影响应该限制在尽可能小的范围和限度内，即教育行政权的行使要有法律依据，同时，教育行政主体还要选择对大学生侵害最小的方式进行，除了这种方式别无它法，使利益的损害与追求的目的相适应。笔者认为，以辅导员为代表的大学生管理者认真全面权衡大学生利益和高校利益，从大局观必须维护学校利益时，对大学生利益的损害减小到最低，因为，秩序不是终极目的，大学生管理的根本目的是教育人、培养人与发展人。

3. 信赖保护原则

信赖保护原则在有关国家和地区的行政法中已经得到确认，而在我国行政法中未有明确规定，我国行政法学领域对信赖保护原则的研究也相对较少。从已有的代表性文献来看可以得知，信赖保护原则的价值在法治实践过程中的需求越来越明显。

信赖保护作为一项基本原则在行政法上的确立和发挥作用，是实现行政法治的内在要求。行政法中的信赖保护原则就是指行政相对人基于对公权力的信任，对行政主体做出的行政行为产生信赖利益，而且该利益因其具有正当性应当得到保护时，行政主体不得撤销或废止其所做的行为，或如果变动必须对相对人信赖该行为而产生的正当利益予以保护，补偿行政相对人的信赖损失。信赖保护原则的运用要包含如下三个条件，即存在信赖的基础，具备信赖行为，信赖值得保护。笔者认为，高校学生对高校的信赖不仅仅是对公权力的信任，从对母校这个称谓中，学生对就读学校的信任依赖便可见一般。因此，信赖保护原则在高校学生管理中的应用有其必然性。高校学生管理者在为了维护高校公共利益而否定事先行为时，必须站在权利本位的立场上，慎重权衡利害关系，最大可能的保护学生的信赖利益，除非为了维护更大的公共利益所必须。

（二）大学生就业权益内容及其保护

1. 大学生就业权益内容

大学生就业权益是大学生权利构成的重要部分，其关涉大学生的生存与发展。

大学生在择业就业过程中会遇到很多法律问题，容易发生法律纠纷，辅导员等大学生管理者需要掌握大学生享有哪些就业权益及权益受损后的救济渠道，更好地引导大学生积极就业，顺利就业。市场化、法治化成为大学毕业生就业制度改革的发展方向。大学毕业生在就业实际过程中，不公平现象常有发生，辅导员为代表的大学生管理者积极引导大学毕业生择业中增强法律意识，遵守市场规则，保护自身权益。根据目前就业相关法律法规与政策，大学生就业求职过程中主要享有下述权益。

平等就业权。毕业生享有平等就业权，就业时遵循平等、公平、公正原则。毕业生在符合国家就业方针、政策下，在选择用人单位时，可以根据意愿，平等、自主地进行决策，学校、其他单位或个人不得随意干涉。

获取信息权。毕业生只有获取了充分的信息，再结合自身实际情况，才能选择适合的单位。因此，毕业生在获取择业信息时，在信息公开与信息准确方面至为重要。信息公开，即用人信息均向全体毕业生公开，各级高校毕业生就业指导中心和高校就业指导部门依据规定如实发布用人需求信息，不得隐瞒、截留需求信息。为此，各级高校毕业生就业指导中心（目前通常为招生就业处或就业指导处）发布的需求信息要及时、有效、准确、全面，以便毕业生对用人单位有全面的了解，做出符合自身的最佳选择。

被推荐权。从历年的就业实践工作来看，用人单位希望高校推荐优秀毕业生，高校也有义务向用人单位如实推荐毕业生，学校的推荐很大程度上影响用人单位对毕业生的取舍。推荐是学校的职责，也是大学毕业生应有权益。因此，大学生要公平、公正、平等地被推荐，高校要实事求是、择优推荐。高校根据毕业生本人客观实际情况向用人单位进行介绍、推荐，不能歪曲、贬低、捧高对毕业生在校表现的评价。高校依据大学生在校表现进行择优推荐，用人单位也应坚持择优录取毕业生，体现学以致用、人尽其才，进一步调动广大毕业生和在校生学习积极性、主动性。

选择权。大学毕业生在国家就业方针、政策等指导下，有权进行自主择业，可以自主选择用人单位，任何组织或个人不得干涉。个人意志强加给毕业生，强令毕业生到某单位的行为严重侵犯毕业生就业选择权。毕业生根据自身实际自主与用人单位协商，实行双向选择。

接受就业指导权。《高等教育法》第五十九条规定："高等学校应当为毕业生、结业生提供就业指导和服务。"目前高校普遍设立了专门负责大学生就业指导服务机构，并配有专门人员开展毕业生就业指导与服务工作。

公平待遇权。毕业生在就业择业过程中应受到用人单位等各方面公平、公正地对待。然而，基于配套措施滞后、完全公平就业市场尚未真正形成，大学毕业生择业就业过程中仍然存在不公平、不公正现象，如存在性别歧视，女性大学毕业生就业难仍是一大现实问题，女大学毕业生等群体迫切需要维护，以实现公平待遇权。

违约求偿权。就业协议各方，或者签订《劳动合同》的毕业生与用人单位，应严格履行协议。任何一方只有在征得其他协议当事人同意后，方可提出变更或解除协议。用人单位无故要求解除就业协议的，毕业生有权要求对方严格履行就业协议或要求对方承担违约责任，依据就业协议或劳动合同条款约定取得求偿权。

2. 大学生就业权益保护

毕业生享有诸多就业权益，但就业实践中，侵害毕业生权益事件时有发生。毕业生为了更好地维护自身合法权益，应了解法律知识并学会运用法律手段维护自身权益。针对侵犯毕业生自身就业权益行为，毕业生有权向用人单位上级主管部门和高校进行申诉，听取处理意见，也可以向当地劳动争议仲裁机构进行调节和仲裁，或是向人民法院提起诉讼。

（1）保护就业权益的法律法规。与毕业生就业相关的法律法规主要有《中华人民共和国高等教育法》、《中华人民共和国合同法》、《中华人民共和国劳动法》等。近些年来，政府和相关部门立足实际，从各自角度出发，制定了一系列的就业政策与法规，大致分为三类，一类是教育部及相关部委关于毕业生就业的规范，例如《普通高等学校毕业生就业暂行规定》；第二类是各地方就业主管部门出台的毕业生就业规范性文件，以便规范指导本地方毕业生就业；第三类是高校参考国家就业方针、政策与法规，结合自身实际制定的本校工作实施办法、实施细则。

（2）大学生就业权益自我保护。毕业生自我保护是保护自身权益的重要方面和途径。

了解法律常识，提高法律意识。毕业生若想增强自我保护能力，熟悉和了解相关法律法规是基础，因此毕业生必须了解目前国家关于毕业生就业的有关法规、政策，切实依法就业，维护自身权益。

遵循诚实守信，谨防求职陷阱。毕业生遵循诚信原则，在就业自荐、应聘、面试、笔试各个环节，以自身实际与能力参与竞争，同时，具有风险意识，谨防受骗。

慎重签订就业协议或劳动合同。就业协议是通过统一格式的书面形式，明确毕业生、用人单位、学校三方在毕业生就业工作中权利义务。就业协议签订后，毕业生要与用人单位签订一份劳动合同以便通过合同条款比较详尽的确立劳动关系，签订过程中，要慎重考虑，注重诚信。

通过法律手段维护自身权益。就业市场的不完善、相关法规的不健全等诸多因素影响，毕业生就业权益难免受到侵害。因此，毕业生学会利用法律武器捍卫自身合法权益。毕业生有权向就业主管部门、劳动保障部门以及高校申诉。毕业生也可以直接向用人单位的主管部门投诉。投诉对象具备营业执照，向劳动保障部门投诉；无照经营，向工商部门投诉；涉嫌诈骗，向公安部门报案。若存在劳动纠纷，可提交给劳动争议仲裁机构调解和仲裁，仲裁不成，可向法院起诉。

（三）指导服务法治化融于工作之中

指导服务法治化就是辅导员等大学生管理者在教育管理工作中，秉承服务理念，引导大学生进步和发展。实践表明，实际问题能否解决、以什么态度解决、解决到什么程度，都直接影响和决定着大学生对党的情感亲疏、对社会的好恶评价、对人生态度的选择等等。因此，坚持解决思想问题与解决实际问题相结合，以服务大学生成长成才作为立足点和切入点，将指导服务贯穿于大学生教育管理工作始终，让大学生看得见、感受到，这也是大学生管理法治化的必要要求，也是辅导员等大学生管理者工作能力的体现。在此以大学生心理健康教育和高雅艺术进校园活动为例。

当代大学生处于青年时期，处于心理发展和成熟的关键期，新旧体制的碰撞、生活方式的变化、生活节奏的加快等，都对他们的心理状态产生巨大的冲击，大学生心理问题已经引起人们越来越多的关注。大学生的心理问题是成长中的"阵痛"，如何帮助大学生跨越"阵痛"，是大学生管理者的职责所在。为此，辅导员等大学生管理者，要做到以下几点。一是心理健康教育中心老师、辅导员老师讲授心理健康知识，引导大学生正确面对求学之路、生活之中的环境适应、人际交往、求职择业、情绪调节等问题。二是开展心理普查，新生入学后，通过科学的方法与手段，筛查出可能存在心理问题的大学生，实现早发现、早干预和早控制，最大程度避免大学生心理障碍事件的发生。三是辅导员等相关老师，充分利用心理咨询室、团体训练室等工作平台开展心理辅导与训练。四是建立完善心理健康教育和干预网络，发挥专职心理教师、辅导员、朋辈辅导员、班级心理联络员作用，对可能存在的大学生极端行为进行危机干预，预防过激行为发生。五是通过网络、展板等宣传媒体载体，广泛宣传、普及心理健康知识，开展"5.25心理健康口"主题活动，引导大学生学会"自尊、自爱、自律、自强"，学会热爱自己、接纳自己、发现自己、超越自己，形成"关爱自己、珍惜生命、健康成长"的良好氛围，引导大学生健康成长。

大学生管理者要以此为契机，提高大学生审美能力，扩展大学生知识技能，增强大学生思想素质，培养大学生团队精神。高雅艺术具有深厚的思想内涵与文化底蕴，会给大学生带来美感，引起心灵共鸣。大学生从高雅艺术中认识美、感受美与体验美，提高欣赏水平与审美能力。辅导员及相关老师通过高雅艺术进校园活动带领大学生努力建设"向真、向善、向美、向上"的校园文化，引领大学生树立社会主义核心价值观。通过高雅艺术进校园，培养大学生"知道什么"、"欣赏什么"和"追求什么"。大学生积累知识，运用艺术能力，塑造完美人格，实现全面发展。优秀的艺术作品感染人、鼓舞人、振奋人，激发审美情趣，提升美学素养，影响审美主体的思想道德情操。大学生通过对艺术作品的理解，净化心灵，培养良好情操，促进思想道德教育。大学生在欣赏高雅艺术过程中利于启迪心智，消除不良情绪。高雅艺术进校园需要广大参与者精诚协作。大学生最大程度地参与进活动当中来，尽最大能力去体会活动所反映出的思想内容、文化水准和艺术之美。高雅艺术源自经典，而高雅艺术进校园活动是对大学生进行德育、智育、体育、美育的重要途径，成为宣传社会主义核心价值观的有力阵地，成为爱国主义主旋律高奏之举。

总之，辅导员等大学生管理者群体，要不断提高大学生管理法治化水平。这就要求大学生管理者发挥积极性与创造性扎实开展各项大学生教育与管理工作，具有适应当代大学生管理工作需要的基本知识和基本技能。高校要积极为辅导员等大学生管理者进一步深造学习、提高自身业务素质能力创造必要环境和条件，加大对辅导员等大学生管理者培训培养力度，开展经常性的法治教育，提高政治素质和法律素质，加强相应的监督机制，防止大学生管理权力滥用带来的负面影响和危害。只有这样，才能使大学生管理者提高素质，坚持以人为本，严格依法办事，严格贯彻执行各项规章制度，使大学生管理法治化真正落到实处。

辅导员为代表的大学生管理者，应当不断提高自身专业素养和具备良好的综合素质，掌握高等教育管理的基本原理，熟悉国家有关高等教育改革发展的方针政策，准确把握法治精神实质，提高法律意识，尊重大学生合法权益，注重大学生权利与义务相统一，结合国家法律法规和本校实际情况，针对大学生管理规章制度做出具体操作细则，辅导员等大学生管理者要严格依法办事。工作做到合法同时还应合理，对于法律、法规、规章或校规只有原则性规定或并未作出规定的事项，应合理行使自由裁量权。

三、拓展大学生参与学校管理

"教是为了不教"，同理，"管是为了实现不管"，也是管理的最高境界。这就离不开自我教育与自我管理。"授之以鱼，不如授之以渔"，大学生进行自我教育与管理有利于提高大学生管理效率。

（一）学生参与民主管理

1. 大学生参与管理的意义与现状

大学生参与不是可有可无的，不是一种点缀，必须形成一种制度。《普通高等学校学生管理规定》第四十一条规定"学校应当建立和完善学生参与民主管理的组织形式，支持和保障学生依法参与学校民主管理"。据此，大学生参与学校民主管理有了充分的法律依据和保障。大学生参与管理也是高校民主办学的重要途径，是高校尊重大学生主体地位的体现，是造就创新人才的重要渠道。

大学生参与学校管理状况：大学生参与学校管理状况并不乐观，体现为以下方面。广大学生对当前自我教育、自我管理的学生组织和学生干部的作用认可度偏低。一定程度上来说，学生组织成为了学生管理者的传话筒和管理工具，成为了个别学生干部炫耀的舞台，无法真正代表广大学生切身利益，难以实现保障大学生权益的目的。大学生知情权、建议权、决策权、监督权不能得到彻底的满足和保障，大学生现实中具有逆反心理和对抗情绪，大学生反对或消极抵抗缺乏大学生参与且不合理的规章制度、管理办法。学代会等学生代表不具有广泛性、代表性，未能了解广大学生意愿，未能反映广大学生心声。

2. 大学生参与管理的事项与形式

大学生参与学校民主决策和科学管理，是高校适应高教改革和推进素质教育的需要，更是培养高素质、创新型人才的重要举措，有利于促进高校教育、管理、和服务工作迈入科学化、民主化和制度化的轨道，有助于管理体制创新和实现学校跨越式发展。

大学生参与是基于学校与学生有共同目标、相互信任、共同合作的基础，因此要明确大学生依法参与的原则，大学生对参与行为负责，认同大学生参与是大学生的基本权利，大学生参与的范围应该集中在与大学生利益相关的学校事务上，创建畅通的大学生参与途径，实行校务公开和信息公开。

大学生的参与程度是有限的，其适宜参与的事项主要体现在以下几个方面：

高校内部规章制度（校规校纪）的制定；评估教师教学效果（评教）；部分课程的设置；教风学风建设；教学设施的配置、使用、维护；学生收费项目；学生奖助学金的评定和发放；违纪处理；评奖评优；其他与学生日常管理有关的事宜。此外，针对学校发展过程中遇到的重大问题，学生组织可在学生中开展专题调研，为学校提供建设性意见。

大学生参与管理主要采取如下几种方式：第一，学校、学院设立收集大学生意见和建议的渠道，比如设立意见箱，相关部门和工作人员进行处理，并给予及时反馈。学校、学院、职能部门领导定期参加接待口，倾听大学生心愿，了解大学生诉求，切实解决问题。第二，涉及大学生重大利益事项，相关部门必须召开会议，有关部门领导、教师代表、辅导员、大学生代表参加会议，而且，大学生代表出席并发表意见和建议。第三，学校制定、出台与大学生利益相关的政策、制度时，必须召开由大学生代表参加的听证会或座谈会，充分听取大学生代表的意见和建议。

3. 大学生参与管理的对策

（1）坚持"三全"原则是前提。"三全"就是指大学生的全员参与、全面参与和全过程参与。全员参与就是努力创造机会让广大学生关心了解学校各方面发展情况，积极参与学校各项事务的管理，避免老师包办和学生干部代办的现象。全面参与就是指广大学生有权参与涉及自身利益的各种组织和工作，与大学生密切相关的教育教学管理、学生自我管理、校园文化建设等活动，赋予大学生更多更大的建议权、参与权、发言权、监督权和决策权。全过程参与就是指广大学生有权参与学校民主管理的全过程，全部过程都要确保广大师生的有效参与。

（2）培养参与能力是重点。高校大学生的知识、经验、角色和现代高校管理的专业性、复杂性决定了大学生不可能对学校事务起关键的决定性作用，但倘若放弃大学生的参与，制定决策的科学性和执行政策的有效性会大打折扣。参与管理或决策是需要必要的素质与能力的，大学生个性心理发展已经比较成熟，具备了一定的自主自立精神，具备了一定的知识水平，具有了强烈的民主参与意识，关键在于科学的引导和正确的培养，高校应当为大学生参与管理提供相应的培训，提供更多的参与管理机会，使大学生参与能力在实践中得到锻炼，在高校各项民主管理中发挥更加积极的作用。

（3）自治组织作用是关键。大学生是学校管理的组成部分，学生会等自治组织虽然存有不足，有待完善，但至少肯定了大学生的参与权利，是大学生参与民主管理的重要形式，也是大学生和学校有效沟通的渠道。事实上，大学生处于弱势地位，孤立的大学生个体难以主张权利，可通过学生自治组织来参与学校的民主管理。为了更加突出大学生主体地位，保障大学生充分实现参与民主管理权利，合理表达大学生诉求，了解学校现实状况，及时提出教育教学和管理中的意见和建议，大学生要利用好学生自治组织这一增强校生间沟通的有效平台，提高教育服务实效性、针对性。随着大学生管理法治化的深入，学生自治组织的作用将越来越大，民主管理的组织形式来看，在我国，学生会是一个重要的自治组织，是大学生参与民主管理的重要组织形式，高校应当支持学生自治组织建设，从自治组织的组成、职责权限、工作程序等方面加以完善，使之能够充分发挥参与民主管理的作用，大学生也应当以此为契机提升民主参与和管理能力，在参与中维护自己的合法权益。此外，大学生社团等都可以成为大学生参与民主管理的组织形式，学校应赋予这些组织诸如参与决策、提出意见、进行监督等各项权利。

（二）完善自治组织建设

1. 学生自治组织概述

组织，通常是指为了实现一定的目标，运用知识和技能互相结合而成的具有一定边界的集体或团体。组织路径是指通过建立组织，把教育对象融入到组织中来，借助组织通过引导、教育实现教育对象的自我教育、自我管理、自我服务等。通过组织路径实施教育管理，具备规范效果好、约束力强的优点，具有严密性、群众性和综合性特点，有利于实现对教育对象规范、约束等教育管理功能。

学生自治组织在高校有关管理机构的组织、引导下，进行自我规划、自我教育、自我管理、自我完善。高校学生自治权是大学生依法成立学生自治组织从而拥有相应的权利与权力，是经过多数大学生认可、符合相关法律法规并独立自主行使的权力与权利，是大学生群体内的合法自主的权利与权力。大学生要在能保证的时间、精力、能力及获得的资格范围内行使大学生自治权。高校法治强调学生自治组织起到校生间的桥梁和调节器作用。大学生管理过程中高校与大学生之间发生冲突和纠纷，学生自治组织应代表大学生一方的利益去调解纠纷，解决校园冲突，起到平衡器的作用。

学生自治组织有其独特的特征，即具有非官方、非营利、自主性、自愿性、民主性特点，但基于各种原因，学生自治组织存在依赖性、官僚化、民主缺乏、制度不健全、影响力不足等问题。拓展大学生自治空间，完善大学生自治组织建设，总体来说要注意以下方面的内容，即制定严密的组织章程，明确组织目标，明晰工作职责，形成良好的工作机制和组织规范；提高学生干部素质，提升学生组织的外在形象；协调好组织内外部关系，形成良好的组织环境；实行直接选举，扩大大学生的民主参与。高校有针对性地服务支持学生自治组织，增加对大学生自治组织的经费投入，为大学生自治组织提供办公场所和活动场地，加强对大学生自治组织的指导，引导大学生自治的发展方向。

组织可以划分为传统组织与新兴组织。传统组织具有如下特征，"明确而持续的组织目标，清晰而完整的组织边界，……垂直纵向的组织领导体系。

传统组织以班级、党团组织、学生社团、学生公寓（宿舍）为代表。新兴组织即非正式组织，高校中实存的非官方的非正式组织，以网络型虚拟组织为代表。在今天社会急剧转型背景下，组织构成要素、既有边界、内涵特质、组成形态等发生着深刻的变化，传统组织的边缘化、新型组织的网络化、同质组织的多样化，展现在人们面前。辅导员为代表的广大学生管理者要深入了解研究各类学生自治组织，与时俱进地指导和支持各类学生自治组织，充分发挥大学生自治组织参与学校各种管理的作用。

2. 班级建设

（1）班级及其建设意义。班级是高等学校的基本组成单位，是大学生教育管理组织路径的基本单元，大学生从事的大部分活动都以班级为单位进行，班级是大学生自我教育、自我管理、自我服务的主要组织载体，具有集中性、统一性、规范化特点，具备组织学生、管理学生、教育学生的职能。班集体建设的好坏会直接影响大学生的发展，所以优秀的班集体建设已然成为辅导员老师的一项重要工作，从目前工作实践来看，班级建设管理大多采用"辅导员"模式，即一个辅导员老师负责某个年级或专业自然班学生的日常教育管理。由于班级特有的组织优势，利于辅导员老师深入到大学生中去，便于全面掌握大学生情况，有效帮助指导大学生，容易开展各项工作和活动，同时，有助于大学生树立集体观念，形成良好班风和学风。但也应理性看到，随着高校学分制的实施、后勤社会化改革，传统的自然班面临挑战，出现"同班不同学"、"同学不同班"现象，不利于大学生的思想政治教育与管理，也为当下大学生管理提出新的课题。

（2）班级存在问题与建设。班级作为基本管理单元的大学生组织结构并未发生改变，但其外部环境、自身功能、学生特点、管理实践等因素的影响，在组织的归属感、有效性和凝聚力方面，与以往不可同日而语。当下学分制、辅修制、选课制的普遍实行，社团组建的简单快捷，网络交往的随意自由，消解了班级的边界，班级现实中仅成为学生管理的符号。

班级思想建设应是班级建设的重点，也是辅导员日常工作的重点。当代大学生正处在青年期，是青年群体的重要组成部分，具有青年的一般特点，充满朝气，富有理想，求知欲强，积极上进，敢想敢干，敢于创新，阅历较浅，缺乏经验。当前社会背景下，当代大学生的思想呈现一些新特点即"学习动机的多样化，思想关注的宽泛性，强烈的竞争意识，价值取向现实性。辅导员要以大学生全面发展为目标，充分了解掌握学生思想特点，促进班级思想建设。

班级作为大学生管理的最基本单位，要发挥好教育管理的载体功能，辅导员通过开班会的形式，组织大学生进行思想政治的学习思考与交流讨论。班级建设中要不断加强班级思想政治教育与学生党建工作二者紧密结合，大学生思想积极向上，不断追求入党，实践中看，发展学生党员工作就是加强大学生思想政治教育与班级党建工作，是班级建设的内容，通过班级党建工作的开展，增强大学生思想意识，提高政治修养，营造良好班风。党员的先锋模范作用带动全班同学，党员的奉献精神感染班级同学，支部的战斗堡垒作用增强班级的凝聚力和向心力。

3. 党团组织建设

党团组织是大学生教育管理的重要组织形式和骨干力量。充分发挥党的政治优势和组织优势，培养优秀学生党员，发挥其在大学生教育管理中的积极作用。努力实现本科学生低年级有党员、高年级有党支部的目标。

共青团是党领导下的先进青年的群众组织，是党的助手和后备军，充分发挥共青团在教育、团结和联系大学生方面的优势，开展各类主题活动，为大学生的成长成才提供实践平台。学生会是大学生群众组织，是加强和改进大学生思想政治教育的重要依靠力量。学生会坚决服从党的领导，在共青团指导下，针对大学生特点，开展内容丰富、形式多样的思想政治教育活动，在大学生思想政治教育中起到桥梁和纽带作用。

4. 学生社团建设

（1）社团的内涵与特点。《普通高等学校学生管理规定》第四十四条规定，"学生可以在校内组织、参加学生团体。学生成立团体，应当按学校有关规定提出书面申请，报学校批准。学生团体应当在宪法、法律、法规和学校管理制度范围内活动，接受学校的领导和管理。"第四十五条规定，"学校提倡并支持学生及学生团体开展有益于身心健康的学术、科技、艺术、文娱、体育等活动"。学生社团是大学生在校期间自愿组织参加的群众性团体，是大学生自我教育、自我管理、自我服务的重要途径和有效形式。

当今，大学生社团活动形式多样，内容丰富，涉猎广泛，主要有理论学习类社团、文学艺术类社团、学术科技类社团、志愿服务类社团、体育健身类社团、网络社团等等。当今大学生社团呈现新的特点，"在组织上表现为自发性、群众性，在活动上表现为业余性、灵活性，在发展程度上表现为层次性、差异性，在人员组合上表现为松散性、流动性。

（2）学生社团的功能。

一是思想政治教育功能。大学生社团可以充分发挥自身实践性、灵活性、生动性、直观性特点和优势，以活动为载体，寓教育于活动，避免"说教"的弊端，潜移默化、润物无声地发挥有效的大学生思想政治教育功能。

二是团队精神培育功能。大学生社团的特点和性质决定了其为大学生的团队精神提供了重要的场所和实践机会。大学生社团内部既各司其职又分工协作，才能增强团队战斗力和工作有效性，才能形成集体智慧与力量，才能树立主人翁态度与集体责任感。

三是素质教育功能。大学生社团丰富多彩、形式多样的活动，有利于大学生实践能力、自我管理能力、创新能力的培养。大学生社团是大学生展示自我、提升自我的舞台，是锻炼自己、完善自己的大熔炉，有力促进大学生专业素质、心理素质、创新素质等诸多方面素质的发展，从而进一步提高大学生综合素质。

　　四是社会服务功能。大学生社团的非功利和社会广泛接触等特点决定了其社会服务功能，彰显了大学生的志愿服务精神，诸如大学生社团走进社区、深入农村公益演出、知识宣传、法律援助等服务内容，对于建设和谐社会，加强社会主义精神文明建设起到积极促进作用。

　　（3）社团存在的问题。

　　目前大学生社团已经发展成为丰富内涵的群众性团体，成为大学生全面发展的有效途径，但也面临一些问题，亟待解决。

　　一是重视程度不够。对大学生社团重视不够，几乎是高校的共性问题，特别是在落后的西部高校和少数新组建成立的高校，表现在以下方面：第一，学校未给大学生社团投入专项经费或者经费极少，社团依靠赞助、会费维持运转，发展举步维艰；大学生社团缺乏专门场所用来开展社团活动，社团申请教室或相关场所也存有各种困难；大学生教育管理者缺乏对社团必要的指导，未能充分认识到大学生社团在校园文化建设中的作用。

　　二是管理体制不清。第一，目前高校社团存在管理混乱、运行低效、机构设置和职责分工不科学等问题，对自身社团性质、宗旨等认识不清，缺乏适合自己社团的运行机制和管理模式。第二，新老社团成员缺乏衔接，上一届成员传、帮、带作用不明显，重视自己任期内的活动开展，不关心下任核心成员的培养，缺乏对社团资料、活动方案的保存管理，对选拔的下任会长的综合素质、敬业精神与社团发展前景缺乏周全考虑，存在新任会长兼职多，精力有限，难以有效开展工作。第三，社团存在重复成立、空壳社团现象，未能形成自身的社团制度与社团文化，章程缺乏"个性"，千篇一律或大同小异。

　　三是活动质量不高。社团活动一定程度上来说深度不大、层次不高，缺少品牌，缺乏论证和设计，针对性实效性较差，活动市场需求和实际意义考虑不周全，前期策划筹备工作不足，活动缺乏善后处理，出现冷场、混乱等局面，效果不尽人意，活动缺乏新意、创意和吸引力，组织者、参与者均会感到失望。

　　四是干部培养不足。高校学生社团的兴衰与成败、发展的好与坏，一定程度上取决于社团的核心干部，归功于社团精英领导作用。当前大部分学生社团发展呈现良好态势，大部分学生社团干部能力强、素质高、热情满、表率好，但少部分学生社团存在这样或那样的问题，有待进一步解决。诸如为了私欲、私利组建社团，目的不纯，单一地追求入党、表彰、干部头衔而盲目组建社团；社团干部传帮带作用不明显，存在拉帮结派，任人唯亲，社团团结氛围不浓，缺乏向心力和活力；社团干部热衷活动，学习成绩不理想，群众威信很不高；社团干部与指导老师之间沟通不足，社团干部放任自流地发展。总之，上述问题不利于社团的良性发展和成员的健康成长，辅导员等大学生管理者应建立有效机制，科学地培养和使用社团干部。

　　（4）社团的创新管理

　　一是注重共青团组织对学生社团的主导性作用。共青团在思想、组织、体制建设等方面具有先进性。共青团组织和社团建设的融合，在发挥共青团对学生社团的主导作用同时，充分利用社团平台，培养综合素质人才。绝大多数辅导员老师担任学院团委书记或副书记，因此，要积极响应《共青团中央、教育部关于加强和改进大学生社团工作的意见》要求，"积极支持学生社团活动，大力促进学生社团发展，切实加强学生社团管理，引导学生社团健康发展。依据法律法规，按照社团章程，积极自主开展各类活动，选拔政治过硬、作风正派、素质全面、能力较强的大学生担任社团负责人，为社团活动提供必要经费和活动场所。

二是完善学生社团的制度建设。首先，辅导员老师从学院团委层面上，更加重视社团管理法治化，强调社团自我管理。依法治社团，严格把关社团的组建，该管的必须管，不管的不干涉，违规的要取缔，发挥自我管理，拓展社团日常的管理。目前社团的管理主要归口于校级团委，学院团委深入社团不够，指导活动缺乏主动性，不了解大学生在社团表现，社团缺乏争创品牌的氛围。学院团委应加强对社团的具体指导，明确分工，各司其职，发挥管理综合效应，积极探索社团管理的新思路、新方法。提倡对外交流，实现分类引导，争创特色品牌。坚持大胆走出去，又要热情请进来，加强社团校际经验交流，促进社团共同发展。大力建设理论研究会学习型社团，坚持理论学习与思想实际相结合，引导社团成员成为"学习的典范、工作的模范"；大力倡导模拟联合国等学术科技型社团，激发专业兴趣，拓展学生视野，提高创新能力。大力扶持志愿服务类型社团，提升活动服务内容，争当对外窗口的品牌，塑造学生优良品质。大力开展兴趣爱好型社团活动，做到活动主题鲜明、内容丰富，实现陶冶情操、促进交流的目的。充分体现社团活动形式和内容的多样性，社团参与的自主性。其次，加强社团干部队伍建设。选聘配备过硬的指导教师。学院团委、辅导员老师等在校团委、学院党委（党总支）支持下，积极选聘具有前瞻性的思想观念、综合型的知识结构与复合型的能力结构的老师担任社团指导教师。因为指导教师能及时反馈社团活动开展情况和亟待解决的问题，是社团与管理部门沟通的桥梁纽带，更是社团开展创新活动的指导者与评价者，其品质、学识与能力的好坏高低直接影响着学生创新能力的培养。同时，学校、学院等部门为指导老师提供宽松的工作环境，对指导教师的工作纳入工作量，给予物质补助和精神奖励。加强社团学生干部队伍建设。学生社团干部是社团活动的设计者和组织者，是活动开展的中坚力量，直接关系着活动的质量和社团的发展。为此，大力培养学生社团干部的敬业、创新精神，提高学生社团干部领导和管理能力；着力加强社团干部的梯队建设，抓住社团干部流动性、交替性特点，扎实有效做好会员纳新、干部培训，选举产生领导机构，实现社团可持续发展；完善社团核心人员的建档工作，对活动适时记载，对业绩进行阶段考核，纳入校、院优秀学生干部的评选。

三是加大社团的扶持力度。首先，优化外部环境。社团的发展离不开环境的支持，社团的建设对环境也有积极的影响，社团良好的外围环境，是社团建设发展的外部动力。社团依托专业，发挥教师学术优势，加强对学术科技型社团的指导，学院、科技部门利用自身资源和优势，支持科技学术类社团，体育教研部、体育设施管理中心加强对体育竞技类社团的技术指导和场地服务。社团自身要争取学校、社会更大的支持，社团的经费不仅依靠会员会费、学校学生经费，社团还要走出去，迈出校门，面向社会，走市场化道路，寻求社会支持，赢得更多资金支持，增进社团成员对社会的了解和认识，达到社团走向社会、服务社会的目的。同时，接受服从党组织领导，争取党组织的支持，为社团发展提供强有力的政治保证。其次，加强社团的场地建设。活动场地为社团生存和发展提供了重要物质条件，然而现实情况是，社团数量众多，不具备为每个社团提供专用场地，学生社团急需场地，学校如何充分调研合理利用闲置场地，为更多社团服务，是摆在学校相关部门面前的一个课题。

（三）微信工作运用研究

面对多元文化互相激荡、社会意识互相碰撞、网络媒体迅速发展的新形势、新局面，大学生思想政治教育与管理工作应当抢先占领和利用微信为代表的新兴媒体阵地。辅导员为代表的大学生管理者要熟悉微信的特点与功能，积极利用微信开展工作，充分了解微信服务工作面临的困境，并积极探讨有效解决对策。

微信是当前最为流行的用于交流沟通的新媒体，深深地影响着人们的学习、生活和工作，它将沟通带入了一个前所未有的新时代，因其语音对讲、群聊、随拍随传、朋友圈等功能受到广大青年大学生的青睐。微信客观在陪伴与影响着当代青年大学生，给大学生思想政治教育工作带来了机遇和挑战。

1. 微信的特点与功能

微信是腾讯公司研发的智能手机用户可以通过网络快速发送文字、表情、图片、语音、视频，并具有群聊、朋友圈、扫描二维码、查找附近的人、摇一摇、漂流瓶、支付等功能的移动通讯软件。

"微信作为网络传播时代的新媒体形态，其互为主体性、跨地域性、去中心化和去时间性等特质实现了真正的个人化"。微信社交性、便捷性、开放性和自媒体性特点，满足了广大用户的需求。

微信在一定程度上反映了中国的圈子文化，微信大多是熟人之间的沟通和互动，印证了现实生活中朋友越多，微信朋友也必然越多。

2. 微信工作实际运用

大学是思想文化、社会思潮交汇与碰撞之所。大学生作为青年群体，是微信新媒体使用的主力军。高校辅导员是大学生健康成长的引路人，是大学生思想政治教育的骨干力量。

（1）满足主体需求。大学生历来是接触新的信息传播形式的先锋群体，是互联网的重度依赖者，也是移动互联发展的关键群体。大学生是微信信息的接受者、创建者、发布者与传播者。微信是大学生们的网络群聚地，是师生间思想表达和感情交流的新媒体形式。按照使用媒介需求来看，大学生通过微信主要为了获取信息、人际交往、自我表达和娱乐消遣。

当前，高校辅导员工作内容繁杂，除了负责思想政治教育，还要承担大学生日常管理、心理健康教育、职业规划和就业指导等多项教育管理职责。高校辅导员在大学生素质教育中扮演重要角色，起到关键作用。大学生管理者应具有微信，其微信应具有教育性、文化性、思想性，服务于大学生的学习与生活，起到宣传社会主义核心价值观，传承大学精神，引领先进思想文化的作用。

（2）思想教育作用。要把思想引领放在首要位置，积极倡导和弘扬党的最新理论成果，唱响主旋律，传播正能量，构建师生共有精神家园。大学生管理者通过微信了解大学生思想、学习、生活等状况，通过文字、语音、图片、视频等多种形式与大学生对话沟通交流，克服传统说教的不足，让微信信息逐渐影响大学生的想法和观点。微信时代大学生思想政治教育同样要注重引导大学生个人前途命运与国家民族的前途命运相结合，丰富大学生的精神文化生活，促进大学生全面发展。

（3）日常信息发布。高校辅导员工作内容繁杂和琐碎，其能迅速、准确、有效地与大学生进行交流沟通至为重要。微信具有即时、互动特点，通过朋友圈、群聊功能，发布各类校园通知、新闻，尤其是在校园突发事件、维稳期间进行第一时间信息发布，以便广大学生了解事实真相，避免谣言四起。

（4）师生沟通交流。大学生管理者日常事务较多，除了必要的面对面交流、电话交流外，很有必要利用微信与大学生进行交流，关注大学生思想状况，发布积极信息，进行正面舆论导向。还可以利用不受时间、地点限制优势召开会议。

（5）学习辅导作用。大学生管理者利用微信发布有关学习考试消息，营造良好学风。例如，可以利用微信向大学生发送与学习相关的资料，如电影、歌曲等，扩大学生视野。

3. 微信服务工作面临的困境

（1）不能覆盖全体学生。微信能有效覆盖绝大部分同学，但个别贫困学生无法使用智能手机，高校辅导员工作中切记不要忽视传统工作模式，依靠传统教育管理模式，关注、关心未使用手机的贫困生群体。

（2）个别学生沉溺于微信。个别大学生自控力较弱，"宅"在宿舍、家里，生活在自己的世界里，过度关注手机微信，成为低头一族，严重影响自身学习、生活与心理状况。个别大学生沉溺于虚拟生活中，对微信有了强烈的心理依赖，虚拟世界中异常活跃，现实生活中存有逃避，人际交往出现障碍，严重干扰了现实生活，容易诱发心理疾病。

（3）充斥一些负面信息。微信不可避免会充斥一些虚假、反动、色情、暴力等负面不良信息，势必造成信息质量参差不齐。犹如一把双刃剑，扩展大学生知识面和获取信息的同时，也对大学生的思想、学习带来一定的负面影响，影响大学生的世界观、人生观、价值观。大学生的判断能力、道德观念、政治信仰受到冲击。大学生一定程度上缺乏理性判断能力。微信上信息可能会对大学生的心理认知和道德认知产生影响，可能会控制、影响大学生的学习生活和思想意识，甚至思维方式和价值观念。

4. 微信服务工作的应对策略

如何因势利导确保以辅导员为代表的大学生管理者、大学生以及其他群体科学利用微信是当前教育工作面临的难题。微信是大学生的群聚地，然而，高校思想政治教育却未能充分利用微信开展教育管理工作。大学生思想政治教育必须适应变化了的趋势，提高吸引力、感染力、科学性和实效性。

（1）提升媒体运用能力。微信是思想传播、价值引导的工具和载体。"微信虽然无法要求学生怎么想，却能够引导学生想什么。"辅导员为代表的思想政治教育工作者要积极采取各种措施，发挥微信"正能量"，充分发挥微信作为思想政治教育载体的作用，应使微信成为大学生思想政治教育的新工具和新助手。大学生管理者微信便于与大学生平等双向交流，与大学生之间化为一种立体、多维、零距离的心灵交流。鼓励辅导员等大学生管理者使用微信，实现信息及时交流，掌握大学生思想动态，积极传播主流意识形态与核心价值观。举办主题教育活动，在师生互动交流中传道答疑解惑，润物无声地起到正面引导和教育的效果。大学生管理者掌握信息传播主导权和话语权，通过专门培训和学习，提高操控能力，增强思想政治教育的预见性和前瞻性。做到微信与思想政治教育的有机结合，给大学生的学习、生活和管理带来便利。

工作中，普及微信的正确、规范使用方法，教会大学生自我管理微信。辅导员等大学生管理者获取、传播正面信息，加强微信的监管，增强大学生自控力，引导大学生文明上网，注重网络自律，引导舆论向着有利于大学生健康成长的方向发展。

（2）提高业务应用能力。微信有助于大学生管理者走进大学生，零距离接触大学生，有利于教育者了解大学生的心理需求、思想状况和学习状态等，提高教育的针对性与实效性。积极引导大学生树立正确认知，宣扬正确的交往方式，提升大学生思想道德修养和综合素质。另外，利用微信发布就业招聘、就业指导、日常管理等信息和通知，吸引大学生参与到教育管理活动之中，增强微信对思想政治教育的影响力。

（3）学生媒介素养教育。大学生的媒介素养依靠不断的教育，提高大学生对媒介的批判、解读和使用能力，弱化媒介信息对大学生的消极影响，提高大学生辨别能力，促进大学生的社会化进程和综合素质的提高。大学生对新事物较为关注，具有很强接受能力和创新精神，但社会经验和认知水平有限，容易产生和接受片面甚至错误的思想观点。大学生管理者要了解微信对大学生学习、生活和思想的有利性和局限性，趋利避害，引导大学生正确使用微信。

（4）网络宣传与把控。微信"传播目标群体越来越庞大，领域越来越宽阔，方式越来越灵活，渗透越来越深入，管控越来越困难，影响越来越长远。"

手机网络信息传导的内容必须优化，进行一定的监督和管理，对信息进行有效的把控。宣传部干事、辅导员和学生骨干等人员负责微信在高校大学生思想政治教育中的应用、维护和管理。当下提高辅导员职业化、专业化水平，提高运用新媒体能力，扮演好"把关人"角色。同时，充分有效利用广播、电视、报刊、校园网等媒体，合力打造网络宣传，增强教育的时代感、亲和力、现实性、科学性与实效性。

当前，微信受到社会各领域的广泛关注与应用。微信拓展了社交范围，丰富了人们的学习、生活，同时给当代大学生教育和管理工作带来了机遇和挑战。大学生管理者应充分了解微信特点与功能，将微信有效利用到实际工作中，积极影响大学生的生活方式、思维方式、行为方式和价值观念，引导大学生健康成长和顺利成才。

第三章 大学生对话理论管理

第一节 大学生管理的概述与现实问题

一、高校学生管理的内涵概述

（一）高校学生管理的概念

1. 概念分析

（1）管理

管理是人类生活中最基本、最重要的活动之一，涉及广泛的领域，也是保证

组织有效运行的必然存在、不可或缺的必备条件。对于管理的概念、内涵，不同

的学者从不同的角度进行了定义和理解。科学管理之父弗雷德里克·泰罗（Frederick

Window Taylor）认为，管理就是"确切地知道你要别人去干什么，

并使他用最好的方法去干"。诺贝尔经济学奖获得者赫伯特·西蒙（Herbert A.

Simon）认为，"管理就是决策"，任何组织、任何层次的管理者在进行管理时，

都要不断作出各种决策，使组织的一切都可以不断运行下去，直到实现目标要求。

美国管理学家彼得·F·德鲁克（Peter F. Drucker）在其经典著作《管理：任务、责任和实践》中将管理界定为："管理是一项工作，有其自身的技巧、手段和方法；管理还是一个器官，是赋予组织以生命的、能动的、动态的器官；管理是一门科学，一种系统化的知识体系；同时管理也是一种文化，适用于任何地方。"美国管理学家斯蒂芬·P·罗宾斯（Stephen P. Robbins）认为："管理是指同别人一起、或通过别人使活动完成更有效的过程。"管理追求的是资源成本最小化以及目标实现效果最大化。

尽管几乎所有管理学教科书都提及上述管理大师们的观点，但真正对管理的

定义产生重大影响的还是堪称"现代管理理论创始人"的法国实业家亨利·法约尔（Henri Fayol）。他认为，管理就是实行计划、组织、指挥、协调和控制。之后，加利福尼亚大学洛杉矶分校（UCLA）的两位教授哈罗德·孔茨（Harold Koontz）和西里尔·奥唐奈（Cyril Donnell）采用计划、组织、认识、领导和控制五种职能作为管理的框架。时至今日，最普及的管理教科书仍按照管理职能来组织内容，不过一般已将五大职能精简为四个基本职能：计划、组织、领导和控制，最终实现组织宣称的目的。

国内学者也各自阐释了"管理"的概念。我们认为周三多的定义概述最科学、最全

面，他认为：管理是社会组织中，为了实现预期的目标，以人为中心进行的协调活动。这一表述表明：管理的目的是为了实现预期目标；管理的本质是协调；协调必定产生在社会组织之中；协调的中心是人，任何资源的分配都是以人为中心的；协调的方式也是多种多样的。

（2）高校学生管理

高校学生管理是高等学校一切活动、工作顺利开展的前提和基础，它以学生的健康成长和全面发展为主要目标，与教学、科研等活动相互支持、配合，对于保证人才培养质量、规范校园秩序、营造良好育人环境具有重要意义。

在我国，学生管理的概念经历从狭义到广义的延伸过程。最早开始，"学生管理"主要指学籍管理，包括入学与注册、成绩考核、考勤与纪律、奖励与处分，毕业就业工作等。在 20 世纪 80 年代，我国高校普遍设置了专门的学生管理工作机构后，早期学生管理中招生与就业、奖励与处分和原来隶属于后勤的学生宿舍管理等，都陆续划归到学生管理工作部门的职责范围，留在教务部门的称之为"学籍管理"。1990 年，国家第一次以"学生管理"为关键词，颁布了《普通高等学校学生管理规定》，规定指出："学生管理是指对学生入学到毕业在校阶段的管理，是对高等学校学生学习、生活、行为的规范"。由此看到，在此期间我国高校学生管理就是"管理学生"，是按照行政管理方式对学生行为的进行规范化和制度化管理活动，反映了我国高校学生管理工作在一定时期内的时代特征和特定内涵。

随着我国社会主义市场经济体制的建立和高等教育改革的不断深入，尤其是进入 21 世纪以后，高校学生管理的范围进一步扩展，之前未曾充分关注的如大学生心理咨询、学生资助、勤工助学、就业指导等逐渐地被纳入其中。"学生管理"的意蕴更为宽泛，除了强调传统意义上对学生的控制、约束和规范功能之外，还包括对学生进行思想教育和管理服务，日渐凸显其在指导学生、服务学生方面的积极功能。

在学生管理工作相关论文和著作中，有学者根据工作实践，提出了不同的解释。如胡志宏认为，学生管理工作是指"直接作用于学生，有专门机构和人员从事的有目的、有计划、有组织地发展、养成、提高学生政治、思想、品德、心理、

性格素质，和指导学生正确地行为的教育、管理和服务工作"。蔡国春认为，"高校学生管理是高等学校通过非学术性事务和课外活动对学生施加教育影响，以规范、指导和服务学生，促进学生成长成才的组织活动"。

在国外，"学生管理"有不同的叫法，例如"学生事务"、"学生服务"等，但通用的专业术语称谓是"学生事务"，与"学术事务"相对。"学术事务"即与学习有关的活动，包括学生学习、课程、课堂和认知发展等；"学生事务"主要指高校针对学生在校期间非学术性活动、课外活动、生活辅助等发展需要而提供的各类服务、管理和帮助等；二者共同构成在校学生的全部活动。以美国为例，美国高校学生事务分为学生活动、教学辅助活动、生活辅助活动和学生事务工作自身的管理等四个方面。之后随着学生发展思想及其实践的流行，学生发展不仅在学生事务中使用，也连接到整个学校各项工作，强调学生的学

习与发展相统一，目的是使学生达到自我实现和自身独立，学生事务和学术事务再度融合一体。

2. 要素分解

对高校学生管理基本要素进行分解，具体包括：

（1）目的要素——一个使命。"广泛地说，高校的全部工作，都是学生工作，不为学生，也无需学校的存在。"因此，高校学生是学生管理的出发点，也是管理的归宿。管理者有目的、有计划、有组织地对学生进行教育、指导、规范和服务，促进学生全面发展是学生管理的核心价值和共同使命。

（2）人员要素——两大主体。学生管理双方即学生管理者和被管理者。以学生为圆点，相应的管理者即为学生管理专门组织及专门管理人员，学生即为被管理者。从纵向看，管理者分为院校两级机构，校级层面包括校领导及学生处、教务处、保卫处、图书馆、后勤管理处等校级相关职能部门，院级层面包括院系副书记、辅导员、同伴导生等。

（3）载体要素——具体管理事务。学生管理者和被管理者通过"具体事务"进行交往。按管理者职能进行设置，如教务处负责学生学籍管理，学生处负责学生的资助管理、生活园区管理、心理健康教育等，招办负责学生的招生及就业指导，各学院负责开展学生日常行为管理。按事务类型进行设置，教育性事务是通过日常文化活动、社会实践等，对学生进行道德品质的培养和塑造；管理性事务是管理引导学生的行为，促进学生的行为向社会规范认可的方向发展；服务性事务是解决学生在学习、生活过程中遇到的实际问题，包括给学生提供学习指导、就业指导、心理咨询、能力培训等。

（4）方式要素——多元管理方法。各部门、各人员按照各自的管理职能，运用一定管理方法和资源进行管理，一般有科学管理、人本管理，刚性管理、柔性管理等不同管理方式。

四大要素之间相互关联，相互作用，共同构成一个具有内在运行逻辑的学生管理系统。

3. 内涵界定

基于以上分析，"高校学生管理"有两层含义：从狭义上分析，学生管理即管理学生，是对学生行为的规范和纪律管理。从广义上分析，学生管理是指和学生日常学习、生活相关的各类学生事务管理，管理主体包括学校相关行政职能部门和专职学生工作人员等，管理事务涉及"学生学习"、"校园活动"、"住宿生活"等。在本论文中，学生管理是指后一种意思。高校学生管理的内涵以育人为主导、以发展为核心，是"管理"、"教育"与"服务"的综合。同时，高校学生管理是一项系统工程，外延日益扩大，涉及学生学习、生活、校园活动等各个方面，相互之间相互渗透促进，具体包括学习管理、社团管理、就业指导、心理咨询、生活园区管理等。

4. 特性分析

高校学生管理是高校管理的重要组成部分，根据其内涵分析，高校学生管理具有其自身的独特性，既包括依照有关的法律、法规，遵循教育规律，对学生的纪律、行为等方面有基本要求，也包括对学生进行教育和服务，注重学生自我发展、自我管理。概括而言之，高校学生管理具有以下三重特性：

一是以制度性为主要特征的纵向型行政管理。从总体上而言，高校学生管理活动是有章可循、照章运作的活动。基于国家法律、行政法规赋予而享有的管理权力，高校在法定职权范围内，对学生进行规范化、制度化的管理活动，具有公定力、确定力、约束力和执行力。

二是以平等性为主要特征的横向型契约管理。高校是教育服务的提供者，学生是教育服务的消费者，两者之间形成平等、民主的教育服务合同关系。

三是以发展性为主要特征的学生自我管理。基于个体发展需求，学生享有管理自主性。学生对自己的思想心理和行为进行反思、调节和控制，建立起自我管理、自我约束、自我发展的良性运行机制。

（二）高校学生管理的体制架构

1. 历史发展

在组织机构和职能设置上，各高校普遍设置了学生工作部（处），实行"一套人马、两块牌子"，承担学生思政教育和管理职能。在管理方式上，由于学生规模日益扩大，学生思想日趋活跃，因此这一时期对学生的行为规范和纪律管理非常严格，学生管理工作也是不断建章建制。在整个80年代，国家教委先后颁布了一系列关于加强学生管理和行为规范的文件，包括《高等学校学生守则》

（1982年）、《全日制普通高等学校学生学籍管理办法》（1983年）、《高等学校学生行为准则（试行）》（1989年）、《普通高等学校学生管理规定》（1990年），对规范和约束学生行为起到了一定的积极作用，但也忽视了学生的合法权利和切身利益。90年代以后，随着招生、就业制度改革，学生缴费上学，毕业时双向选择，自主择业，要求学校建立合理的学生助学体系和毕业生自主择业体系，为此，各高校分别成立了独立或不独立的毕业生就业指导中心、勤工助学中心、心理咨询中心等。进入新世纪，随着社会的发展，高等教育也按照适应市场经济体制的要求，开始了新一轮的改革，在此背景下，高校学生管理工作也发生了许多深刻的变化，各高校在学生管理的体制和内容上做了许多有益的实践探索：或是将招生划归学生处、或是成立学生工作指导委员会、或是对学生工作管理部门实行"合属办公"等，特别是"以人为本"理念的提出，给学生管理注入了新的生命活力。之后，由于"人本"被异化和误解，又有一些其他管理模式进入管理实践。

总之，高校学生管理工作内容越来越丰富、地位越来越重要，日益成为高校管理工作的重要内容之一。

2. 工作体制

当前，我国大部分高校学生管理基本体制是：学校管理为主、学生自主管理为辅，党政合一、两级运行、条块结合、共同参与。

从学校管理来看，学校层面明确一名校领导分管学生工作，设立学生工作部（处）、团委、教务处等部门分工管理全校学生工作；在院系层面设立党委（总支、直属党支部）副书记、辅导员、教学秘书等负责本院系学生管理和各项活动的组织开展；在年级、班级层面，配有辅导员、导师、导生，负责年级、班级的各项具体学生事务管理和思想政治工作。

从学生自主管理机构来看，各高校也普遍设立了学生自主管理机构，作为学校管理的补充，开展学生的自我管理、自我教育和自我服务。学校层面设有学生会，代表学生与学校各职能部门沟通，维护学生的合法权益；院系层面设有学生分会，受校学生会的领导；班级层面设有班委会；院系学生会和班委会同时接受院系党团组织的领导或指导，辅导员也会指导班委会的建设和管理。随着学生党员人数的增多，学生党支部也成为学生开展自我教育和管理的重要阵地。

（三）高校学生管理的具体内容

根据《中国普通高等学校德育大纲》（1995），《中华人民共和国高等教育法》（1998），《普通高等学校学生管理规定》（2017）的有关规定，以及对当前各高校实际情况的调查、了解，当前我国高校学生管理的主要内容包括日常思想教育、行为规范和奖惩管理、生活园区管理、学籍管理、心理健康教育、学生组织的指导管理、资助管理、招生就业指导等方面。

针对不同年级学生的成长需求，高校学生管理的内容在每一阶段都有不同的侧重。对一年级新生而言，他们的主要问题是尽快适应新的学习和生活环境、建立新的人际关系、重新认识和评价自我以及科学的生涯规划。而二、三年级主要问题集中在专业学习，处理学习与社团活动的关系，友谊和恋爱的关系等。四年级学生随着生活经验的增加以及自我的发展，处理和应对问题的能力得以提高，这一阶段的压力主要来自于就业和未来发展。我们根据纵向考察和横向例举相结合的原则，按照学生实际发展阶段，将大学历程分为四个阶段，概括其对应的高校学生管理内容如下：

1. 新生适应——大一

对于大一新生而言，各方面都起了变化：一是有自豪感，从中学生到大学生，身份上发生了质的变化，从此将迈入新的人生阶段；二是有陌生感，全新的环境、全新的朋友，对于自己的专业学习、未来生活都一无所知；三是紧张感，大部分学生还未掌握大学学习规律，加上独立生活能力差、集体主义观念不强，内心仍是紧张而又担心。因此，初入大学的新生，或多或少都会存在一定的适应性问题，这与其原有的心理素质有关，也与新环境的特殊性有关。这一阶段学生管理的重点应该是着眼于为新生提供全面而细致入微的入学指导和适应性教育，主要包括迎接新生、军训、新生入学教育、适应教育等环节，目的是帮助新生更好、更快地了解大学、适应大学、融入大学。

在迎新当日，学校需要组织相关部门、学生志愿者等负责新生接站、报到注册、安顿入住等工作，各学院组织家长会，向学生和亲属宣讲学院基本情况、专业设置信息等，让新生、新生家长对学校有一个基本了解。

军训期间，一般按照团、营、连的部队编制对学生进行重新编排，军训内容主要包括站军姿、队列训练等，有些学校还专门设置了急救培训日，开展消防培训与逃生应急演练，开展军训展板评比、内务评比等丰富的军政教育活动，开展军营歌咏比赛，培养新生国防意识与爱国主义情怀，促进大学文化与精神建设。

新生入学教育，目的是让新生了解校史校情、教学课程、安全卫生、心理健康、日常管理等基本要求和信息。短则几天，在军训期间完成，长则持续贯穿一学期或一学年的学分课程，为大一新生适应奠定基础。

适应性教育融入大一学习、生活的全过程，比如学校组织的参观校园、新生一日游活动，辅导员的走访寝室、一对一个体谈话、班级导生或学长学姐们的对接联系、现身说法等，都将有助于学生熟悉新环境，提高学生行为的自觉性，同时了解新生的各种心理动态，及时予以调整、指导，使他们更快走出困惑，融入大学学习与生活，更好地遵守学校规章制度，更有规划地完成学业，避免今后可能出现的各类问题。

2. 个体发展——大二、大三

大二、大三的学生，已经习惯于大学生活，他们思想活跃，兴趣广泛，学习上的优劣、政治上要求进步的快慢、思想品德的好差，开始逐渐显现出来。他们更多地需要探索人生的价值、理想信念等，关心并分析一些社会现象，但容易受不良思潮的影响，缺乏正确的认识和处理矛盾的能力。因此，这一阶段学生管理的重点主要着眼于学生的个体发展，具体包括：

（1）促进学生学习

学习是高校学生接受大学教育的首要任务，但进入大学后，很多学生会感到迷惘，失去了目标、缺少了动力、没有了方向，造成学生厌倦与逃避学习。因此，在学生管理中，建立多层次、多渠道的学习指导体系非常重要。学习咨询伴随学生学习和成长全过程，不仅包括专业学术问题，也包括相关问题，比如个人理想、校园生活；不仅可以向专业课教师咨询，也包括向相关部门老师咨询等。

个别辅导咨询。任课教师、助教及其他有关老师等对学生的选课、作业及学习中的具体问题提供意见和辅导，对学生的专业发展、课程学习、升学问题等进行指导，引领学生进行更加深入的学术研究。如诸多高校开展的专业教师坐班答疑、校内自习辅导；教师、学长对学生学习的具体问题，通过举办讲座、学习交流、一对一辅导等方式进行。

学习基本事务管理。是指相关职能部门对与学生学习相关的日常事务管理。如学籍管理、档案管理、各种证明和审批事项等。

其他形式。学生自治组织自主组建学习兴趣小组，搭建学习平台、开展读书沙龙等，养成学生善于读书、勤于思考的良好习惯。

在这一过程中，应建立学生与学校、与教师、与同伴的沟通反馈渠道，随时接待学生对教学工作的意见和建议的反馈。

（2）服务学生生活

生活服务主要是日常进行的除学习学术和工作之外的各种活动的总称，主要是帮助学生解决生活中的一些问题，主要包括以下几个方面：

宿舍管理。大部分高校向学生提供住宿，专门设有宿舍管理办公室。每幢学生公寓有楼管，他们与楼委会（由居住学生选举产生）共同负责本幢楼的学生的生活、学习环境，解决冲突等。目前一些高校开始力图建立融住宿和学习为一体的氛围，更多强调学生生活园区建设对学生成长和教育的重要性，如在宿舍楼开设有关课程、组织专题讨论、提供咨询服务等，通过高品质的住宿生活鼓励学生学习和发展人际关系，培养兴趣，锻炼能力等。

生活服务。学校提供饮食服务，有学校自己经营饮食服务，也有对外签约承包。此外，还负责管理或运营校内的运动、娱乐、设施等，一般都免费向师生开放，并向学生提供勤工助学的机会。

安全服务。为了保障学生安全的学习与生活环境，确保校园的稳定有序，有效的安全服务与对危机进行防范与应对是极其重要的。如失物招领、防火安全、财产保护、制止犯罪、校园交通管理、校园安全隐患排查等方面的管理，以保障学生的安全生活和校园稳定。

健康医疗服务。学校设立医疗机构，如校医院或医务室，直接为学生服务，一些还与社区医疗机构合作，目的是向生病或受伤的学生提供医疗帮助，以恢复健康。除了日常医疗保障外，还负责开设健康课程、急救知识培训等讲座。

（3）提供助学资源

学生资助是学生管理中的重要内容，目前我国高校中逐步建立起了以奖学金、学生贷款、勤工助学、特殊困难补助和学费减免（简称"奖、贷、勤、助、补、免"）为主题的多元化的资助经济困难学生的政策体系。

奖学金评审。奖学金是政府、学校和社会资助机构为表彰和鼓励优秀学生而设立的奖励资金，以更好地鼓励先进、鞭策后进、发挥潜力，推进学生素质的全面提高，是学生资助体系的重要组成部分。由于奖学金无法惠及每名学生，同时随着国家和社会各界对家庭经济困难学生上学难问题的关注和积极反应，在政府、社会等合力之下，学生资助手段还包括国家助学贷款、特困生补助、减免学费、临时困难补助、社会资助、勤工助学等多种方式。

建立家庭经济困难学生档案库。评估学生是否需要资助，以决定学生资助的项目、资助等级、资助金额等内容，增强资助工作的目的性和针对性。

协助申请贷款。为扩大高等教育入学率，帮助家庭经济条件有困难的学生减轻入学的经济压力，学生可向学校提供关于家庭收入情况的证明，由学生事务部门协助向负责贷款的机构申请。

临时困难补助发放。主要是解决学生家庭经济困难或遭遇突发性变故的应对措施，帮助学生渡过难关。

设立勤工助学岗位。鼓励和支持学生开展勤工俭学，学生事务部门或帮助学生联系、介绍用工单位，或发布需求信息，或直接聘用学生。校内的许多服务项目和服务场所，如食堂、商店、图书馆、活动中心、运动场所、部门办公室等，都为学生提供勤工助学岗位，不仅使学生通过个人劳动获得报酬，减轻了求学的经济压力，同时也是学生直接参与学校管理、了解社会、提高实践能力的重要途径。

在学生资助管理工作中，奖助学金的评审、发放过程至关重要，从政策的制定和修订、信息发布、接受申请、组织评审、发放资金等环节，应该充分听取学生意见和建议，尽量保证公平、公正、公开。

（4）发展学生能力

随着教育改革的不断深化，各高校注重把学生活动作为教育的第二课堂，着眼于学生个体的内在潜能，旨在培养学生兴趣爱好、扩大求知领域、锻炼交往能力、丰富校园文化。主要形式有：

参加课外实践。学校有目的、有计划地利用课余实践和空间在学生中开展的多种多样的教育活动，对培养具有创新意识和创新能力的人才具有十分重要的意义。如专业教师带领学生团队开展必要的课外科技创新活动，全面培养学生的专业素质、团队素质等。

参与社团活动。丰富多彩的社团组织和名目繁多的学生活动是高校的一道独特的风景线，也是学校校园文化和学生活力的真实写照。教师、社团联合会参与对学生社团的指导、规范和资助。学生社团的活动经费，部分来自广告、赞助、募捐、商业收入，部分由学校拨给，按照星级确定不同的金额。学校通过制定和调整资助政策，引导学生社团开展更多有教育意义、促进学生学习和个人发展的活动。

其他校园活动。学生被鼓励参与与其学术课程相联系的各式各样的社区服务活动或志愿活动，参加小型课程、专题研讨会、学术讲座、文娱活动等，将理论与实践、学术与技能相结合并共同发展，对促进学生学习和发展的积极意义。

（5）规范学生行为

依据有关法律、法规和国家有关规定，结合学校实际，健全管理制度，依法维护学校的正常秩序，保障学生身心健康和合法权益，培养学生良好的行为习惯。

行为规范和奖惩管理。也就是狭义上的"学生管理"，指对学生行为进行约束的管理。一般认为，制定和执行校园行为规范的目的在于引导、约束和修正学生的行为。对表现突出的学生和集体，予以物质奖励和精神奖励，对违规学生的处罚一般有警告、严重警告、记过、留校察看、开除学籍等。对学生的处罚应该遵循严格的程序，包括原告申诉—部门调查—听证委员会听证并作出听证建议—相关部门作出处罚决定—申诉—实施处罚。

制定学生手册。包括和学生有关的各项规章制度，如奖励制度、资助制度等。

学生违纪处理、申诉及其他事务。学生行为的规范一般由学生管理办公室负责，对学生的行为或纪律包括，对学生开展有关规章制度的培训、接受学生的一般投诉以及处理关于违反学校纪律的行为等。学生有权申请听证，《教育法》将高校学生享有的《宪法》中所规定的公民申诉权具体化，在第四十三条第四款中规定，"对学校给予的处分不服向有关部门提出申诉"，可见高校学生拥有法定的申诉权。

3. 毕业季——大四

大四的学生，各方面都已经逐渐成熟起来，独立思考、辨别是非的能力有所增强，大多数学生努力学习、为就业做好充分准备，但也正因为临近毕业，容易出现纪律松弛、思想涣散的现象。这一阶段学生管理的重点主要着眼于实现学生的充分就业（提高"量"）和满意就业（提高"质"）。

近年来，就业指导在学生管理中占据着越来越重要的地位。各高校都相继成立相关管理机构，如就业指导中心、职业发展中心等，主要开展两个方面的工作：

一是生涯规划。高校学生处于个体职业生涯的探索阶段，因此，对大学生就业指导不仅为学生提供应景式的指导，更主要的是使其具备适应社会、适应工作、胜任工作的能力。通过职业咨询讲座、心理测试、模拟面试、求职讲座等方式，帮助学生了解他们的志趣、爱好和能力，制定适合学生个体的生涯计划。各高校基本从大一开始需要对学生给予一些适应性指导、社会认知指导，之后重点突出自我认识、引导梳理正确的职业观，对学生进行实战性的求知方法、择业技巧的指导，宣传就业政策和方针，做好择业心理准备和调试等。

二是指导就业。学生期望通过大学学习在毕业后获得与其教育相称的工作，就业指导中心为学生和用人单位提供专业、便利、多样化的服务。如为学生提供就业信息、提供就业咨询和培训，进行就业指导，开展招聘活动等；与众多相关行业机构和重要客户保持顺畅联系，建立起规范的信息交流渠道。

当然，就业工作是全校性工作，不能仅凭就业中心的一己之力，而是要举全校之力。如专业教师可提供一些实习就业、合作教育的信息和机会；辅导员要关注学生，特别是就业困难学生的进展，及时指导帮助。

需要说明的是，由于各高校间办学理念、办学层次、人才培养模式等诸多方面的差异，势必导致不同高校在学生管理具体内容的把握、侧重点和覆盖面上有不同的理解。而我们对高校学生管理内容体系的界定，是一般层次上的概括，而且各阶段的内容也只是根据管理重点作一相对分类，不排除每一阶段有内容重复的可能。

二、高校学生管理的现状分析

（一）现状

1. 镜头一：被管束的"无奈"

画面：教室外，上课前 15 分钟，辅导员老师手持指纹打卡机站在教学楼阶梯教室门口，凡是上课同学逐一进行指纹认证后方可进入教室；课堂上，任课老师滔滔不绝地从上课讲到下课，全程无"对话"；班会中，学生对于站在讲台上居高临下宣读班级规章制度的辅导员老师不以为然。

声音：有学生提出自己的教师采取绝对权威式管理，学生没有自由。他们这样说："我们已经是大学生了，但我们的老师仍然把我们看成是中学生，早上要求晨读、晚上要求自习，辅导员或是任课老师亲自到班上点名，还采用了'先进'的指纹打卡，甚至说这个考勤和我们的评优评奖挂钩。哎，老师累我们更累，这和我想象中的大学生活完全不一样。"

2. 镜头二：放任后的"期待"

声音：有学生提出自己的教师放任不管，学生绝对自由。他们这样描述自己的老师："任课老师上完课就走，因为急着赶班车，我和同学有时有问题也不好意思问，慢慢地也就习惯了上课带两只耳朵来听就行。像我们这种坐在前排的，还算是认真地上课，很多坐在后排的同学不是吃东西就是打游戏，再不然就是补觉。反正老师也不管，'平时养老院、考前疯人院'是真实写照。"

"我们的辅导员资历比较老，和我们有代沟，而且他自己也不怎么管我们，一学期最多也就见上两三面，平时什么事都是让班委通知、传达，从来不来宿舍看看，从来不找我们谈心，可能真的是'资深'辅导员了吧。"

声音：也有学生提出自己的教师像万能的保姆，事无巨细，对学生百依百顺。

"我的辅导员很年轻，工作很认真，每天有使不完的劲、说不完的话、发不完的短信，说实话，我们同学都觉得她太过于认真了，完全就是把我们当小孩子看待，嘘寒问暖当然是好的，但是过了这个度，就觉得有点'厌烦'。"

（二）两种管理模式的特征分析

根据一些现场画面、真实声音的描述，我们可以将目前的学生管理基本梳理归纳为两种：要么高压专制，统得过死；要么满足于学生不出事或囿于老经验，放任不管或事无巨细，即专制服从的权威型管理和放任松散的人本型管理，前者过度以教师为中心，后者过度以学生为中心。

1. 专制服从：传统权威型学生管理

（1）哲学取向：科学主义

科学主义深受近代科学方法论的强烈影响，主张运用实证方法，从观察经验的事实出发，通过实验和一些量化的手段，研究知识的确切性，提高组织的效率和效益。引申至学生管理中，即是一切管理问题的解决都应用运用科学的方法，通过规范化、精确化、简单化将管理变得更有效率，一切工作应由教师确定，进行严格的监督、制裁，把个别经验上升到理论和科学，强调管理的科学化，体现了近代科学方法论向教育管理的转移。

传统权威型学生管理模式体现了科学主义哲学取向，核心是追求多产和高效，注重改进工作表现，以科学替代经验，实行标准化、同一性管理。

（2）提出背景及原因

从传统权威型管理模式的产生来看，一方面有其社会历史发展的必然性，另一方面是教育管理实践发展的产物。就前者而言，受计划经济体制下固有观念的影响和束缚，由于过重的社会导向导致形成了过强的共性约束，为了培养大规模生产所需要的标准化人才，将被管理者纳入程式化的生产过程，保证管理工作的秩序和效率。就后者而言，在教育管理领域，受教育管理科学理论影响，主要还是凭完善制度进行有效、标准化管理，批量、统一化教育。当科学主义思潮被运用到管理领域以后，引起了人们对科学的教育管理研究的重视，可以肯定，在以往长期相对封闭的社会运行中，这种管理模式确实起到了不可低估的积极作用，在今天仍然具有值得传承的历史价值。然而，传统权威型管理模式也存在不可克服的局限，导致出现管理困境，主要表现在：强调批量教育，追求统一步调，过分依赖制度，忽视了学生的个体需求，限制了学生的个性发展。

（3）管理特征分析

特征1：重量化，轻内化

管理者借助行政权力的实施，自上而下，偏重思想意识的规范和活动的量化调控，突出群体同一性的宏观管理。在调查中我们发现，有些学校沿用高中军事化管理模式，教师主抓出勤、考勤、综合测评、宿舍检查等，要求学生必须集中晨读、上晚自习，教师亲自到场清点人数；学生开展活动，从策划、组织到实施都是教师一手操办等，对制度、规章、纪律的维护超越甚至凌驾于学生的尊严和权利至上。学生管理用量化的方式强调统一、标准，教师统一命令、统一指挥，学生标准化行动、量化考评。"学校里有一种向工厂进化和工厂管理的倾向"，①在某种意义上，学校成为"原材料（儿童）被定型和定格成符合各种生活要求的产品的工厂"，②学校的任务就是编织庞大的"规训之网"，并根据规定的标准培养学生。显然，这种过分强调外显的统一、过分依赖秩序，追求一个步调、一种风格、一种色彩的同一化管理模式，尽管保证了正常的教学秩序、生活秩序，却是一种独断式、包揽式的单向活动。

特征2：重权威，轻批判

在课堂上，由专业课教师控制教学进度、课堂组织、点名提问维持课堂纪律；在班级事务中，辅导员制定班级管理规定、组织班会；在学校事务中，一切由教师说了算。学生学什么、怎么学，做什么、怎么做，管什么、怎么管都是被教师所规定的，学生处于管理边缘，无奈于绝对服从，成为"局外人"。

教师与学生在知识经验之间确实存在一定差距，教师天然地将这种差距视为自己的权力，以此转化为自己的权威，这种权威部分合法地来源于他们的知识优势，但实际上大部分来自他们的层级地位。一方面，教师的权威身份意味着"单一声音"的形成，学生逐渐演变为纯粹接受者，师生之间无法对等地敞开与接纳；另一方面，学生从感到自己无知到接受言说，从被迫服从到信仰权威，逐步丧失主体人格，丧失批判性反思精神，造成千人同声、万人同语的局面。学生或者全盘开放，完全接受管理；或者完全封闭，来而无往。这种"一竿子插到底"的粗放型管理体现了支配一服从的关系模式，学生是学校管理活动的作用对象，处于权力和知识的最底端，接受学校管理层和校规的管理。

特征3：重灌输，轻养成

高校学生管理者忽视学生的主体性，管理二管束、灌输、说教，强调的是用严格的制度、规范的条文来限制约束学生，学生不需要有自己的意识、想法，只需要完成命令、指令和要求，教师也很少关心学生的参与需求，挖掘内在潜能。学生或被当作道德知识的接受器，或被看作是可以驯服训练的小动物，成为被灌输的客体、被忽视的对象、被修剪的个体，把学生管理地服服帖帖就是好，把学生教导地循规蹈矩就是好，久而久之表现为规训顺从的行为模式，缺乏批判创新，不仅是人性、权利地位的丧失，也是自主参与意愿和参与行为的消失。扼杀了学生的创新意识、束缚了学生的个性发展，很难创造出适应变化的学生，取而代之的是没有思想和不会质疑的接收容器。正如梅贻琦所言："今日之教育，恐灌输之功十之八九，而启发之功不得二三。"

管理过程中"唯我独尊"的现象严重，管理过程流于表面化、形式化，一味"填鸭式"说教，没有互动，容不得抵触，往往是在一个不公平、不和谐、不温暖的环境中开展工作，内容上存在本本主义，一味讲大道理，没有深度，没有主动性、积极性、创新性。

2. 放任松散：温情人本型学生管理

（1）哲学取向：人本主义

人本主义的思想和主张，在我国古已有之，春秋战国时期的管仲提出"夫霸王之所始也，以人为本"，墨子的"兼爱"、孟子的"民为贵"都反映了人本的思想内容。在西方，人本主义源自费尔巴哈的人本主义哲学，它从人本身出发来研究人的本质，以及人与自然、人与人、人与社会之间的关系的理论。

人本主义颂扬人的价值、尊严和力量，尊重人的地位和作用，强调人的感受，重视人性和人格，把一切现象人本——人化——主体化。引申至学生管理中，就是突出学生的主动性和创造性，重视学生个性的张扬与优化，注重师生的真情互动，挖掘学生的发展潜力和自我实现的意义等内涵的综合体。

温情人本型学生管理模式体现了人本主义哲学取向，与物本管理相对，改变了只把人当作关心经济利益的存在物的片面看法，丰富并深化了关于人的科学认识。

（2）提出背景及原因

中共十六届三中全会明确提出树立和落实科学发展观，"以人为本"是科学发展观的本质和核心。高校作为培养高素质人才的基地，要求在学生管理工作中予以贯穿，方兴未艾的"以人为本"的思想浪潮，一经提出，就受到了众多教育理论工作者的青睐，转瞬间，改革的疾风迅速席卷了教育管理领域，各种探讨将人本理念运用到学生管理的文章数见不鲜，仿佛看到了真正培养人才的妙医良方，更是为学生管理送来了东风，部分学校踏上了轰轰烈烈的以人为本学生管理征程。

不可否认，以人为本的管理模式是建立在人本主义哲学基础之上的一种对管理本质的新认识，它遵循"一切为了学生，为了学生的一切"的理念，强调对学生主体性的尊重和承认，提倡尊重学生、关心学生、发展学生、服务学生。以人为本的学生管理模式第一次明确了学生在管理中的中心地位，是对科学管理内在缺陷的有力规避与超越，是教育管理历史上的又一次重大突破。一些地区、学校确确实实推行了人本教育，取得了很多宝贵经验，有一批学生素质得以提高，能力得以发展。可以说全国上下达成了关于"以人为本"的共识，无论从理论上还是从社会舆论上都为人本管理铺就了一条"金光大道"。

但我们在肯定成绩的同时也必须清醒地看到，在实际管理过程中，由于种种原因，实际管理效果比表面现象复杂得多。以人为本的学生管理模式过分关注学生，过度以学生为中心，以至于忽略了个体—环境互动性及其对学生发展的重要性，简单地将人本管理等同于放任自流或包揽一切，异化成没有原则的宽松管理和对学生的一味迎合。这看似取消了对立，没有了主次，创造了师生平等，但就本质而言，仍是二元对立观的体现，无奈陷入发展困境，其结果很可能导致高等院校丧失应尽的法律责任和教育义务，偏离或迷失学生管理的正确方向。因此"以人为本"的学生管理模式犯了温情主义错误，陷入浪漫理想的乌托邦。

（3）特征分析

特征1：重服务，轻管理

部分教师将"以学生为本"解读为：学生就是上帝，服务好学生、让学生满意即为管理宗旨，在管理实践中，学校承担无限责任，只要是学生的事，不分类型原因一概全包、有求必应。教师由管理者变成服务者，对学生一味顺从，丧失应有的原则和规范，教师用这种所谓"深情"的爱、"尊重"的态度、"温情"的语言构建了极度"人本"、"温馨"的管理环境，结果是"爱的教育"演变成为"溺爱教育"，学生逐渐养成强烈的依赖性，钥匙丢了找老师、银行取钱找老师……学生成为了"衣来伸手、饭来张口"的"皇帝"、"公主"，教师顺势沦为"保姆"、"服务员"，这种多重角色的结果就是看似做了不少工作，但实际上存在诸多虚位和错位现象。对教师而言，对学生的日常性事务管得过多、过细，事无巨细，在事情越管越多、越管越忙的抱怨声中的人本管理效果可想而知；对学生而言，组织协调能力得不到培养、心理素质得不到锻炼、责任意识得不到增强。"我们确实更依赖老师，但老师也没有给我们任何机会"，有学生如是说。

特征2：重放任，轻作为

部分教师将"以学生为本"解读为，学生是自己的主人，应该任由学生自由发展，教师绝不干扰和限制。因此在管理实践中，过分强调学生的地位，教师和学生各自充当"甩手掌柜"，两者相安无事、互不干扰。教师对学生管得过少、过粗、过松，偶尔的过问也只是味精般的装点。有学生表示，一年见辅导员最多两次，更不要说学校其他教师；当然学生也乐得清闲，过着三点一线（宿舍–食堂–教室）或者索性就是两点一线（宿舍–食堂）的"幸福"生活。四年毕业教师叫不出学生名字的人不在少数，学生不知道教师办公室在哪儿的人也是大有人在。上述这些做法表面看来是应景地强调学生"自主"，实际上正是在"以学生为本"、"自主性"这些美丽辞藻背后，教师不负责任的表现，由教师为中心逐渐滑向教师不作为，形式繁荣的虚假化、管理内容的浅薄化，教师的基本职责和主观能动性得不到应有发挥，出现"管理失语"；而学生尽管几乎找不到压迫感，但由于过度放任，也同样找不到满足感，浪漫的人本并不能释放出能量，学生处于有组织的无政府状态并逐渐在放任中迷失方向。

特征3：重个体，轻协作

各种各样的人本主义，背后隐匿着虚假的功利主义。当代的高校学生大部分是独生子女，优越的成长环境使他们注重个人感受，比较自我、乐于享受，对生活有较高的期望值，群体观念相对淡漠而唯我独尊意识增强。他们只强调人的个人需求，考虑目前的现实利益，关心自己的未来，被标榜为"自我的一代"。"以学生为本"演变为"以己为本"，以个人是否认可作为评判标准，个人感受必须受到绝对的尊重、自由和满足，却鲜有思考个人的需求是否符合公共价值准则。人各有所需，且所需不尽相同，当个体与个体、个体与集体发生矛盾、难以协调时，应以谁为本？以现在大学的宿舍集体生活为例，宿舍间同学间的矛盾多数是由于自我和他人在处理各种事务时的背道而驰而产生的，凡事总渴望别人都能以自己为中心，让着自己、关心自己，排他性使得学生在集体主义、团体协作等方面相向而行，难以形成强有力的交点。

三、管理背后的问题症结

高校教育的根本目的不仅限于传授知识，还有很重要的一点是育人，通过教书育人、服务育人、管理育人等关键要素，实现人才培养的最终目标。传统的学生管理没有认识到管理与教学处于同等地位，管理的过程本身也是育人的中枢环节，或者即使认识到这一点，也只是大多停留在为管理而管理的层面，致力于管住学生，使学生尊重校纪、校规，维护正常的教学秩序，或是放任学生完全个性发展，实现所谓的"人本"。他们忠诚于权威，却背弃了学生；追求着效率，却忽视了意义；体现了人文，却忘记了发展。显然当下这种高校学生管理状态是不够成熟的，在其背后也必然存在多方面的深层次原因。

（一）二元论思维模式的宰制

西方哲学在笛卡尔之后，占据主流地位的是二元论，二元论思维模式习惯用对立范畴看待和解释世界，二元论发展到极端之时，就导致二元的分裂，如人类中心论的出现或主体与客体的对立，内在与外在的划分或现象与本质的分离等。以二元论思维模式看待世界，人和人之间、人和客观世界之间就是认识与被认识，征服与被征服的关系，强调主体对客体的利用、控制、占有，结果造成人与他者、人与自然、与生活的对立。

（二）工具理性对价值理性的消解

工具理性（instrumental rationality）和价值理性（substantive rationality）是德国社会学家马克思·韦伯提出的两个概念。所谓工具理性，是指通过精确计算功利的方法追求事物的最大功效，其所奉行的是一种以工具崇拜与技术主义为其生存目标的价值观。所谓价值理性，是指通过有意识地对一个特定的行为作无条件的固有价值的纯粹信仰，只赋予行为以"绝对价值"。工具理性强调手段的合适性和有效性，价值理性则更突出目的、价值的合理性。

随着科学技术的发展，实证主义思潮泛滥，工具理性迅速发展，并渗透到社会的总体结构和社会生活的各个方面，也必然包括教育管理领域，成为其主导思维方式和行为模式。诚然，工具理性有其积极意义，但它的无限膨胀和片面发展，造就了异化、物化或单向的思维方式及思想文化，难逃手段目的化的结局。在教育管理领域，由于管理中还涉及人的因素，现代科学的方法确实有许多无法解决的问题，造成了人与人之间的关系及管理目标、管理过程等出现异化，对教育管理中的功利主义行为起到推波助澜的作用。

以学生管理工作为例，一方面是出现"真理性问题"，管理主体和管理客体间的认识不足或出现偏差，使人们在学生管理中以管理和工作为目的，教师或学生只是工具而非主体人，为了管理而管理，忘却了追问自身主体价值，也忘却了反省学生管理工作本身的意义，导致人的主体性的迷失和精神的异化。另一方面是出现"价值性问题"，助长了功利主义和形式主义，人们以纯粹功利和实用的眼光看待和处理学生管理，把满足教师或学生的各种需要和诉求作为实现管理目标的手段，管理双方都演变成"手段人"，注重眼前物质利益和现实好处，忽视精神与价值追求，注重形式、忽视内容，与学生管理的本质背道而驰，是对管理育人本质的扭曲。

（三）儒家传统文化的规约

教育作为一种文化传承活动，自身就是文化传统的产物，文化对教育模式、管理模式和教育制度的制约力不仅广泛，而且深远。我国数千年来形成的传统文化是儒家文化，毋庸讳言，儒家传统文化的"仁义道德"、"政教伦常"、"长幼有序"等思想对社会的稳定、民族的凝聚及人际关系的和谐等方面具有一定积极意义。但由于自身的片面性，也有不少消极因素，我们今天在教育管理中遇到的一些阻力和障碍，追根溯源，也是受到了传统文化的羁绊和规约。有学者曾对此进行过专门研究，在详细考察中美两国教育改革的起始与文化观念的关系之后，认为"与其说是少数教育家的教育思想在左右改革的方向，还不如说是植根于历史传统的文化在广泛的范围内影响着它们的进行"。

中国传统儒家文化强调规训教化。儒家教化是一种单一的道德教化，说教者以"圣贤"自居，"替天行道"，以"天道"来规训、取代"人道"，个体不过是实现天道的载体和手段，教化过程不过是"民以君为心"，最终目的是为了巩固和维护宗法道统、政治政统；培养的人源于道统却最终就范于政统，个体的绝对服从。这种规训的教化"以消解个体的理性自律而造成被动的'器'，成为工具和奴才。过多地规训，其结果就是失却自我、没有自我的奴性人格的养成"。

中国传统儒家文化宣扬天人合一。所谓天人合一，即指自然与人伦相通，人与自然浑然一体。其本质是强调群体的整体主义，重视人的群体性、共性的培养，价值导向主要是贬低个体价值、忽视主体价值，行为模式基本上是压抑个性、否定个性，培养的人大都是盲从性和依赖性有余而主体性创新性不足。正如梁漱溟所认为的，个人永不被发现是中国文化的最大之偏失，"一个人没有站在自己立场说话的机会，多少感情要求被压抑被抹杀"。中国传统儒家文化倡导师道尊严。传统儒家文化确定了"天地君亲师"的权力格局，尊师重教，教师的威严是一个标志。"君子不重则不威"、"教不严，师之惰也"、"师者，人之模范也"等，都表现出教师要尊重威严、要权威神圣、要严格严肃、要以身示范，成为社会规范的代表者。教师和学生定为训导者－听话者，二者之间表现为控制与被控制的关系，师生双方的人格趣味都在掩盖与抑制之中，教学的情景意义被束缚在简单的知识技能规范的授受之中。

由此，以主客二元对立代替主体自觉能动，以抽象的共性否定具体的个性，以封建传统压制现代民主，受此影响，学生管理的理念沦为教条而非塑造，管理过程更多是接受与服从，管理双方缺乏理性反思和积极创造，从而陷入僵化的泥潭，成为发展桎梏。

第二节 对话理论在大学生管理中的必要性与可行性

一、洞悉对话

说起"对话"，首先联想到日常生活中的语言交流，联想到从苏格拉底、柏拉图以及孔子的对话体语录，到现代池田大作的关于东西方文明的对话，以及古今中外众多关于自然、关于艺术、关于现实的若干问题的颇具影响的"对话"。对话其实也是一个内涵极其丰富的字眼，是一种独特的意识和哲学观的体现。

（一）对话的历史源流与缕析

1. 对话是一种语言实践

语言是 20 世纪哲学研究的中心，语言问题也从一般性问题跃至普遍基础和研究中心，成为各种思潮的主宰。"没有语言，就不会有任何概念，同样，没有语言，我们的心灵就不会有任何对象"；另一方面，"对事物的全部主观知觉都必然在语言的构造和运用上得到体现"。在对语言的反思中，人们特别注意到"对话"这一特殊的存在方式——对话即人与人之间的语言交流，也是人类最为频繁的语言活动。

因为语言过程就是由"听一说"关系构成的，按照循因求果的方式追溯之，对话首先是一个语言学的概念，是一种语言实践。英语的"对话"（Dialogue）源于希腊词"dialogos"，前缀 Dia 的意思是"两个"（two），代表"通过"（across），"穿过"（through），因此对话并不仅仅是在两人之间，也可以在多人之中进行，当然，也可以与自己进行对话。Logos 的意思是"词"（the word），"词的意义"（the meaning of the word），但并不仅仅指话语或文本意义上的"言语"，《韦伯斯特英语词典》把 logos 定义为"理性，代表宇宙的主导型原则"，意为"理性、思想"。与对话相对的概念是"独白"，英文单词是"Monograph"，前缀 Monos 代表"单独"（alone），"单一"（single），"一个"（one），"Graph"的意思是"图表"、"曲线"。从词源上分析，"对话"和"独白"是完全相反的一组概念，"对话"是论争的、活跃的，"独白"是图示的、静态的。在汉语中，"对"是会意字，本义是"应答、回答"，"相对、面对"，"相当、匹配"；"话"是形声字，作为名词指"言语"，作为动词指"说、谈"，对话即是用言语进行交流的过程。各类不同词典从不同角度对"对话"进行了释义，归纳起来主要包括："两个或更多的人之间的谈话"、"双方或多方之间的接触或谈判"，"相互间的交谈"、"文艺作品中人物之间的谈话"、"对立或无联系的国家、集团等之间所进行的接触或谈判"。由此，我们将对话的概念概括为：对话是一种谈话、接触或谈判的行为；对话的主体可以是国家间、集团间，也可以是个体间、人本之间，可以是相关联也可以是对立或无关联；对话发生在两方或多方间，也可以在一个人内心深处进行自我对话。

对话研究生发于语言学领域,语言学学者对对话中使用的词、句、篇章、内外部语法开展研究。但"深入词的含义和语法史并不只是而且并不首先是研究这些词的字面形态与语音形态。真正的目的是要在词的语法里把可能的含义中蕴藏的方向和方向性差别揭示出来"。作为一种语言现象,对话是普遍存在的,但超越语言学视野,"对话"具有更丰富的内涵与本质,涉及到人类的历史与文明,更涉及到人类存在的基本哲学命题。

2. 对话是一种文化现象

对话扎根于人类古老的传统之中,最早可远溯到我们的祖先,可以说,对话是人类发展史上最基本的交往形式。它历久弥新、一再重现辉煌,可见人们确实渴望对话,其形成与发展有文化传统和思想积淀作依托。

在西方传统文化中,从古希腊苏格拉底对话,到柏拉图的《伊昂篇》、亚里士多德《对话录》、《雅典宪政》等对话体说教方式,从德国的歌德对话录、哈贝马斯的对话交往理论,到法国托多洛夫的对话批评等,对话是西方思想家的重要探究主题。苏格拉底一生未著一言,他的言说和行为主要由学生柏拉图和色诺芬所记载。苏格拉底不直接教授知识,而是用问答式与人交流、对话,凭借提问、质询,刺激对方思考进而怀疑自己的观点,引导向正确的方向行进并自我生成结论,所以苏格拉底的教学方法被称为"产婆术",正如产婆是引导孕妇以正确的方式分娩婴儿一样,教育者也是帮助学生依靠自己的理论发现真理。

回视中国传统文化,对话思想于中国传统文化的血脉之中也是宛然可辨的,从春秋战国时代轻松活泼、自由平等的对话形式,到流传至今的儒家盛典《论语》,再到诸子百家营造的"百家争鸣"的和谐对话交流氛围,无疑都是对话文化的典范。应该说,对话思想早在先秦时期就已经大放其光彩,孔子曾有过"如切如磋,如琢如磨"的对话经历,在"不愤不启,不悱不发"的启发式教学中,含有认识与情感的交流,以对话求新知。不唯如此,《周礼》中"礼尚往来"的思想以及《周易》中"阴阳互补"的思想,前者是人伦社会领域中人与人之间的对话原则,后者体现的是贯彻于自然宇宙秩序之中的协和原则,标志着关系论、协同论的道德思想的确定。儒家"仁爱"思想和中恕之道的宽容与互谅,"礼之用,和为贵"(《论语·学而》)与"君子和而不同,小人同而不和"(((论语·子路》)所体现的自我中心主义的消解和尊重差异的共识诉求;佛学中的"缘起说"、"缘集则有、缘散则无"所体现的消解主客对待、消解关系主义;以及老子"有无相生"、"执白守黑"的辩证法、"道"之沟通与交流的对话意蕴;庄子的"天人合一"、"交通成和而万物生焉"(《庄子·田子方》)的思想等,就是用对话消除摩擦、解放身心、和平共处,无一不体现出中国传统文化对对话思想的大力弘扬和生动诠释。

现实地看,对话业已成为人与人、人与自然之间达成理解和重归和谐的关键,从人际到政治、从商业到教育,无不呼唤和渴求着对话的价值。可以说,"整个人类的团结,乃至全部社会的稳定,无不以对话为前提"。诸多国人之所以对"对话"如此热衷与关注,究其内缘,乃是与社会由总体性的"同质"向"多元"的擅变、经济体制由计划向市场的转型密切相关，由此，人们一改在思想、道德、宗教等方面备受外在权力约束以及被动接受宰制的状况，转而推崇一种以"倡导共识、尊重差异、对话沟通、包容多元"为基本取向的生存方式和行为模式。

如上所述，无论是在西方还是中国，无论是人类古代文化还是现代文化，对话都是一项及其重要的原则，它已经逾越了历史、地域和民族的界限，成为人类共同拥有的宝贵的文化财富。

3. 对话是一种哲学话语

对话作为一种较为普遍的日常生活语言交谈现象，似乎是人人熟知的，但对话的概念意蕴深刻，也是一种哲学话语。对话具有存在论、认识论、社会哲学的意义，"生活中一切全是对话"，"人类存在的思想、语言、艺术、理性、道德等领域都与对话密切相关"。"作为这样的存在，我们能将无数多样的世界观、视角和特性融入并形成一种和谐的内在生活，而且能够以与其他人和环境共有、共享的方式同我们的外部生活、我们的道德规范达成融洽的关系。"

因此，对话不单是日常生活中的会谈、谈话，而是一种全新的思维方式、一种领会和反映世界及其意义的方法，是一种渗透于人类一切行为与一切生产和消费方式的意识或哲学。

（二）对话的本体旨趣和多重意蕴

对话思想影响之广泛已然明确无疑，因此，不能仅在语言学的框架中，仅局限于从陈述、表达、语法、词汇、修辞等问题研究对话，缺少对其背后的思想性的表达。对话的概念也出现了跨学科的趋势，哲学家、文学家、教育家、社会学家、传播学家等开始将对话与各学科理论结合，进行批判研究，出现了诸多先哲先贤们的对话理论，由此，我们分别对其阐释意义进行挖掘提炼。尽管本论文并不是对话理论的专著，但通过对对话理论作历史追溯和基本考察，试图对其重要观点及其思想基础予以充分体现，促使我们对对话理论的总轮廓有一个清晰认识，从而把握对话内涵以及观照学生管理的核心要点。

需要说明的是，由于本论文更关注对话理论与高校学生管理的关系，关心二者适切性建立的诸种条件，这也成为我们进行理论选择的衡量标准，理论出场的先后并不决定价值的大小。

1. 马丁·布伯关系对话理论

马丁·布伯（Martin Buber）是对话理论的集大成者，其从关系本体论出发阐释的对话哲学玄奥精深。也正是他创造性地使用"对话"并赋予"对话"以特殊的内涵，使对话主义原理耀古腾今而为世人关注并被广泛运用，堪称现代"对话"概念之父。撮其枢要，布伯关系对话理论主要有以下几大特征：

其一，用我—你关系取代我—它关系。"关系"是布伯哲学的本体，关系先于实体，实体由关系而出，正是在关系中人才成为人。个体同世界发生关系的方式有两种，分别是"我—它"关系与"我—你"关系。所谓"我—它"关系，是主体之于客体的关系，

"它"只是"我"认识、利用的对象，"我"的兴趣只在于从"它"那里获取什么，利用"它"来达到某种目的，体现为单方占有、利用榨取的对立关系。所谓"我—你"关系，是主体之于主体的精神相遇关系，这里的"你"是一种与"我"一样的另一个主体或伙伴性存在，"我"与"你"步入"之间"的领域，彼此面对面的在场，真诚地赏识对方、聆听对方、肯定对方，同时也受到对方的赏识，双方在对话和交流中进入无限的关系世界，"我"通过"你"而存在，在与你的相遇中发现自身的价值。布伯把这种"我—你"关系和"相遇"概念称之为"对话"，提倡彼此间亲密无间、相互对等、彼此信赖、开放自在的对话关系。实际上，布伯的我—你关系除了体现关系本体论特性，还体现了对话理论的另外一些重要的原则：平等性和互动性。

其二，用交互原则取代主从原则。立足于"我—它"取向的理论必然是以一种主从性原则为指南，二者体现为支配者—从属者关系。布伯则坚持认为"关系是相互的"，关系双方并无主次、等级之分，正如对话中，言说者和倾听者以交替论证的方式互构互生。如果漠视这一点，关系之意义的力量就会受到亏蚀消损。

其三，用直接关系取代间接关系。间接关系是求助或诉诸于某种中介性或媒介性手段，布伯提出"与你的关系是直接的"，"一切手段都是一种障碍"，一切中介皆为阻碍，因为任何中介都会使关系本身丧失实在性而使人类迷失于中介中忘却了我们与世界原初的、纯粹的关系。

一言以蔽之，布伯的对话理论以主体间的"关系论"取代了主客间的"实在论"，坚持人与人之间就是一种对话的关系、一种"我—你"的关系，对话的过程就是主体之间的相互造就过程，对话的实质就是人与人之间在精神上的相遇。

2. 戴维·伯姆的"伯姆对话"理论

戴维·伯姆（David Bohm）是20世纪伟大的物理学家、思想家和哲学家。他通过自身的实践提出了一种崭新的对话理论，被西方社会誉为著名的"伯姆对话"（Bohmian Dialogue），受到西方社会的广泛推崇和应用。戴维·伯姆著有《论对话》一书，在其中，对对话问题进行了系统论述与分析。

从词源意义上分析，伯姆认为，对话可以在两个人或一些人中间发生，也可以在一个人身上发生。意味着对话的过程就是"让各种不同的意义在全体参与者之间自由流动"，所有对话者参与和分享之，并萌生和改造新的理解和共识，形成"共享的意义"，群体之间由此也进入了一种新型的动态关系。

在实践的基础上，伯姆全面阐释了对话过程的基本原理，详细说明了对话实践事宜，包括对话的人数、对话的组织方式等。他认为，既然对话是意义的自然流动，那么对话就是"集体思维的本质"，是"不预定目的之探索"、"客观性的纯粹友谊"。对话的目的在于对思维的全部过程进行探索，主张破除潜隐于思维假定背后的种种束缚，必须"搁置己见"，也就是将个人的思维假定暂时搁置起来，对其进行审视，且要认真、长期地坚持开展对话，这样才能生成一种共享性的意识，即一种"参与其中"又"分享彼此"的状态。

应该说，伯姆关于对话的见解不落俗套，内容广泛而深入。他眼中的"对话"是一个多层面的过程：从我们固守的价值与信仰，到人类情感的本质与作用；从我们内心思维过程的模式，到人类记忆的功能；乃至最终深入到人类大脑每时每瞬构造体验的神经生理学方式等等。但最重要的是，对话旨在探索人类思维的作用方式。进而言之，通过对话能够实现某种超越，即对话能够超越单纯性为解决问题而进行对话，能够重新改变个体、集体，乃至改变人与宇宙的关系。因为它强调的是共同参与和分享，并融入到整体之中。

3. 巴赫金诗学对话理论

在文学领域，巴赫金（Mikhail Bakhtin）绝对是一个举足轻重的人物，"他为对话理论所建立的几个概念范畴是睿智的，如对统觉背景、他人话语、双声性、复调……以及对狂欢化的一些分析都是天才见解"，从美学、文学角度研究对话，更是独领风骚。对话理论作为巴赫金思想的核心内容，贯穿于其学术思想的始终，他的诸多关于"对话"的至理名言——"一切都是手段，对话才是目的"；"人的存在本身，便是深刻的交际。存在就意味着交际"；"生活本质上是对话性的"等，将对话思想推至前所未有的高度。

（三）对话理论共性总结

总结以上提到的这些对话理论，我们发现，尽管每位大家的理论都有自己的概念体系和认识角度，尽管对一些问题的看法各有侧重也不尽一致，但内在是相互联系的，具有某些共通性。

首先，他们都是对现有社会、文化的反思，锋芒所向是传统的科学理论和传统理性，有力地促进了哲学、人文社会科学的创新和发展。对话哲学所提倡的"我—你"取向正是对积重难返的主客二分、身心对立、社会与个人等二元论思想的一种"物极而必反"，它所坚持的"主体间性"正是对愈演愈烈的中心主义、权威主义思想行为模式的激进和反叛，而它对"交往理性"的推崇则作为对日益膨胀的工具理性思潮的批判，代表了对平等、民主这一人类理想的热望和期盼。

其次，无论是布伯的"关系理论"、"精神相遇"，还是巴赫金的"复调"观点、狂欢化生活；无论是伯姆对话的"搁置己见"、"参与其中"，还是弗莱雷的"提问式教育"、"对话文化行动理论"；无论是伽达默尔解释学的"视域交融"、"问答逻辑"，还是哈贝马斯的"交往理性"、"理想话语情境"，核心思想都指向一个共同方向——都是自觉或不自觉、殊途同归地把平等主体间性、共享参与性、探究反思性等对话原则作为其构筑各自学说的基本范式和理论视点。由此，我们也可分析出对话的几个特性：对话是信息量的增加，但也体现主体间的互动、平等关系；对话是一种交流，但也有积极理解的参与；对话不排斥他人观点，但也包含个人独立的反思。

最后，对话理论在哲学上打破了实证主义和逻辑实证主义以事实为唯一依据的研究方法的神话，在社会学方面对建构主义进行了批判，提出解构主义观点；在文学上提出了文本的解构、主体的消解；在政治学和管理学方面，提出了权力的普遍性和分权的必要性，都是强调在个人与社会的互动中人的主体性的发挥和主体的自由和解放，试图建立多元化互动。

因此，站在人类生活和思想的地平线和制高点上，我们发现，对话理论不是囿于某一派别、某一特定理论思想中，而是作为现代众多理论派别中的一种普泛、前卫的思潮，"成为继认识论转向和语言学转向之后，人类哲学运动的又一场具有战略意义的全方位的转向"。

二、对话理论在大学生管理中的必要性与可行性

任何一种改革性的探索势必先对为什么做、何以做进行思考。"对话"现在成了一个至关重要的词，对话理论也成为哲学、文学、语言学、社会心理学以及交往研究等的经典理论，但我们也要结合本论文的研究对象，即高校学生管理实践，思考对话理论在高校学生管理中具有什么价值？为什么要用并且可以用对话理论来解决问题？

（一）应然性：对话的应有旨意

1. 对话的哲学内涵

无论是西方还是中国，先贤圣哲们对"对话"的顶礼膜拜，主要在于体察其中的理论深邃和哲学内涵。对话自人类生命伊始、意识初来，就与其紧依相伴，"延续着古人关于语言活动中所渗透的人生哲学，'对话'已成为与当代人的生活最为接近的哲学话语"，展示出一种哲学意蕴。

不同于东拉西扯、漫无目的地闲谈，也不同于证明我对你错、最终实现我赢你输的辩论，对话以自由讨论、公正交流、平等协商为旨趣，是一种"在各种价值相等、意义平等的意识之间相互作用的特殊形式"，体现平等性；对话是一种开放、自由的交谈方式，承认差异并在差异中求得共识，在交互中体现出生命力，体现交互性；对话的思维方式即走出绝对的思维方式，发现一个远为丰富、远为真实的理解世界的方式，体现生成性；对话是人类存在的一种方式，人类存在就是进行对话，体现本体性。

2. 对话的教育意义

对学生而言，对话理性、对话人生都是良好的人生态度。不仅包括科学知识的理性汲取，更涵盖了理想追求和美好的价值取向，是当今社会最需要提供给学生的精神套餐。长期以来，在科技理性和工具理性的统领下，学生管理实践中，一方是压迫者、另一方是受压迫者，一方是命令者、另一方是屈从者，二元对立造成双方的隔绝。学生更多是知识的被动摄入，热衷于实用的效益多寡，关注于自我的价值追求。"如果一项教育计划忽略了理性的本质方面，或者回避了生命本身那充满寓意和情感的方面，那么充其量只是半个教育。"因此，学生管理需要借助对话理性。

以对话为维度来审视前文提及的学生管理迷思，可以发现其中的许多问题都能得到本原性解决，它否定权威但同时注重交往理性，关注人但同时着眼于人的主体建构，是一种根本性的重视关系的、过程的、生成的管理模式。在我们看来，对话管理正是我们孜孜以求的本真的教育管理的现实表现，失落了意义而陷入泥淖的学生管理必须回归"对话理性"才能摆脱深层危机。用对话精神审视当下的学生管理，是其摆脱管理危机的重要

思路。

3. 对话管理的内在特征

管理是为实现一定的目标而进行的一种复杂的、综合性的双边或多边性社会活动，其核心与本质是组织协调，随着信息联系的增加，知识经济的逼近，以量化线性方式为特征的科学管理和以主观规定性为特征的人本管理，都已经不再具有完整意义上的适应性。正如美国管理学家加里·哈默尔所说：“现代管理理论的发展无非就是对两样东西的追求，让管理更加科学，让管理更富人性色彩。”而对话管理的多元性、过程性、互动性等内在特征恰恰符合时代潮流。

对话管理是过程性的不是结果性的，结果是非常不稳定且经常发生变化的，因此，双方达成一致目标的“讨价还价”的过程是重要的；对话管理是开放性的不是封闭性的，管理双方存在持续的互动，这种互动本质上是，假定目标不是预设的，而是探究再生的；对话管理是合作性的不是征服性的，对话管理只存在于主体间，尽管他们可能起着不同层次的作用，并承担不同的责任，但都是行动的主体，都是合作者、参与者；对待冲突是自然性的不是压制性的，与其他管理模式的压制、处理、掩饰或解决冲突不同，对话管理模式将冲突看作是自然且必需的，冲突解决是对话管理关注的重点。

（二）必然性：适应社会的变化与发展

人的根本属性是其社会属性，社会人不能摆脱掉时代而独立存在，因此也被毫无选择地带上了时代的印痕。当代社会正处于一个伟大的变革时代，经济全球化和第三次科技革命日益深入，民主化进程加快，互联网飞速发展，信息传播渠道增多，思想极为活跃、思潮风起云涌，如此形成的合力以前所未有的爆发力改变了人类社会政治、经济、文化以及生活方式，构筑了一个全球化、民主化、开放性、全方位的相互联系的总体，使对话成为必需和必然。当然，这些社会的最基本特征，也成为学生管理全方位发展的大背景。

1. 适应全球化浪潮的需要

经济的高速发展与科学技术的突飞猛进相结合，使人类进入全球化时代，深刻改变着人们的生活方式和社会发展模式，对于“全球化”，英国学者约翰·汤姆林森一言以蔽之，即“复杂的联结（complex connectivity）”，在这里“全球化”不只是物理空间概念的联结，也是指全球意识的形成。

这是一种对话、沟通、交流的意识，全球化使各民族、各地区、各群体的对话、交流已成为一种普遍现象，民族之间文化交流频繁，不同思想、文化在交流中融合、碰撞。人们就此放弃了武力，以合作替代对抗，以和平替代战争，并将协商、谈判作为解决问题的可行之道。这是一种张扬个性、容纳多元的意识，在全球化背景下，“各种价值观念的碰撞、冲突更加激烈，……社会价值多元化更趋于明显。人们不再习惯于一种声音，‘嘈杂’成了我们这个时代的一个特征”。

L·斯维德勒在《全球对话的时代》这本书中多次引用教皇保罗六世（Paul Ⅵ）1964年宣布的话：“现今需要对话。……正在改变着现代社会面貌的能动的行动过程需要对话。社会的多元化和人在今天的时代达到的成熟性需要对话。”这也是一种积极参与、广泛共享的意识，"我们必须进入与那些思想和我们不同的人的对话中，……去学习更多的单有我们自己不可能了解的实在"，对所有世界观和文化敞开胸怀，积极主动而不是消极被动地进入世界，并通过参与对话深入地认识、挖掘并贡献我们自己的优秀精神财富。就此而论，对于正在走向全球化文明中的人类，对话是必需的也是至关重要的。

2. 适应国家民主法治化建设的需要

当今社会不仅需要与宽广的世界生态环境建立联系，而且也需要着眼于本国的建设和发展。随着我国社会法治进程的加快，特别是十八届四中全会提出全面推进依法治国的总目标和重大任务，"法治中国"被提升到前所未有的高度，培养现代法治社会的民主公民也成为高校的责任和使命。

对话之于法治社会的建设具有重要意义。随着法治化程度提高，人们法治观

念日益增强，思想观念更加开放、多元，主体意识全面觉醒，主体地位空前提升。对话作为一种精神，包括民主平等、公平公正、开放自由、理解包容等方面的理念和思想意识，促使了人们对完满社会和人的内在生活更深的觉醒，二者相得益彰。对话之于民主公民的培养具有有益的启示。现代法治社会的公民，不仅具有法律文本意义上的"主体地位"，且更深刻的具有法律意识和法制观念的"内涵文化"，具有开放、平等、公正的"核心本质"。本质上说，民主公民的培养需要深深地倾听、清晰地思维、驾驭多元化视角并与之洽谈的能力，以及尊重其他人和尊重差异的美德等一些基本技能，而这正是对话所具有的基本环节特征。就此而论，对话成为民主法治化建设的关键因素所在。

3. 适应信息化、网络化社会的需求

随着信息技术的发展，网络已经渗透到社会生活的各个领域，对人们的生活乃至思想观念产生着广泛和深刻的影响。正如吉登斯所言："一个瞬息电子通信的世界……正在瓦解各地的地方习惯和日常生活模式。"

信息化、网络化社会促进了人们之间的普遍交往。信息网络环境下，超越了传统时空的限制，突破了交往双方相割裂的局限，传统的障碍和隔阂逐渐缩小，包容性和共享性逐渐加大。促使人们交往出现几大变化：传统的单一主体转变为多级主体，单向信息传播转向多元交互，参与个体从消极被动转为积极互动，由此人们组成了新型的交往共同体，形成了资源共享的价值观念。这种互为主体的交往状态，体现了对话的精神和实质。信息化、网络化社会促进了人们的自由和自治。"自由平等是网络之魂"，在网络中，人们敞开心扉，畅所欲言，自由地发表思想言论，充分体现了对传统的颠覆和对权威的消解。但网络化社会也是一个虚拟的生活场，即使没有统一的权力机构，在其中进行的学习、工作、娱乐完全建立在自我管理基础之上的，形成一种独特的自治文化，有利于培养人们独立思考、独立判断的意识。信息化、网络化社会促进了人们的开放多元。信息化的迅速发展延长了人的手臂、放远了人的眼光，成为人们获取知识和各种信息的重要渠道与来源，人们足不出户便可知晓天下，促进了人们形成了多元开放的思维，而各种思想文化、价值观念的交融与碰撞只有通过对话才能形成各种共识。就此而论，对话已成信息化、网络化社会生存的必需与可能。

（三）现实性：高等教育大众化的新诉求

随着市场经济的发展，高等教育改革步伐加快，高校招生规模不断扩大，高校后勤社会化改革不断深化，学分制等教学管理改革全面推广，都对学生管理模式提出了新的要求。正如潘懋元教授所言："高等教育从精英教育到大众化阶段……是质的变化，包括教育观念的改变，教育功能的扩大，培养目标和教学模式的多样化，课程设置、教学方式与方法、入学条件、管理方式以及高等教育与社会关系等一系列的变化。"换言之，社会环境和管理对象的变化推动了学生管理的发展，无疑，也给学生对话管理提供了新的广阔的空间、机遇和契机。

1. 高校招生规模扩大要求管理者转换角色

截至20世纪90年代，我国的高等教育都是传统的精英型，90年代初开始，我国高等教育进入了快速发展的阶段，高校扩招使高校学生管理工作难度与日俱增。一方面，学校的教学、管理、后勤等资源全面紧张，更多的学生分享有限的资源，导致学校过度拥挤，教育资源捉襟见肘，各种矛盾错综复杂；另一方面，学生人数激增，使学生整体素质相对下降、学生来源多样化，学生事务也日益复杂；再有，市场经济的发展带来各种社会问题的折射，学生的问题和有"问题"的学生越来越多，如贫困问题、心理问题、就业问题等使学生管理的压力不断增加，对高校学生管理提出了新的挑战和要求。学生管理工作者处于第一线，日常事务繁多，工作应接不暇，如果仍然一味追求亲力亲为、面面俱到，而不激发广

大学生的自主意识和参与热情，纵使有"三头六臂"也不可能做好所有的工作，因此，学生管理者必须首先从传统意义上的"管理者"解放出来，提高管理工作效率。

2. 高校后勤社会化对高校学生管理模式提出了挑战

高校后勤社会化实际上建立一种教育成本分担机制，高校按照市场经济规律运作，无论是办学主体、理念还是教学方式、就业导向等都日趋与社会需要接轨，允许社会人员、资金、设备开发校内市场。一方面，使得学生生活、学习的自主性、自由性和可选择性大大增强；另一方面，学生在缴纳各种费用的同时也树立了投资意识，对学校改善教学条件、提高生活质量有了更多、更高的要求。

3. 学分制条件下高校学生管理需要改革与创新

目前，全国各高校已普遍实施了学分制，与此相适应的学生管理工作，如何跟上改革的步伐，尽快适应新型的教学管理及制度，也已成为高校的现实课题。学分制条件下打破了原有整齐划一的学年制，教学组织形式灵活多样，如弹性学制、自主选课制、主修辅修结合制等，注重学生发展的个性化、学习自主化、学生需求多样化、学生生活的分散化。传统意义上的班级的作用越来越小，形成了以课程为纽带的、多变的听课群。学分制条件下，学生可以选择教师、选择专业、选择课程，学生个性发展的空间更大了，但这并不是学生随意选择，教师放任不管，教师还需在学生的成才设计、帮助构造合理的学科知识结构、自主选择性学习等方面有所作为。

因此，学生管理在更多重视锻炼培养学生自主能力的同时，管理方式也由指令性管理向指导性管理转变，但这并不是管理的松懈与放任，比如学生选课、生涯规划、职业发展仍然需要有效辅导，学生心理压力、心理问题仍然需要咨询疏导，学生勤工助学、困难补助、社会资助仍然需要关心帮助，学生课程重修、转学休学等学籍管理问题仍然需要及时指导，学生社会实践、社团建设等第二课堂活动仍然需要推动引导。在这种现实情况下，学生管理工作必须寻找和构建新的"平台"，也必然激发出一种强烈的"对话"要求。

第三节　对话理论在大学生管理中的构建模式

一、管理目标：实现对话式生存

一般地说，目标是目的或宗旨的具体化，是行动的蓝图和灯塔。走向对话的高校学生管理，是在管理的过程中，"培植学生形成一种对话理性，引导学生过一种对话人生"，这个目标的实现，首要和关键的任务在于培养学生具有完整的对话式认知、能开展一些对话式实践，进而内化于心，根本性指向于学会对话式生存。

（一）对话式认知是基础

对话应当是自主、理性的对话，也是对话主体的基本行为能力要求。对话式认知包括相关知识的建构、对话意识的培养，这是实现对话管理的基础要求。

对话式认知首先包含知识的建构。对话本身具有知识建构的内在品性，致力于在对话中创造和形成一种知识建构的情境和场域。一方面，对话具有较大的随机性和开放性，对话双方都必须具有"广博的文化素养、机智灵活的反应能力、兼容并包和海纳百川的胸襟和气度"，"一个人掌握的知识形式愈多，对符号世界的介入愈深，个体就愈是能够作为潜在的强有力的对话者"。另一方面，对话本身具有一种自我生长的内在机制，更是一种具有价值观意义的态度，

在开放、互动、相互尊重的氛围中，对话可以激发出许多独特、创新、不可替代的思想、观点和材料，指向于更深邃、更新颖、更富有启发性的知识建构。对话管理建构的知识既包括科学知识，也包括人文知识，甚至是课堂中学习不到的"内隐知识"。

对话式认知更深层次的要求是具备对话意识。正如滕守尧所言："如果没有一种'对话意识'，即使使用了纯熟而优美的语言，即使在谈话中有问有答，即使这种问答花样百出，那也只是机械的问答。没有对话意识的问答，……绝非是真正的对话。"因此，"真正决定一种交谈是否是对话的，是一种民主的意识，是一种致力于相互理解、相互合作、共生和共存、致力于和睦相处和共同创造的精神的意识，这是一种'对话意识'"。对话意识包括秉持具有方法论意义的"对话式思维"和具有价值观意义的"对话式姿态"。所谓"对话式思维"，指的是在与拥有不同背景、环境、条件的人们探讨同一命题时的方法，这样的思维，有利于确定事实、接近真相、深入本质。所谓"对话式姿态"，指的是以开放、

互动、相互尊重的态度，去与不同情境的人们一起探究、交流、推进相关命题研究的深度、广度和高度。

（二）对话式实践是关键

对话意识不是生而有之的，也不会自然实现，这既需要学生在各种实践活动中体验、积累和实践，将学到的知识、潜在的意识转化为个人内在经验的一部分。对话式实践包括提升对话能力、践行对话理性，这是实现对话管理的关键环节。

提升对话能力。根据英国基本技能局（BSA）的一份报告指出，那些不能很好地领会对方的话，或不能很好地表达自己的感受和需要的孩子，受到误解的可能性更大，这通常会导致他们破坏性行为的发生，因此，对话能力的提升至关重要。"对话活动是一种真正的有规则的活动，对话的规则是聆听和述说、紧扣主题、有始有终、承担责任。"对话能力就是"能够领会别人的思想，理解他们的立场和动机，在对照别人的基础上，明确自己的观点，认识和揭露对方的弱点，在逻辑关系中引申出自己的观点，并将之用于反驳"。

践行对话理性。践行对话理性就是将对话贯穿于管理的每个事项、每个阶段加以实践，如学生可以对学校发展建设、校园文化等工作中涉及学生切身利益的决策进行评议，培养对学校管理目标的认同感，调动主人翁的积极性；学生可以对课程设置、教师的教学质量等问题提出建议，促进学校的课程改革，提高办学质量；学生可以主动找辅导员老师或者学长学姐、同伴朋友聊天，解决问题、反思成长。对话的事项在决策前，通过对话掌握信息、了解情况，及时发现问题，准确提出方案；在决策中，通过对话，信息的收集、传递、整理、加工和交换；在实施中，学生对决策方案的充分理解与支持，整个管理工作进程有效控制。有效的对话增进学校和学生、教师和学生、学生和学生之间的了解和情感，形成休戚与共的团体意识，还可以激发学生参与意识，调动学生工作热情，提高工作效率。

（三）对话式生存是根本

布伯曾指出："教育的目的非是告诉后人存在什么或必会存在什么，而是晓喻他们如何让精神充盈人生。""对话作为一种基本的生存方式或生活方式是值得倡导的"，在对话中，学生不仅可以学会如何学习、如何认知，更重要是学会如何处事、如何生存。当对话式实践成为一种习惯，对话理性内隐于个体本身，就将最终指向于对话式生存。对话式生存包括面向社会的和谐和民主发展、面向全人类的对话共存。

对话是一种精神、一种修养。民主社会的建设和发展需要一批高素质的公民，需要一种民主平等的精神，需要强烈的公民参与精神。对话是一种追求自由、渴望民主的思想情结，是一种开放兼容的精神诉求，帮助学生增强平等性、

参与性

意识，容纳性、共处性建设，多样化、多元性提高等，均可基于对话式认知、依托于对话式实践。如深切地倾听不同世界有着不同视角的、其他声音的胸怀，辨

识和赞誉差异的能力，关爱他人、换位思考、容纳对方的大度，养成参与意识、责任意识和合作互助精神，使极端化和相互疏远的观点得到调节并能融洽相处……所有这些在

和谐、民主社会的建设中都至关重要。

对话是一种高度、一种境界。对话与人类存在是什么关系？在某种程度上说，人类存在就是对话。正如海德格尔所说："对话，和由对话所导致的联系支撑着我们的存在。""生命在对话中敞亮，存在在对话中展开，主体建构在自我与他

人的对话中实现。"对话建立了一种相互敞开、相互依存的关系，对话是生命的相互烛照，是存在的相互趋近，是自我与他人共同"在场"的相互审视和相互认证。通过对话，倾听不同声音的交响，调适自己的经验视界、调整自我"在场"

的姿态，重建自我对外部世界的感觉，是人类理性生存的标志。

二、管理主体：建设多元参与的对话共同体

"共同体"一词，在滕尼斯的《共同体与社会》中，表示一种基于协作关系的有机组织形式，不仅包括血缘共同体，还包括地域共同体和精神共同体，不

仅仅是众多个人的集合体，从根本上说，是遵守共同的规范与规则并致力于共同愿景的实现。既然要"走向对话的高校学生管理"，那么每一个与学生相关的人

都应致力于达成这一目标。

高校学生管理是若干部门、层次和内外之间构成的有机整体，既有学生管理工作者与学生的关系，也有学校其他管理者与学生的关系，既涉及学生社团组织管理，也包括学生个体管理。推进多元参与的对话共同体，其根本在于多种利益

主体（学校、教师、学生）间对话协商、合作伙伴关系的形成，从根本上讲，就是形成以辅导员为专业指导、以相关部门为配合、以学生自治为中心的对话共同

体。

（一）提高学生管理工作者的专业化水平

这里的"学生管理工作者"主要指专职辅导员。高校辅导员是我国高等教育体制中特定的成员，是战斗在学生管理工作第一线的主力军，与学生的接触最密切且最持续。辅导员在政治上是旗帜、学业上是导师、情感上是朋友、品行上是典范，发挥着培养、教育、引导、榜样的作用，辅导员的某一句话、某一个鼓励都可能影响甚至改变学生的一生。因此，在走向对话的学生管理道路上，辅导员的作用重大，自不言表。

辅导员的专业化建设，既是高等教育自身发展的客观要求，也是学生管理工作者积极实践和不断进行理论创新的客观结果。2014 年 3 月，教育部思想政治教育司颁发了《高等学校辅导员职业能力标准（暂行）》，标志着我国高校辅导员队伍的专业化建设迈出了重要的一步。所谓专业化，是指学生管理队伍应该具备的职业素养和职业技能，必须经过专门的教育和培训，掌握专门的知识，

形成专门的技能，并运用知识和技能为学生提供专业指导，为学生所接受。

定位专业化。辅导员是从事学生管理的重要力量，应以学生事务管理为基础职责，以学生发展指导为主体职责，有效承担思想教育、学风建设、就业指导等职能。因此，定位专业化体现在建设一支独立而专门的人员队伍；制定完善的管理职责、考核条例和管理办

法；明确特定的责任分工和岗位职责。素质专业化。

随着学生工作的发展，对诸如教育学、心理学、政治学法学、社会学等方面的专业知识要求越来越高。教师素质是指通过教育培训、职业实践、自我修炼等形成和发展起来的、在工作中起决定作用的、内在的、相对稳定的基本品质，如政治素质、思想文化素质、专业素质、身心品德素质等，对教育质量、管理效果等具有重要影响。

管理专业化。一是建立健全机制和制度，包括完整有效的聘用机制、培训机制、考评机制、奖惩机制、健全职务聘任、晋级制度；二是构建合理的发展空间和保障机制，通过建立专业职称评聘机制、物质待遇保障机制、提拔使用机制等，为职业化发展建立有效保障；三是建立合理的工作绩效考核和奖惩体系，学生管理人员工作面广、弹性大、见效周期长，因此要建立严格的奖惩机制，对表现优秀的予以职务晋升、重点培养等。

（二）其他管理者的协同化支持

应当承认，有效的学生管理不是仅仅依靠学生管理者所具有的"专业"和"视野"，而是强调所有组织成员的集思广益、心智贡献，共同分享愿景，并以此凝聚组织成员，激发共同的激情和责任感。

首先包括学校管理层。在高校学生管理中，以校领导为代表的学校管理层的角色不可忽视。校领导不是高高在上地发布命令和要求，而是在理念、行动中，在与学生的接触交流中，体现出隐于内而显于外的参与、平等对话理念，这股精神源流是高校学生对话管理中不可或缺的重要组成部分。

其次包括专业课教师。"学高为师，身正为范"，教师是学生的授业恩师和育德长者，教师不但要进行学科知识的教学和研究，使学生成为满足社会需要和个人发展的专门人才，即"成才"，还要言传身教，使学生身心全面发展，即"成人"，因此，教师不但是一个教学者，而且也是教育者，在学生管理中也担当重要角色。

再次包括行政管理人员。行政管理人员主要包括如学生处、团委、教务处等与学生管理工作密切相关的教师。行政人员具有双重分身定位，既是某一项行政工作的管理者，也是高校学生管理的参与者，一言一行都将直接或间接地起到教育的效果。在日常的工作中，学生虽不是教辅行政人员的教学对象，但却是他们的直接服务对象。每一位行政管理人员都是学生管理工作的一面镜子，在和学生日常事务交往中得以体现，加强有效沟通和互动交流，提供热情、周到、主动的服务。

以及包括后勤服务人员。后勤服务人员主要包括后勤管理处、保卫处、宿舍管理办公室、图书馆、信息办等部门的教师。后勤是学校对外的"窗口"，后勤不后，后勤先行，因此特别强调服务性。后勤服务人员的职责具体而丰富，他们要提供基本的物质服务，要提供微笑的精神服务，要提供稳定的安全服务。在食品卫生检查、花草树木的绿化、日常公物的维修保养、校园安全保障、勤俭节约用电等看似琐碎却很重要的本职工作中，润物细无声地起到陶冶人、教育人、培养人的效果。

这是一种"大管理格局"之下的思考路径，每个群体都应是作为管理者而共同构建一种互相促进的"合作性同事"，都要"守好一段渠、种好责任田"。

（三）学生群体的自我治理

苏霍姆林斯基有言："真正的教育是自我教育的教育。"就高校学生管理本身而言，学生管理的含义不是用专业的辅导员、相关管理人员管住学生，管理是为了"废除"管理。走向对话的学生管理，就是通过对话不断生成和改造高校学生管理的观念、制度、形式和内容，实现学生的自治。

学生自治是高校学生管理工作的重要环节，因为学生是自己利益诉求最好的价值判断者，并且学生具有实现自我管理、自我教育和自我服务的能力。2017年2月，教育部最新修订的《普通高等学校学生管理规定》第五条也指出："实施学生管理，……教育和引导学生承担应尽的义务与责任，鼓励和支持学生实行自我管理、自我服务、自我教育、自我监督。"学生自治使学校管理部门的权力边界发生变化，任何关于学生工作的决策都必须广泛地征集学生的想法、需求和意见，把学生的各方利益和价值诉求充分考虑进去。在对话中，学生管理者以引导者的身份，制定秩序和规范，共同合作，协调学生工作中各利益主体的价值追求，激发各利益主体积极参与学生管理的活力。学生不仅仅是被管理者，也是参与者，更是自治者，通过对话，学生从不同角度理解管理要求和管理内容，激发学生思考，实现学生的全面发展和个性发展的紧密结合。

重视学生正式组织的作用。比如班级班委、团支部，院校学生会、分团委，校团委、校级各种社团、学生自律委员会等，在学术培养、成长规划、权利维护、社会实践、校园文化等方面，提升学生参与能力和意愿。依托学生社团开展形式多样、生动活泼、丰富多彩的校园文化活动，如文化艺术节、科技节、读书节、学术报告会、辩论会、各种讲座和文艺体育比赛等；促使学生参加有意义的课外活动培养学生的批判性思维方式，提高人际交往技能和有用的迁移能力等，这对学生成长的作用不是辅助性的，而是核心性的。如此，充分调动学生的力量来充分释放学生的能量和活力，促进学生工作的和谐和进步。

鼓励学生非正式组织发挥作用。包括校报、学生记者团、听证会、学生座谈会、校长接待日等，尤其是学生中的领军人物、网络红人等在学生工作中的引导示范作用。学校要创建有利于学生非正式组织发展的环境，加强对学生非正式组织的培育和指导，完善学生非正式组织的结构和制度，充分发挥学生非正式组织在学生群体中的聚合效用。

引导学生个体自我管理。即个人为了培养积极的思想意识而自觉进行的认识评价、情感转化和行为调控。为学生创设平等、开放的交流空间，开辟共同管理的领域，如采用导生制、座谈会、联谊活动、参观交流等，充分调动学生的主体参与意识，发挥学生自主积极性，使学生管理成为自下而上的自觉行为，从而达到管理育人的目的并通向个人的成长和发展，也即"个性的培养"、"自我实现"或"人的潜能的充分发展"。

总之，与学生管理相关的任何一方和学生都具有对话关系，都是潜在的对话伙伴，共同体中每个执行者（教师、学生）都既要充分发挥主观能动性，又能形成合力，共同参与、共同协作，共同担当学生管理工作的责任，共同实现学生发展和教育的使命。

三、管理环境：创设良好的对话渠道

环境是环绕在人的周围并给人以某种影响的客观现实，任何管理都是在一定的环境中进行。高校是学生学习和生活的主要场所，良好的对话环境本身就是一门强大的隐形课程，走向对话的学生管理，也需要有多元的对话平台和良好的对话的"土壤"环境，使浸润其中的全体师生，自然而然地受到对话文化的熏陶，在潜移默化中养成对话的思想观念和行为习惯。

（一）搭建多元化的对话平台

对对话管理而言，实施的载体首先体现在其拥有多元化的对话平台。从纵向上，覆盖到学校、学院、班级、个体，是一个多层次的对话平台；从横向上，涉及到学生管理事务的各个领域、各个方面；从技术上，既有利用常态的、规范的制度开展的活动，也有利用网络空间作为支撑的尝试等。因此，广泛、多层、多元的对话平台是保障对话管理有效实施的基本前提，也是实现学生和高校之间良性互动的有利途径。

畅通民意反映渠道。学生对于对话的最直接、最感性的认识更多地来源于民意反映渠道是否畅通，实施程序是否正当。由此，走向对话的学生管理，首先体现在其拥有一个民意反映的空间，学生不是这个空间里唯一的成员，所有学生管理的相关成员都可以成为这个空间内对话的参与者和发起者——校领导也可以成为空间的成员，教师、学生一起通过这个平台对话、冷迪、反顶，内往以学生管理公共话题为主。当对话获得顺畅的反映和反馈之后，它应该可以影响到整个学校系统的运行。在公开对话中，每个成员相互间通过无屏障的沟通，准确了解对方的立场和观点，公共话题最合理的结论往往产生于双方的"对话协商"之中。

近年来，我国的社会政治生活中运用了多样性的民意反映渠道和协商制度，这些实践创造也广泛存在于高校学生管理领域。如学校建立学生管理事项的决策参与制度和监督制度，成立学生事务听证、申诉委员会，认真听取学生被处分前的陈述和申辩，建立完善的学生参与、监督和利益表达制度，使学生能够充分、有效地表达自己合理的见解和反映自身的利益诉求；定期召开学生座谈会、接待日、民主恳谈等形式与学生进行沟通，学生会、学生自治委员会等学生组织及时、准确了解学生的意见，做到下情上达、上情下达、彼此沟通、互相理解，学生在各种事务的处理程序中切身感受到对话的公平、正义、平等、民主。因此，要管理并维护好这些平台和空间，只有四通八达、畅通无阻，有助于表达、讨论、辩论、协商、反思的对话空间，学生对话管理才能生机盎然。

扩展网络空间维度。全球范围的信息数字化、网络化进程加快，一个崭新的网络时代已呈现在每个人的面前，互联网突破了课堂、高校、求知的传统边界，也拓展了高校学生管理工作的空间和渠道。传统学生管理囿于学校固定的时间和空间，师生的对话表达会彼此作一些掩饰和妥协，如果引入网络空间这一维度，从"面对面"向"键对键"转变，不仅打破了时空局限，而且权力关系得到重新分化和整合，师生可以发出与在现实生活中不同的声音。特别是上海高校的学生，网络使用更加便利，国际化大都市的文化使得高校学生个性特点更加鲜明，包括 BBS 学生论坛、网上评教系统、易班平台、两微（微博、微信）两群（QQ 群、微信群）等。网络空间可以提供实时讨论、信息发布和信息反馈系统，可以直接与学生进行对话交流，加速学校与学生的信息传递、无障碍的沟通交流；也可以就某个重要的问题通过网络会议倾听学生的意见，如学生就管理制度的合理性、专业与课程设置的改革、奖学金的评定、助学贷款与贫困补助的政策等热点问题进行相互讨论和交流，有助于管理者吸纳来自于广大普通学生的合理化建议，有效拓展民主管理的空间。当然，这对学生工作的开放化、透明度和公平公正提出了更高的要求——消除信息差，实现信息公开和信息共享。

（二）加强校园文化建设

作为产生新思想、传播新知识、塑造新文化的学术殿堂和策源地，高校理应具有一种超凡脱俗的独立品格和独特的价值追求，她以创设的各具特色的校园环境、教育设施、教学资料等物化氛围，以及人际关系、文化氛围、道德信念等内在蕴涵，体现了对话的终极关怀。只有让学生在这样的对话环境中成长，才能让他们自觉地关注对话，把对话内化为自己的一种责任和义务。

加强硬环境建设。校园的硬环境建设主要是指，师生共有、共建、共享的文化场所和公共空间。如可移动的课桌便于形成圆性、椭圆形等不同形式的座位排列方式，建立对话性的情境框架；开放的学生活动室、生活园区会议室等，便于学生小组讨论、集体商议；便捷的校园网络平台使师生、生生方便交流；学校一切视觉形象的文化产品，如画像的张贴、塑像的梳理，各类宣传海报、标语、横幅等也可形成一种弥漫性、真实感的物化氛围。

创设校园软文化建设。在所有校园环境因素中，文化因素是最具教育意义和感染力的，表现为历史传统的继承和弘扬，表现为人文精神和科学理念的整合与传播，具有潜在性、渗透性和持久性等特征，它以潜在的规范性支配每一个成员的行为，以一种无形的力量左右个体的思想和生活方式。这不是通过简单的教的过程呈现的，而是作为一种文化背景或潜在的经验出现在校园生活的各个地方，校园应该是"润物细无声"的，应该是"潜移默化"的。浸润于对话文化中的学生，其品格自然而然地受特定的文化信息的形塑，也是不可避免的了。

美国卡内基教学促进基金会在对高校本科生教育的调研报告中得出这样的结论："大学本科教育是否成功与校园生活的质量有关系。它与学生在校园内度过的光阴和他们所参加活动的质量有直接关系。"因此，走向对话的高校学生管理，其校园的软文化建设必须是"对话"的，都可以统一到"对话"这一特性上来，这里主要涉及两个方面：

人——校园文化的主体，是构建校园文化的最有机部分。学校职能部门、教师群体、学生群体之间找到一些共同的利益点，时时意识到彼此间处在的文化独特面，通过询问、倾听、解说及角色换位的方式促进彼此的了解与相互欣赏。

精神——校园文化的核心，包括自觉的学术精神、永恒的道德精神和敏锐的时代精神。我们所寻求的应当是一个可以保持生气和凝聚力的环境，"隐身"于各类活动、制度的筹划和实施过程中，给予师生自主建构的权利，对问题有参与、有讨论、有思考，这样学生便在无意识中受到环境的"暗示"，自发生成顺应与蕴含了对话的精神，共同创造出学校的活力和凝聚力。

第四章　大学生的心理素质培养与提升

第一节　重视心理素质提升

一、心理素质的内涵和结构

（一）素质的含义

人们在不同的场合、不同的学科领域、不同的角度使用素质这个概念时，对这个概念作出了不同的界定。《辞海》里从生理学和心理学的角度来界定素质的："素质，人的先天的解剖生理特点，主要是感觉器官和神经系统方面的特点。素质只是人的心理发展的生理条件，不能决定人的心理的内容和发展水平。人的心理来源于社会实践，素质也是在社会实践中逐渐发育和成熟起来的，某些素质上的缺陷可以通过实践的学习获得不同程度的补偿。"心理学中使用的素质一般是指人的遗传素质："素质一般指有机体天生具有的某些解剖和生理的特性，主要是神经系统、脑的特性，以及感官和运动器官的特性。是能力发展的自然前提和基础。"在教育学中使用素质这个概念时，素质不仅指先天禀赋，还包括后天形成的品质和素养。如顾明远所编的《教育大辞典》，对素质是这样表述的："①个人先天具有的解剖生理特点，包括神经系统、感觉器官和运动器官的机能特点；通过遗传获得，故又称遗传素质，亦称禀赋。对人的能力形成和发展有重大影响……②指公民或某种专门人才的基本品质。如国民素质、民族素质、干部素质、教师教育、作家素质等，都是个人在后天环境、教育影响下形成的。③指易患某种心理异常疾病的遗传因素。"目前，在我国教育学界，人们在使用这个概念时，大多采用《教育大辞典》中素质含义的第二种含义。我们常说的素质教育中的"素质"，其内涵类似于这种含义。

从学生成长和发展的角度来考察学生的素质，可以对学生的素质作出如下的规定：学生的素质是指以学生个体的先天禀赋为前提，以后天的环境、教育为条件，通过学生自身的活动而形成和发展起来的学生个体的身心组织结构及其质量水平。

（二）素质的结构

人的素质或者说学生的素质由哪些因素构成的呢？对此问题，学界和教育界，仁者见仁，智者见智。为了全面提高学生的素质，把学生培养成为能够适应社会需要并促进社会发展的有用人才，我们可从不同层次的教育目标角度来分析学生所要形成的素质及其结构。教育的目标，通过学生的内化作用，可以转化为学生个人的发展目标。因而从这一角度来考察大学生应具备的素质是可行的。

教育活动的首要功能是促进受教育者个体的社会化，即通过双方活动，教育者要把教育对象培养成为能够适应社会、参与社会活动的社会主体。在教育过程中，教育者要引导受教育者从"生物人"成长为"社会人"。这是第一个层次的教育目标，也是最基础的教育目标。每个个体（指人类的个体自出生之后，只是一个"生物人"，只有经过一定的教育和训练，才逐渐成为"社会人"，成为有别于动物的万物之灵。从培养"社会人"的这种教育目标来考察，受教育者必须在教育者的引导下逐步形成"社会人"特有的社会素质。这种素质可分成为生理素质和心理素质两个方面，一般简称为身心素质。人类不同于动物，就是因为人类具有动物所不具有的身体素质和心理素质。

把学生由"社会人"培养成具有文化修养和精神世界的"文化人"，这是第二个层次的教育目标。第一个层次教育目标的实现，可以通过家庭教育、社会教育和自我教育来实现。第二层次的教育目标，一般要通过系统的学校教育才能来实现。这里所说的"文化"是精神层面的文化。"文化人"的文化生活一般要比普通人的文化生活更为丰富，其精神世界要比一般社会成员的精神世界更加丰富和广阔。从培养"文化人"的教育目标来分析，把学生所要形成的文化素质分为科学素质、道德素质和审美素质。主要根据如下："第一，学生所要继承和掌握的人类的产品形态的文化，其主要内容就是科学知识、道德规范和艺术作品与审美经验。第二，求真、向善和爱美是人的天性，真善美是人类一切社会活动尤其是文化活动永恒的价值追求。科学知识是人类在认识世界、探索真理、发现规律的过程中所获得的智慧结晶；道德规范是人类在了解社会、追求善良、正确处理各种社会关系和人际关系的过程中总结的准则和观念；艺术作品和审美经验是人类在感受美、欣赏美、创造美和追求美的过程中取得的文化成果。"作为一个"文化人"，首先，应该具有良好的科学素质，热爱科学，坚持真理，掌握比较系统的文化科学知识；其次，应该具有良好的道德素质，心地善良，品质高尚，一言一行都能遵循社会的道德准则；再次，还应该具有良好的审美素质，具有正确的审美观点和审美情趣。

创新是民族进步的灵魂和社会发展的动力，培养"创新人"是第三个层次的教育目标，也是最高层次的教育目标。在知识增长速度较慢、知识更新周期较长的工业经济时代，培养"文化人"是教育的主要目标；但是在科学技术高速发展、知识更新周期加快的知识经济时代（或称后工业经济时代，应该把培养"创新人"作为教育的主要目标。从培养"创新人"这种教育目标的角度来考察，在教师的培养下，学生在教育活动中应该逐步形成"创新人"所特有的创新素质，成为勇于开拓、善于创造、敢于创新的创新主体。创新素质不是人的某种身体素质和某种心理素质，也不是单纯的科学素质、道德素质和审美素质，它是以身体素质和心理素质为基础，融合科学素质、道德素质和审美素质而形成的一种高级的综合性素质，它是"创新人"的创新人格、创新意识和创新能力的综合体现。

（三）心理的含义

要了解清楚心理素质的内涵，首先就要明白什么是人的心理。心理是心理现象的简称。是人脑对客观世界的反映。心理学把心理现象分为两大类：心理过程和个性心理。其中，心理过程又分为认识过程（包括感觉、知觉、记忆、想象、思维、情感过程（人对客观事物是否符合需要而产生的体验、意志过程（与克服困难相联系的决断和坚持等，个性心理又分为个性倾向性（包括需要、动机、兴趣、信念、世界观等和个性特征（包括气质、性格、能力等。心理过程表现的是人的心理现象的动态特征，个性心理则表现心理现象的静态特征。个性心理中的个性倾向性是一种内在的决定着人对事物的态度和行为的动力系统。人们在现实生活中选择什么、舍弃什么、追求什么、拒绝什么等等，都取决于人的个性倾向性。值得大家注意的是，虽然心理学把心理现象划分为心理过程和个性心理两大范畴，但在具体人身上，不论哪种心理现象都不是孤立地存在的，人的心理具有高度的整体性。之所以如此划分，是出于研究和描述的需要。

（四）心理素质的内涵

心理素质是人们常用的一个术语，但是目前各种工具书都没有对它作出一个明确的界定。有些人将心理素质视为个体承受各种心理压力和挫折的品质。在心理学界，一些学者对心理素质作出了不同的界定。有人认为：心理素质是以生理条件为基础的，将外在获得的东西内化成稳定的、基本的、衍生性的，并与人的社会适应行为和创造行为密切联系的心理品质。也有人认为：一个人的心理素质是在其自然素质的基础上通过社会化的过程而形成的综合心理能力和质量。如果我们界定：素质是指以个体的先天禀赋为前提，以后天的环境、教育为条件，通过学生自身的活动而形成和发展起来的个体的身心组织结构及其质量水平，那么，心理素质则可界定为：个体的心理过程、心理动力和心理特征的发展水平和发展质量。

（五）心理素质的结构

个体心理素质首先可以分成具有操作功能的心理能力因素和驱动功能的心理动力因素；根据心理活动作用的效果来分析个体心理素质的结构，个体的心理素质又可以分为适应性因素和创造性因素，适应性因素能够使个体与他人和谐相处，建立正常的人际关系；创造性因素能够使个体与他人和谐相处，建立正常的人际关系；创造性因素能够使个体运用自己的心理活动来开展创造活动，并在此基础上形成人类特有的创新素质。

个体的心理能力因素作为心理素质的重要组成部分，它集中体现了个体各种认知因素的发展水平。个体的认知心理既包括以客观世界为对象的一般认知，还包括以个体自己的认知活动为对象的元认知。个体的一般认知能力主要是指个体的观察能力、记忆能力、思维能力和想象能力，因为认识任何事物都离不开感知、记忆、思维和想象，个体在这些认知活动中体现的能力在心理学上一般称为智力，所以，个体心理素质中的心理能力因素又可以视为智力因素，但心理能力因素的外延比智力因素更广阔，它还包括了个体的元认知。元认知又称反省认知，是个体对自己认知过程与结果的自我意识。在个体的认知结构中，元认知是最高级的核心成分，它在个体的认知活动中起统摄作用，它加强了认知活动的目的性、主动性，提高了认知活动的有效性。个体的心理能力因素在个体的心理活动系统中发挥着操作性作用，个体对种事物的认识、对概念和符号的理解、对科学知识的掌握，都离不开心理能力因素的作用，可以说心理能力因素是个体心理活动系统中的工作机。

个体的心理动力因素包括情感、意志、需要、动机、兴趣和价值观等各种能够产生选择作用和动力作用的心理因素，这些因素的发展水平从心理动力的角度体现了个体的心理素质。这些心理动力因素一方面能够影响个体选择自己活动的对象，另一方面影响个体在活动中的积极性和能动性。一般说来，心理能力因素发展水平高的学生，由于其观察能力、记忆能力、思维能力和元认知能力都较强，所以，学习成绩一般比较出色。但是，在各级各类学校中，也有一些心理能力水平较高的学生，学习成绩并不理想，在未来的事业上也没有取得比较辉煌的成就，其原因就在于这些学生的心理动力因素发展水平不高。根据心理学理论，情感是人的认识活动的动力，意志是人在实现目标过程中克服困难的心理因素，一个对学习没有热情的学生，一个意志薄弱的学生，即使是智力水平很高，也很难在学习和工作中取得优异的成绩。所以，在学生的学习活动中，既需要心理能力这种操作性因素，还需要心理动力这种驱动性因素，两者缺一不可。

任何一个个体都生活在一定的社会环境之中，个体能否适应自己所处的环境，这对于个体的健康成长具有至关重要的作用。许多学生成长的实践表明，师生关系和同学关系等人际关系对学生学业的成败与身心的发展起着十分重要的作用。适应性因素作为学生心理素质的重要组成部分，它在学生适应外界环境，适应自己的学习和工作，承受各种挫折和困难中发挥着重要作用。适应性因素发展水平较高的学生，由于对周围的一切都比较适应，所以，他们性格开朗、情绪稳定、意志健全，与周围的老师和同学处于一种和谐的关系中，对遇到的一些挫折和困难，能够采取积极的态度和合理的措施，不会因为这些挫折而产生不良的情绪反应。而在适应性因素方面存在问题的学习，他们在适应环境、应对挫折和人际交往上都存在一定困难，所以，他们情绪不够稳定、人格不够健全，师生关系比较紧张；如果遇到挫折或打击，他们或者怨天尤人，或者一蹶不振。所以，适应性因素是影响学生成长与发展的重要因素，特别是对学生的心理健康水平更有着直接的影响。对周围的环境和人际关系适应不良，往往是学生产生心理问题的最初原因。

个体心理素质中的创造性因素是一种十分有价值的心理因素，它是人的心理与动物心理的根本区别之一。人类所特有的创新素质要以创造性因素为基础。对于大学生来说，创造性因素是否具备，对于学习和成才极为重要。

创造性因素和适应性因素都不是独立于心理能力因素和心理动力因素之外的心理成分，这几种因素相互区别，相互渗透，相互联系，共同构成了人的心理素质，即学生的心理素质。

二、提升心理素质的意义

（一）个体意义

每个大学生都希望能够成为社会所需要的人才，都渴望能够在社会生活中取得一定的成就。有的人如愿以偿，有的人却难圆梦想。究其原因，在于每个人的素质不同。如前已述，人的素质包括思想道德素质、科学文化素质、身体心理素质、创新素质。其中，身体心理素质是其他素质发生的基础。同时，心理素质由渗透在思想道德素质、科学文化素质、创新素质之中。心理素质在人的素质结构中的这种地位和作用，影响了人的整个素质，从而影响了人的最终成就。所以，提升心理素质是提升人的整个素质的一个重要方面。

大学阶段，是人才成长的关键阶段。在此阶段，大学生要完成专业知识技能的学习和自我发展完善两大任务，缺一不可。自我发展涉及的领域很宽，包括潜能开发、自我评价、情绪管理、挫折应对、优化人格等，这些方面的发展主要体现在大学生解决人际交往、知识学习、恋爱、择业等人生课题的实践活动中。从近些年来发生在大学生中的各种心理问题来看，许多大学生在社会交往、学习知识、恋爱、择业方面急待提高心理素质。清华大学心理学教授樊富珉说：只有优异的成绩却不懂得与人交往，是个寂寞的人；只有过人的智慧，却不懂得控制情绪，是个危险的人；只有超人的推理，却不了解自己，是个迷惘的人。生活告诉我们：一切智慧、成就、财富和幸福都始于良好的个性和健康的心理。

（二）社会意义

未来的社会，世界范围内国家间的竞争就是综合国力的竞争，实质上是科学技术的竞争，归根到底是人才的竞争。科技的进步，经济的发展，乃至整个社会的进步都取决于人才素质的提高和合格人才的培养。大学生的心理素质不仅关系到大学生个人的成长，也关系到民族素质的提高。崇高的理想、良好的修德、和谐的人际关系、勤奋工作、遵纪守法，维护社会公德是一个人心理素质良好的重要标志。随着我国现代化工业的发展，经济的飞速提升与结构转型科学技术的不断更新，社会竞争不断加剧，人们的生活和工作节奏大力加快，各种社会的、心理的紧张刺激越来越多，对人们身心健康造成的威胁和危害也越来越大。在急速变化的时代，所有青年人都不可避免地要面对充满矛盾的人生，每个人都注定会产生许多心理的困扰。因此，作为我国当代的大学生，必须要认清客观形势，确立积极的人生目标，肩负起民族振兴的使命，认真刻苦地学习，脚踏实地地实践，培养良好的心理素质，做好面对人生挑战的准备。

三、提升心理素质的途径

在本章以后的各章，我们将分专题讨论各活动领域的素质提升途径和方法，故在此仅说明提升心理素质的一般途径问题。

（一）发展心理能力

人的心理能力具体表现为智能。美国学者加德纳认为，过去人们对于智能的理解太狭猛了。传统的智力测验只测验了人的两种智能，即语言智能和数学逻辑智能。在加德纳看来，人的智能是多元的，至少包括七种智能，即语言、数学逻辑、空间、音乐、身体运动、人际关系和自我认知智能。尽管加德纳的多元智能理论还有不完善之处，但这种理论改变了人们对智能的认识。根据多元智能理论，人的心理能力或者说认知能力是多方面的，它不只是以语言符号和数学逻辑为认知对象的心理能力，还包括以其他事物为认知对象的心理能力。因此，在心理能力培养的过程中，大学生要根据自身的实际情况，扬长避短，让自己的智能都得到最佳的发展。

在心理素质教育过程中，大学生既是心理素质教育的对象，又是心理能力发展的主体。心理能力的发展要以心理活动为途径，以大脑为载体，心理活动的开展、智能活动的进行，都离不开自身的积极性和主动性。所以，大学生在发展心理能力因素的过程中，要充分发挥自身的主动性。

（二）增强心理动力

学生的心理动力因素在学生的心理活动与学习活动中发挥着重要的选择作用和动力作用。学生选择什么对象作为心智活动的操作内容，取决于学生的态度、情感、兴趣和价值观等心理动力因素。一位数学教师在讲台上把一道数学方程题讲得十分透彻和清晰，而一个学生在下面完全沉浸在言情小说里。由于这个学生的这种态度的影响，导致他没有把教师传授的数学知识作为自己认知活动的对象。在这种教学情境中，无论多么好的教育资源对学生的成长都不能产生作用。

由于心理动力因素在人的成长和发展中具有十分重要的作用，因此，大学生在培养心理素质的过程中，要重视心理动力水平的提高。首先，要采取有效措施培养对于学习和生活的积极情感。情感对于人的活动具有调节功能，积极的情感能够增强人的积极性，成为活动的动力；消极的情感会降低人的积极性，成为活动的阻力。大家只有对自己的学习产生了热情，才会有持久而强大的学习动力。其次，要激发自己的学习兴趣。兴趣是人积极地接触、认识和探究某种事物的心理倾向。兴趣具有指向性特征，如果你对学习产生了兴趣，便会对学习心向神往。兴趣还具有动力性特征，良好的学习兴趣是学习动力的不竭源泉。再次，要在各种活动中磨炼意志。人在学习、工作和生活中，都不是一帆风顺的，总会有一些坎坷和挫折。意志坚强、心理素质好的人，能够克服困难、战胜挫，实现自己的目标。反之，意志薄弱的人，稍遇挫折，便却步不前。

（三）提高适应性

学生是生活在一定的社会环境中的，能否与周围的环境相适应，体现了学生的心理素质的发展水平。近年来，在各级各类学校出现了不少存在心理困扰的学生，这些学生心理问题的产生，大多是因为其不能很好地适应激烈的考试竞争和周围的人际关系。

由于适应不良而产生心理问题的学生日益增多，因此，心理素质教育受到了高度的关注，不少学校成立了心理咨询机构。在提高适应性训练的过程中，首先要提高学习适应性。学习是学生的主要任务，有许多学生在学习上存在着适应不良的问题，因而导致学业成绩下降，从而对考试竞争存在着恐惧心理，心理问题由此产生。所以，大学生要树立正确的学习态度，制订科学的学习计划，提高学习能力和学习成绩，减轻考试压力，消除对考试竞争的恐惧心理。其次，学会与人交际，学会与人合作，学会理解和宽容别人，提高对周围环境和人际关系的适应性。再次，要广泛参加心理健康教育活动，学习心理科学知识，学会如何调控自己的情绪，如何宣泄自己的心理压力，如何形成自己优良的心理品质和健全的人格。

第二节　提升认知水平

一、认知概述

（一）认知过程及结构

认知亦即认识，是指个体对自己及周围世界的感知与理解活动。大脑接受各种感官输入的信息，并对这些信息进行加工处理，使之转化为个体内在的心理成分，进而支配人的行为，这个过程就是认知过程。认知过程是最基本的心理过程，包括感知觉、记忆、思维、想象等步骤和环节。

1. 感觉和知觉

所谓感觉是人脑对直接作用于人感官的客观事物个别属性的反映。客观事物直接作用于人的感觉器官，引起神经冲动，由感觉神经将神经冲动传导至脑的相应部位，便产生感觉。我们对颜色、光线、声音、气味、温度等刺激的感觉，都是这样产生的。感觉是最基本的认知活动，是人的全部心理活动的基础，人的整个认知过程，必须借助于感觉提供的原始资料，才能继续深入。根据刺激的性质和感官所在的位置，把感觉分为内部感觉和外部感觉。包括视觉、听觉、嗅觉、肤觉、味觉、机体觉、运动觉、平衡觉。

人们往往通过多种感官刺激获得整体信息，这些信息经过头脑加工，便产生了对客观事物整体属性的认识，这就是知觉。知觉是在感觉的基础上产生的，是大脑按一定方式整合个别感觉信息，并根据个体既往的经验来解释所有感觉信息的结果。知觉具有恒常性、整体性、理解性、选择性等特征。知觉不仅依赖于直接作用于感官的刺激物的特征，还依赖于感觉的主体状态，如主体的需要、兴趣、爱好、知识、经验等。

根据知觉活动中起作用的感觉器官不同，把知觉分为视知觉、听知觉、味知觉、肤知觉、嗅知觉等。

感觉和知觉，均是人脑对直接作用于感觉器官的刺激物表面属性的瞬间反应，在日常生活中很难将两者截然分开，常合称为感知觉。

2. 记忆

记忆是脑对经历过的事物的反映。人们感知过的事物、思考过的问题、体验过的情感或从事过的活动，都会在人脑中留下不同程度的印象，必要时可重现出来，这个过程就是记忆。记忆过程可看作人脑对外界输入的信息进行编码、存储和提取的过程。

记忆是在一定时间顺序内展开的，根据记忆活动发生的先后，可以把记忆分为前后联系的三个基本过程，分别是识记、保持、再认或回忆。任何信息只有经过这些过程，才能成为个体可以保持和利用的经验。

识记是记忆的开端，是主体获得知识和经验的过程。识记有不同的层次和水平，包括对外界信息进行反复的感知、思考、体验和操作等形式。新的信息必须纳入旧的已有的知识结构中，才能获得和巩固。但某些情况下，当事物与人们的需要、兴趣、情感密切联系时，尽管只有一次经历，人们也能牢记。

保持是记忆的第二个环节，是已有的知识经验在头脑中储存和巩固的过程。它在记忆过程中有着重要的作用，没有对知识经验的保持就没有记忆。

再认或回忆是记忆的第三个环节，是从头脑中提取知识经验的过程。已经储存的知识重新出现时能加以确认，这个过程称为再认。曾经识记过的事物形象在头脑中重现的过程叫回忆。既不能再认又不能回忆的现象是遗忘，它是保持的对立面。记忆的好坏是通过再认或回忆表现出来的。

记忆的三个环节相互影响、相互依存，有着密切的联系。识记是保持和再认的前提，记忆的内容只有在头脑中保持并巩固下来，日后才能回忆起来，回忆是对识记和保持的检验，通过回忆又能加强促进识记内容的巩固。

根据记忆的时间长短，把记忆分为瞬时记忆、短时记忆和长时记忆。3. 思维

思维是认知活动的高级阶段，是人脑对客观事物的本质属性及其内在规律的间接而概括性的反映。思维反映事物的本质属性和规律，具有间接性和概括性两个基本特正。思维的间接性表现为思维能够借助一定的媒介物来达到对事物本质属性和规律的认识；思维的概括性表现为思维对事物本质的全面而整体的反映特征。语言是人类思维活动的重要媒介，是思维的表现形式。思维过程通过语言进行，思维的结果要通过语言表现出来。

根据思维活动依据材料的不同，人们把思维分为直接动作思维、具体形象思维、抽象逻辑思维、直觉与灵感等。个体思维水平的高低，可以通过思维的深刻性、独立性、批判性、灵活性、创造性表现出来。

4. 想象

想象是人脑在已有表象或语词描述的基础上，创造出新的事物形象的过程。想象的结果是事物的新的形象。与感知相比，想象的结果具有间接性和概括性；与记忆相比，想象的结果指向未知或未曾经历的事物，具有新颖性；与思维活动相比，想象的结果具有更加鲜明的形象性。因为想象在人的认知活动中的作用巨大，想象常常被人们誉为认识的翅膀。

根据想象的目的性不同，人们把想象分为无意想象和有意想象；根据想象活动的创新水平不同，人们把想象分为再造想象和创造想象。根据想象的现实性，可把想象分为理想、幻想和空想。

5. 注意

所谓注意，是指意识对一定客观对象的指向和集中的情形与状态。作为一种心理现

象，注意不是一个独立的心理过程，它是伴随着心理过程发生的一种心理状态。外界的一切事物以及我们自己心理活动和行为的变化，都可能成为注意的对象。

注意可分为有意注意和无意注意。有意注意是有预定目的、需要意志努力的注意，它与个体的意志活动、个体对周围环境的主动适应活动密切联系，如我们在寻找东西时的注意就是有意注意；无意注意则是无预定目的、无需意志努力的一种注意，它是对外界刺激的简单原始反应，如听到具有一定声响的声音便会侧耳倾听。

（二）智力

智力，亦即一般认识能力。由观察能力、记忆能力、思维能力、想象能力组成。其中思维能力是智力的核心，思维能力水平的高低反映智力水平的高低。

智力水平高低用智商（1Q 表示。智商为个体的心理年龄与生理年龄之比的；商数乘100。正常人的智商在 90～110。如果某人智商高于 110，说明此人智力优秀，甚至智力杰出；如果某人智商低于 70，说明此人智力落后，甚至弱智。大学生的平均智力水平高于普通社会群体的智力水平。

二、大学生认知发展特点

较之中小学生，大学生的认知发展有了长足的进步，但大学生们的认知发展的整体水平依然是参差不齐的。概括地说，大学生的认知发展有以下特点：

一是一般认知能力、智力发展成熟，专业认知能力和社会认知能力尚待形成。

心理学的研究指出：人的一般认知能力（智力成熟的年龄在 20 岁左右。大学生正处在智力成熟的年龄阶段。他们已具有较完备的一般性的观察能力、记忆能力、思维能力和想象能力。大多数大学生能够独立地对来自生活、学习、人际交往等领域的问题进行客观地观察、分析、思考和决策，能保持认知对行为的指导与监控作用，但少数大学生在认知发展方面还表现出观察粗心片面、分析肤浅、思考缺乏独立性的特点。

由于大学生尚处于专业学习的基础阶段，其专业认知能力尚在形成过程中，水平亦十分有限。一位在计算机专业学习上颇感困惑的学生说："高中阶段的学习一直得心应手，进入大学后，专业的学习让我异常犯难，尤其是较高级的计算机语言的学习，自己感到一筹莫展，虽然用尽全力，但还是考试不及格。"这一事例说明，尽管大学生已经具备较高的智力水平，但大学生们的专业认知水平却亟待提高。而大学阶段系的专业学习和训练，又为大学生专业认知能力的发展提供了极大的可能性。

同样，由于大学生的人生经历基本上与学校相关，与社会和现实生活接触甚少，所以大学生的社会认知能力发展也相对处于一种滞后状态。不少大学生对某些社会现象是非莫辨，对社会上的某些人盲信盲从，更有少数大学生因为社会阅历太少，社会经验缺乏，轻易落入某些不法之徒设置的陷阱，导致身心俱损的后果，教训异常深刻。

二是以接受性、理解性认知活动为主，探究性、批判性、创造性认知活动为辅。

虽然大学阶段的学习强调自学为主，大学生也有一定的独立的学习能力，但大学生的认知依然以接受性和理解性认知活动为主，更多的时候要求大学生接受、理解和真正掌握各种专业知识与技能，并在此基础上形成专业的认知能力。进入高年级，大学生的认知的探究性、批判性、创造性成分增加，但发展的空间依然很大。

三是大学生的认知呈现出一个在认知需求与兴趣、认知目标与动机、认知观念与方式、认知内容与手段等方面的全面更新的趋势。

对于大学生的认知发展来说，大学生涯有着全新的意义。这一期间，大学生的认知需求与兴趣、认知目标与动机、认知观念与方式、认知内容与手段等，均会发生全新的改变。从认知需求与兴趣方面看，主要表现为大学生的认知需求与兴趣比从前更加集中于那些有利于个人发展与提高的对象上、对未知的与自己密切相关的热门问题的高度关注、对专业的认知兴趣不断提高等；从认知目标和动机方面看，大学生更希望通过认知的进步与提高，来提升自己的综合素质，提高自己的竞争力，来解决自己在现实生活中面临的各种困惑，并为未来所从事的职业做准备；大学生的认知观念和方式同样经历着剧烈的变化，客观的、辩证的、发展的、科学的认知观念与方式逐渐取代主观的、片面的、僵化的和狭隘的认知观念与方式，成为大学生认知活动的主要特征；大学生在认知内容与手段方面的发展变化，也表现出同样的特征。

三、正视认知心理问题

先天的和后天的、生理的和心理的、环境的和自身的、习得的和固有的因素，都会影响个体的认知进程及结果，使个体的认知表现出这样或那样的问题。综合个体认知问题的具体表现，我们把认知心理问题概括为不良的认知心理状态、认知心理障碍、现实性认知偏差三大类。对于这些问题，我们要予以正视，不能回避，继而想办法解决。

（一）不良的认知心理状态

不良的认知心理状态又称为认知的第三状态，是介于认知的健康状态和疾病状态之间的一种状态，也是正常人群中常见的一种亚认知状态。主要表现为个体在一段时间内注意力难以集中、感觉过敏、记忆力下降、思维水平下降等。这些问题持续时间短，一般能通过自我调节，如休息、运动、娱乐等方式，在短时间内得到缓解和改善，且对个体的社会功能影响较小。

（二）认知心理障碍

当个体的认知心理不良状态对其社会功能影响较大，不能通过自我调节得到缓解和改善时，就成了一种障碍。常见的认知心理障碍主要有以下几种：

1. 感知障碍

感知障碍是指感知觉的异常变化或明显异常。一般情况下，感知障碍常常是一些疾病的症状，尤以神经系统疾病多见。常见的感知障碍有感觉过敏、感觉减退和消失、感觉倒错、内感性不适、错觉、幻觉，感知综合障碍等。

错觉是对客观事物歪曲的知觉，常见的错觉有错视、错味、错触、错嗅、错听和内感性错觉，正常人由于过度紧张、虚弱等情况也偶尔出现错觉。

幻觉是一种虚幻的知觉，是没有相应刺激物作用于感官时出现的知觉体验，如无人在场的情况下，病人能听到有人在责骂他，幻听、常见的幻觉有幻听、幻视、幻嗅、幻味、幻触等，其中以前两种最常见。幻觉可以分为真性幻觉和假性幻觉，真性幻觉指病人所感知的幻觉与真实的事物完全相同，病人通常是描述为亲眼看到的或是亲耳听到的，而不是想出来的；与真性幻觉相反，假性幻觉不是通过病人的感官而获得的，如有的病人不用耳朵就能听到体内和脑内发出的声音，假性幻觉的形象，一般轮廓不够清晰，不够鲜明，不够生动，它不存在于外在空间，幻觉形象多不完整。

2. 记忆障碍

记忆障碍，可分为量的变化和质的变化两方面的障碍：量的变化障碍表现为记忆增强和记忆减退、遗忘等；质的变化障碍主要表现为错构症和虚构症等。

所谓遗忘是指一定阶段内的记忆丧失、至少部分丧失或只留片段的记忆，它是一种回忆的丧失，而不是记忆的普遍性减退，因此与记忆减退有本质的不同。

遗忘分为以下四种：顺行性遗忘，指病后一段时间内记忆的完全丧失，遗忘和疾病的发生同时开始，多见于脑震荡、脑挫裂伤的病人，病人对受伤经过等回忆不起来，这种遗忘有的在短时间内能恢复，有的则需要较长时间，有的终身不能恢复；逆行性遗忘，指对病发以前一段时间内记忆的完全丧失，病人回忆不起疾病发生以前在干什么、在什么地方、叫什么名字等等，逆行性遗忘可能是完全或部分的遗忘，但大多只涉及较短一段时间内的事件，多见于严重的精神创伤后或一氧化碳中毒后等等；进行性遗忘，指遗忘逐渐加重，是再认和回忆功能的进行性下降，而对识记和保存影响不是很大，多见于痴呆症患者；心因性遗忘，是较奇特的失忆现象，被"遗忘"的内容并未真正消失，仍存于意识水平之下，在催眠状态下或失忆症消失后可被回忆起来，疾病产生的原因往往是与病人犯了某种严重错误或罪行有关，遗忘的内容只限于某些与痛苦体验有关的事。

3. 思维障碍

思维是认知活动的高级阶段，是一个极为复杂的认知过程。思维障碍的具体表现多种多样、千变万化，大致可分为：思维联想障碍，主要表现为思维活动过程方面的问题；思维逻辑障碍，主要表现为思维合理性、逻辑性方面的问题；思维内容障碍，主要表现为出现各种妄想性思维内容。

（1）思维联想障碍。这类障碍的主要特点是个体的思维速度、数量、表达形式等存在与常人不相吻合的现象，主要表现为：思维奔逸、思维迟缓、思维贫乏、思维中断、病理性赘述，思维云集等。

（2）思维逻辑障碍。这类障碍的特点是在概念、判断、推理等方面出现大量混乱、错误、无意义的联系，使常人无法理解的情况。表现形式有：思维松弛、思维破裂、思维不连贯、象征性思维、逻辑倒错性思维等。

（3）思维内容障碍。常见的思维内容障碍主要是妄想。妄想是在病理基础上通过病态的思维活动而产生的歪曲的信念、错误的判断和推理。常见的妄想主要有以下几种：关系妄想、特殊意义妄想、被害妄想、影响妄想、夸大妄想、罪恶妄想、疑病妄想、嫉妒妄想、钟情妄想、被窃妄想、内心被揭露感等。

（三）认知心理偏差

大学生认知心理偏差的发生及具体表现，与大学生的个人成长和生活内容密切相关。具体表现为自我认知偏差、专业学习认知偏差、人际交往认知偏差、择业认知偏差、爱情认知偏差、道德认知偏差等。

1. 自我认知偏差

大学生缺乏社会经验，往往不能正确地认识自我，当取得一点成绩时，自我评价偏高；而当遇到挫折与失败时，就会产生失败感或焦虑苦恼的情绪而低估自己甚至自我怀疑与否定。如一位大学生刚入学就提出了很高的要求：要拿特等奖学金，当三好学生。然而因为不适应大学生与中学生在学习方法上、评定标准上的差异，以为只要自己苦学就行了，主观盲目地给自己制定了过高的目标，其结果当然是实现不了，这对这位一年级大学生来说无疑是一次不大不小的挫折。另一方面，还有少数学生自我评价是消极被动的，一遇到困难、阻碍便觉得"一切都没有意思"，结果就会变得畏缩不前，错过成功在望的目标。

2. 人际交往认知偏差

认知偏差在大学生人际交往中表现比较突出。主要表现为：

（1）对自我的认知偏差。这种偏差是指没有摆正自我在人际关系中的位置，过低或过高地评价自己。有些人才华出众，能力颇强，或经济上有实力，于是狂妄自大，目中无人，对不如己者则默然处之，或有所贬损，不屑与之交往。表面看这是对人际的超越态度，其实质是孤立了自己。如有位大一女生，聪明漂亮，能力过人，还有一副动人的歌喉，刚入学时被班主任指定为临时班长。一个月后班干部改选，她被选为文娱委员，因为大家都觉得她担任文娱委员更可发挥特长。当另一个她认为智力和能力都不如她的女生当选班长后，她怎么也接受不了，为了表示自己的不满，一气之下辞去文娱委员，老师和同学都劝其为班集体服务，但她一意孤行，认为只有这样才能保持自我的尊严。为了这所谓的尊严，她从那以后很少参加集体活动，游离于集体之外，难以找到自己的位置，最终导致交往障碍。相反，有些人在交往中，看不到自己的价值，妄自菲薄，认为自己处处不如人，不敢充分展示自我，畏畏缩缩，遇事总是小心有余，本以为这样的行为可博得他人的同情，但事与愿违，一般人是不愿与这样的人交往的。

（2）对他人认知偏差。大学生在人际交往中对他人的认知偏差主要表现为首因效应、近因效应、晕轮效应、投射效应、刻板印象等。

3. 专业学习认知偏差

大学生在专业学习方面的认知偏差表现出严重的功利倾向。"读书无用论"的观点颇有市场。不少学生就认为"学得好不如考得好"、"考得好不如找得好"、"找得好不如嫁得好"。在诸如此类的观念支配下，不少大学生不是把心思和时间放在学习上，而是整天沉湎于恋爱、网络游戏和其他一些与学习无关的事情上。有些学生因为对大学学习不适应，或不喜欢所学的专业、或经历一两次考试失败，就会产生诸如"自己不是读书的材料"、"无论如何努力都是白搭"等消极的认知观念，并因此沉沦下去。

4. 择业认知偏差

大学生择业认知心理是指他们在择业过程中对自己、对职业及其周围社会环境等的认识、了解和择业中对事物的推理与判断。大学生较易出现的择业认知偏差主要有：

（1）自我认知不准确。这包括自负心理，如择业期望值很高，把待遇是否优厚、交通是否便利、住房是否宽敞等作为选择标准，不愿承担艰苦的工作，不愿到经济欠发达地区和基层单位去工作，往往会给用人单位留下"眼高手低、浮躁虚夸"的不良印象。另外易产生自卑心理，如对自身的素质和就业竞争能力评价过低，不敢主动向用人单位推销自己，不敢主动参与就业竞争，陷入不战自败的困境之中。

（2）对外围环境认知不确切。对环境估计不足，思想不切实际，只注重经济意识和区域观念，讲究金钱第一、环境条件第一，不愿到待遇差、条件差的地方，结果出现了"高不成，低不就"的状况。具有理想化趋向的大学生在就业过程中便会出现决策犹豫心理，从而错过许多良好的就业机会。

另外，大学生在恋爱与道德认知方面的偏差现象也很普遍，应引起大学生本人和教育工作者的足够重视。

四、全面提高认知能力

大学生正处在探求知识，增长见识，形成自己的认知结构的阶段，不可避免地存在某些认知问题。对于那些遭遇各种认知危机的大学生来说，纠正错误和偏激的认知固然重要，最重要的还是要致力于培养一般认知能力、专业认知能力和社会认知能力。通过科学的认知方法与技术，培养良好的认知习惯，最终能够利用自己的智慧，独立地处理在个人成长、工作学习、生活和社会适应过程中面临的各种认知问题。

（一）提高认知能力的途径

1. 加强知识学习

知识是有史以来人们生活经验、生产经验、社会活动经验、科学研究成果的概括与总结。按知识的使用领域，可以把知识分为日常生活知识、生产劳动知识、科学文化知识、专业活动知识、社会活动知识、艺术审美知识、道德宗教知识等。

"知识就是力量"。知识既是认知的重要组成部分，也是人们提高认知水平、克服认知问题的基本保障。大学生知识的有无与博约程度，决定了大学生对各种问题的看法的对错和水平的高低。在知识学习的过程中，要注意观察、记忆、思维方法的掌握和想象力的培养。

大学生正处在年富力强的人生阶段，有足够的时间精力来学习和积累知识。大学生不仅要学习和掌握好本专业的知识，还要学习和掌握好相关专业的知识；不仅要学习和掌握好书本上的知识，还要学习和掌握好书本以外的知识；不仅要学习和掌握好职业与工作所需的知识，还要学习和掌握好生活和社会适应方面的知识。只有这样，大学生才能减少由于知识缺乏所导致的认知偏差问题的发生。

如何进行学习，古人总结出了博学、慎思、审问、笃行的方法，大家对这一智慧成果要加以实践运用。现在关于学习方法的研究成果更为丰富，大家要结合课程内容与自身实际使用。后面第八章有专门介绍，在此不再赘述。

2. 掌握现代化的认知工具与技术

认知工具与技术的进步，使得人们已经能够极大限度地摆脱感官和大脑对认知活动的限制。实验的方法与技术、数理统计的方法与技术、生命科学的方法与技术、电子成像技术、计算机技术的应用，为人们形成对事物的正确认知、消除人们的认知偏见与谬误，提供了坚实的理论与技术基础。作为生活在现代社会的大学生，有必要学习掌握并优先使用这些先进的认知工具与技术，不断提高自己的认知水平，减少不必要的认知偏差和错误。

3. 培养良好的认知习惯

要提高认知水平，就要致力于在认知实践中培养良好的认知习惯。要养成对于别人的意见和立场，不是盲目地接受或拒绝，而是经过缜密的思考，批判地吸收和借鉴的习惯；养成对于自己感到怀疑和不解的问题，不是主观地肯定或否定，而是通过实践进行客观的验证，再做出正确的结论的习惯；"独学而无友，则孤陋而寡闻"。为了不使自己陷入"管中窥豹"和"盲人摸象"的困境，还要致力于培养与他人共同学习、共同研究和探讨问题的习惯。

（二）提高认知能力的基本方法

1. 兼听

"偏听则暗，兼听则明"，要克服认知心理问题，首先要做到兼听，要主动戒除仅凭一家之言便贸然做出某种决定和行动的习性。

由于认知习惯的差异，或客观条件的限制，不少大学生陷入偏听偏信的泥潭之中。如某男生仅凭女友一面之词，便认定另一男生有不尊重自己女友的行为，并与该男生大打出手，结果两败俱伤，在同学中造成极为不良的影响。某女生听信"好同学"的"肺腑之言"，自认为全寝室的同学都对自己有意见，从此走上与全体同学背道而驰的道路。诸如此类，不胜枚举。

要克服偏听偏信的毛病其实并不难，"兼听"就是最佳的举措。但凡我们要了解一种事实的真相，除了听取当事人的意见外，还要听取旁观者的意见；除要听取正面意见外，还要听取反面的意见；除要听取赞成的意见外，还要听取反对的意见；除要听取亲信的意见外，还要听取一般人的意见；果真能做到这样，那些因片面推断、主观臆断、盲目轻信等不良认知方式造成的认知心理问题就能迎刃而解。

2. 躬行

"纸上得来终觉浅，绝知此事要躬行"。书上读到的、途中听到的、自己想到的、过于抽象的、缺乏考证的立场和观点，终究有脱离实际、不求甚解和曲解本意的嫌疑。因此，对于那些自己拿不准的、存在争论的、缺乏实际体验的思想和认识，要力争把它们放在实践中加以检验，或通过自己身体力行，弄清事情的真伪，以减少认知问题的发生。

大学是人生中的一个重要阶段，是大学生学习知识、增长才干的重要时期，没有谦恭的学习态度和直面社会的勇气，没有将理论知识有效地运用于实践并接受实践的检验，是很难转学成识、转识成智、转智成行的。

3. 质疑问难

该懂的问题却不懂，或似懂非懂，是常见的认知问题之一。处在这种情形下的大学生们，应学会运用质疑问难的方法，即就自己感到困惑或不懂的问题，向老师提出质询和疑问，以寻求正确的答案。

4. 自省

有一个青年，有一天在街角的电话亭借用电话，他用一条手帕，盖着电话筒，然后说："是三和公司吗？我是打电话来应征做园丁工作的，我有很丰富的经验，相信一定可以胜任。"电话的接线生说："先生，你恐怕弄错了，我公司对现在聘用的园丁非常满意，经理说园丁是一位尽责、热心和勤奋的人，所以我们这儿并没有园丁的空缺。"青年听罢便有礼貌地说："对不起，可能是我弄错了。"跟着便挂了电话。

电话亭老板听了青年人的话，便说："青年人，你想找园丁工作吗？我的亲戚正要请人，你有兴趣吗？"

青年人说："多谢你的好意，其实我就是三和公司的园丁，我刚才打的电话，是用以自我检查，确定自己的表现是否合乎公司的标准而已。"

在生活中，只有不断地自我反省，才可以令自己立于不败之地。对于那些在认识上固执己见、不思变革的人而言，反省乃是纠正认知偏差与错误、达到自我颖悟的必由之路。

5. 换位思考

所谓换位思考，就是换一种立场看待问题，从各个不同的角度研究问题，以开放心态对待问题，从而获得新的理解，做出与平时惯常思维下不一样的行为。

通过换位思考，可以让大学生突破固有的思考习惯，学会变通，解决常规性思维下难以解决的事情；通过换位思考，可以让我们了解别人的心理需求，感受到他人的情绪，将沟通进行到底；通过换位思考，可以让我们揣摩到对方的心理，达到说服对方的目的；通过换位思考，可以让我们欣赏到他人的优点，并给予对方真诚的鼓励，使团队和谐高效；通过换位思考，可以让我们很好地进行个人定位，成功地推销自己……

6. 寻求帮助

孔子说："三人行，必有我师焉。"当个体遇到自己无法解决的认知困惑时，就要自觉地向那些能够帮助自己的"高人"求助。这些"高人"可能就在你的身边，包括你的父母、你的同学、你的老师、你所认识的某某专家……只要他们的智慧比你高，见识比你多，你就要拜他们为师。俗话说"听君一席话，胜读十年书"，或许，这些"高人"些微的点拨，便能让你茅塞顿开，受益终身。

第三节　发展自我意识

一、自我意识概述

（一）自我意识的含义

它是人对自身以及自己同客观世界关系的认识。自我意识是人的意识活动的一种形式，也是人的心理区别于动物心理的一大特征，它同时又是一个复杂的、多层次的心理系统。

从自我意识内容上来看，自我意识可分为生理自我、社会自我和心理自我。生理自我是指个体对自己身体的意识，社会自我是指个人对自己在社会关系、人际关系中所处角色的意识，包括个人对自己在社会关系、人际关系中作用和地位的意识，对自己所承担的社会义务和权利的意识等。心理自我就是个人对自己心理的意识，包括个人对自己的性格、智力、态度、信念、理想和行为等的意识，如"我的性格是内向型的"，"我的信念很坚定"。个人对自己生理的、社会的、心理的种种意识，也是密切联系在一起的。因而，每一个人都有对他自己的看法和态度，于是自我意识就有其独特的形式和内容。

自我意识又可分为现实的自我、投射的自我、理想的自我。现实的自我也称现实我，是个人从自己的立场出发对自己目前实际状况的看法。投射的自我也称镜中自我，是个人想象中他人对自己的看法，想象他人心目中自己的形象，想象他人对自己的评价，以及由此而产生的自我感，如"大家都说我长得很漂亮"就是投射自我的表现。现实自我即个人对自己现实的观感，不一定与镜中自我的观感完全相同，两者之间可能有距离。当这个距离加大时，便会感到自己不为别人所了解。理想的自我也称理想我，是指个人想要达到的完善的形象，如"我想成为一名律师"、"我想做一名诚实的人"等。理想我虽非现实，但它对个人的认识、情绪和行为的影响很大，是个人行为的动力和参照系统。

（二）自我意识的心理成分及其作用

自我意识是一种多维度、多层次的复杂心理现象，它由自我认识、自我体验和自我控制三个心理成分构成，这三种心理成分相互联系、相互制约，统一于个体的自我意识之中。

1. 自我认知

自我认知是自我意识的认知部分，它是主体我对客体我的认知和评价，即自我认知和自我评价。自我认知是自己对自己身心特征的认识，自我评价是在自我认知的基础上对自己做出的某种判断。

自我认知主要解决"我是一个什么样的人"的问题，比如有人观察自己的形体，认为自己属于"健壮型"；分析自己的为人处世，认为自己是热情友善的；用批评的眼光审视自己时，觉得自己脾气暴躁、容易冲动等。可见，自我认知涉及个人的自我感觉、自我观察、自我分析和自我批评等活动。

在客观的自我认知基础上做出正确的自我评价，对个人的心理活动、行为表现及个人在社会群体中人际关系的协调，都具有重大的影响作用。如果一个人在社会生活中把自己看得低人一等、没有价值，那么，他就会产生自卑感，做事缺乏信心，没有主动性和积极性，其结果是无论做什么事情都难以保证质量。相反，如果一个人只看到自己的长处，孤芳自赏，自以为是，其结果是往往不能处理好人际关系，或难以与人合作，或被他人拒绝、被群体所孤立。可见，自我认知为个人提供了行为的参照系统、动力系统，因而对个人心理素质的发展有着不可忽视的影响。

2. 自我体验

自我体验是通过认识和评价而表现出来的情绪上的感受，包括自信、自尊、自爱、责任感、义务感、优越感、羞怯、自卑等。在人的生活体验中，不仅有肯定的情绪体验，也有否定的情绪体验。

自我体验的产生是环境与个人内部的心理因素相互作用的结果，它是由外在环境的变化引起的。而这种由外在环境能引起的一定的情绪状态，又是与情绪经验的积累与概括相联系的。如个人的动机活动受到环境的阻碍或干扰但又无法克制时，情绪就容易激动，其程度可能随着受到挫折的强弱、范围，过去受挫折次数和可能受到的压力度而有不同。自我体验对成长着的个体而言，具有重要作用，很多从体验中获得的情感会比理性认识起到的作用更大。自我体验的好坏影响个体自我调控的方向和力度。

3. 自我控制

自我控制是主体对自身心理行为的主动掌握。自我控制表现在意志方面，就是对自己的行为和活动的调节。

一个具有坚强意志的人，在自我控制方面就会表现出自立、自主、自制、自强、自信、自律。一个意志薄弱的人往往缺乏主见，易受暗示，不能自制，情绪不稳，缺乏竞争意识，难守原则，不负责任，不尽义务；在人际关系中有更多的防卫心理。

自我控制让个体的行为得到方向上的调整，既有生理意义、心理意义，同时又具有社会意义。不言而喻，一个没有或丧失自控能力的人对个体来说，是缺憾，对社会来说，则是灾难。

综上所述，自我意识的结构包括自我认识、自我体验、自我控制，三者有机统一，不可分割。通过自我认识，可以明确"我是一个怎样的人"；通过自我体验，可以解决"我这个人怎样"，"我是否接受自己"；通过自我控制，可以最终解决"我应当成为一个怎样的人"。

（三）良好自我意识的标准

衡量一个大学生的自我意识是否良好虽然很难，但可以从如下方面加以判断：

（1）个体自我意识的三种心理成分能够协调一致。

（2）个体具有较强的独立性，同时具有适应外部世界的能力。

（3）个体能主动发展自我，以期达到理想自我。

（4）个体的自我意识具有社会性，利于社会文明的进步。

二、自我意识发展的过程

大学阶段，个体的自我意识发展一般会经历一个分化——冲突——统一的过程。这一过程是我们大学生自我意识逐步成熟的过程。

（一）自我意识的分化

儿童的自我意识是一个尚未分化的整体，其意识内容主要停留在对外部行为和自己与周围关系的外部特征上。进入青年期，个体在儿童、少年时期统一不可分割的自我意识一分为二：一是理想自我，二是现实自我。自我意识的明显分化，使我们开始意识到自己那些从来没有被注意到的"我"的许多方面和细节。在这一时期，我们的自我沉思、自我分析、自我反省的时候明显增多；对自我新的认识、体验和控制而带来的种种激动、焦虑、喜悦和不安也显著增加；为自己应该怎样做、能怎样做等开始认真思考，不像中学生那样随心所欲。此时，如果个体的理想自我和现实自我能保持大致的平衡，即个体的真正能力、性格、欲望能如实地表现出来，个体便能以其本来面目出现在别人面前，不用掩饰，不怕暴露，从而有利于促进个体健康发展。但是，个体常常会出现理想自我和现实自我的失衡的情况，现实自我占优势者，往往表现出较强的自我陶醉感，特别在乎他人对自己的评价，期望事事处处得到他人的赞赏。喜欢掩饰自己的缺点，喜欢炫耀自己的长处，以换取他人的赞赏。理想自我占优势者，总认为自己事事处处不如人，因而自卑感较强，会因为自己某方面的欠缺，如口才不好，身材不高、相貌一般、家境贫寒、能力不强而苦恼，甚至放弃应有的努力，形成自我怜悯或伤感的心理状态。

自我意识的分化为我们客观地评价自己和他人，合理地调节自身的言行奠定了基础。这是自我意识开始走向成熟的标志。

（二）自我意识的冲突

自我意识的分化，一方面，使我们开始意识到自己不曾注意的"我"的许多方面和细节，发现"理想我"与"现实我"的差距；另一方面，由于处于发展阶段，自我形象不能很快确立，自我概念不能明确地形成，因而自我意识的冲突加剧，导致我们内心痛苦和不安的产生。

现阶段，自我意识的矛盾冲突主要表现在以下几个方面。

一是"理想我"与"现实我"的冲突。这是大学阶段个体自我意识矛盾最突出、最集中的表现。我们对未来充满信心，抱负水平较高，成就欲望较强，但由于自身生活范围相对狭窄，社会交往比较单一，社会阅历比较缺乏，自我认识的参照点较少，因此，不能很好地将理想与现实结合起来，从而使"理想我"与"现实我"之间产生较大差距。这种差距在给我们带来苦恼和不满的同时，也会激发我们奋发进取的积极性，但如果这种矛盾与冲突过于强烈，不能及时加以调适，则会导致自我意识的分裂，从而带来一系列心理问题。

二是独立意向与依附心理的冲突。上大学后，我们的独立意识迅速发展，希望能在经济、生活、学习、思想等方面独立，希望摆脱成人的管束，自主地处理所遇到的一些问题，但在心理上又依赖成人，无法真正做到人格上的独立，这种独立意向与依附心理的矛盾将会困扰我们。

三是交往需要与自我闭锁的冲突。我们迫切需要友谊，渴望理解，寻求归属和爱。有强烈的交往需要，希望能向知心朋友倾吐对人生和生活的看法，盼望能有人分担痛苦，分享欢乐。但同时又存在着自我闭锁的倾向，往往不愿主动敞开自己的心扉，而把自己的心灵深藏起来，在公开场合很少发表个人的真实意见。在与他人交往时存有较强的戒备心理，总是有意无意地保持一定距离，正是这种交往需要与自我闭锁的矛盾冲突，使得我们有时备受"孤独"的煎熬。

四是自信心与自卑感的冲突。刚刚考上大学时，我们受到老师、家长、亲朋好友的赞赏、同辈人的羡慕，故而优越感和自尊心都很强，对自己的能力、才华和未来都充满了自信。然而进入大学后，群英荟萃，发现"山外有山"，尤其是当学习、文体、社交等方面显露出某些不足时，就会陷入怀疑自己、否定自己的不良情绪中，于是产生自卑心理。因此，内心深处，自信心和自卑感常常处于冲突状态。

五是追求上进与自我消沉的冲突。我们有较强的上进心，希望通过努力来实现自身的价值。但在追求上进遭遇挫折时，常常出现情绪波动。有时虽然退缩但又不甘放弃，导致内心极为矛盾，困惑、烦躁、不安、焦虑由此而生。

（三）自我意识的统一

由自我意识的分化带来的种种矛盾冲突是自我意识发展中的正常现象，也是走向成熟的集中表现。自我意识的矛盾冲突一方面会使我们感到焦虑苦恼、痛苦不安，另一方面也会促使我们设法解决矛盾，来实现"理想我"与"现实我"的统一。

由于个人的社会背景、生活经验、智力水平、追求目标等方面的差异，自我意识的统一途径也有所不同。总的来说，统一途径有3种：一是努力改善现实自我，使之逐渐接近理想自我；二是修正理想自我中某些不切实际的过高标准，并改善现实自我，使两者互相趋近；三是放弃理想自我而迁就现实自我。按照心理学健康标准，无论哪种途径达到自我意识的统一，只要统一后的自我意识是完整的、协调的，这种统一就是积极和健康的统一，这种统一就有利于个体的心理发展，有利于社会的文明与进步。

总之，青年中期是理想自我与现实自我矛盾突出的时期，也是其趋向统一和转化的关键时期。过了青年中期，自我意识就逐渐趋于稳定，变化发展就没有原来那样急剧了。三年级以后的大学生就显得沉着稳定了。我们认识了自身自我意识发展的规律，就能促使自我意识沿着正确健康的方向发展。

三、改变不良的自我意识

个体的自我意识是在外部环境的影响作用下，通过自我的主观反映形成的。自我意识的发展水平是个体主客观因素共同作用的结果。身处于心理迅速成熟、又尚未完全成熟的时期，自我意识还在不断发展中，多元化的人生观和价值观的冲击，复杂多变的社会环境的影响，很容易使我们的自我意识发展出现偏差，易产生的问题主要有：

（一）自卑

自卑是个体由于自我认知偏差等原因所形成的自我轻视和自我否定的情绪体验。或认为自己其貌不扬，担心被人歧视；或认为自己天资愚钝，将来不能成器，对未来缺乏自信；或认为自己出身贫寒，担心被人看不起等。与自卑心理相伴随的现象有害羞、不安、忧伤、失望、自怨、自馁、自弃等。

形成自卑的原因是多种多样的，我们只要正确地分析出其原因，然后采用相应的心理调适办法，自卑心理是可以逐步消除的。特别是随着环境条件的改变，自身认识水平的提高，特定原因产生的自卑可能会自然消除。

（二）虚荣

虚荣心是一种追求虚假荣誉，以期获得他人尊重的心理行为。社会生活中，人人都有被尊重的需要，都希望得到社会的承认。但好虚荣者不是通过实实在在的努力，而是利用吹牛、撒谎、作假、投机等非正常手段去沽名钓誉。"空袋不能直立"，追求虚假的荣誉，只是自欺欺人，不仅会使个体失去诚实，失去他人的尊重和友谊，而且会使之失去实在的追求，留下空虚苍白的人生。

（三）从众

从众是一种普遍存在的心理现象，它是在群体舆论的压力下，放弃个人意见而采取与大多数人立场一致的自我保护行为。从众心理人皆有之，但若过强，往往使我们丧失独立思考的能力，缺乏主见，有碍于心理发展。造成从众心理过强的原因是多方面的：一是害怕孤立，为了求得小团体的认同，而放弃了主见，随大流，凑热闹，以求并无实际意义的"合群"；二是缺乏自信，只好随大流；三是接受"服从"教育的结果。

（四）逆反

我们开始渴望在思想上、行为上乃至经济上尽快独立。但阅历有限，认识较片面、易于感情用事，以致形成偏见。当这种偏见在现实生活中碰壁时，在青年期特有的强烈独立意识和批判精神的驱使下，就很容易出现逆反心理。例如：对师长的教育或班干部的工作抵触，以"顶牛"、"对着干"来显示自己的"高明"、"非凡"。对正面教育和宣传表现出一种怀疑、不认同的态度，对社会、人生和个人前途显出玩世不恭的态度，越是禁止的东西，越是感兴趣，越是不让做的事，越要做，常常表现出有意违拗的行为和放荡不羁的倾向。

逆反心理的出现是批判精神、独立意识增强的标志，这是值得肯定的。但是，如果不加以自我约束，逆反心理对人的心理健康发展的消极作用将很大。例如助长个人自由主义倾向、人际关系僵化、思维模式和行为方式不健康及情感反应固执等。

（五）自负

自负是个体自以为是、自命不凡的一种情感体验和情绪表现。自信是我们这个时代大学生较为普遍的优秀品质，他们有独立思考的精神，不唯书、不唯上、不唯师，更不唯一些陈规陋习，对自己的才学信心十足，对自己的未来踌躇满志。但若自信过了度，就变成了自负。自负的人听不进师长的教诲，听不进他人的意见，会一意孤行，武断独行。自负将故步自封，作茧自缚。

（六）任性

任性即以自我为中心为人处世。例如在人际交往中，不顾及他人的想法，而一味要求别人顺从自己行事；难以自我克制，一味要求他人对自己忍让；在接人待物时，单从个人好恶出发，只凭一时意气用事，常被本能的欲望、偶然的动机以及不良的情绪所左右。任性者，人皆避而远之。

四、养成良好的自我意识

要培养自己具有良好的自我意识，除了依靠外部环境外，最主要的还是我们大学生要加强自我意识素养的修炼。

（一）正确地认识自我

中国有句古话："知人者智，自知者明"，说明了自我认识的困难性，究其原因，主要因为：人对自己的心理不能像测量血压、身高一样有一个客观尺度，即使是能够测量，一般人也较难掌握。同时，人对自身的认识往往缺乏一定的积极性和坚持性，容易产生"当事者迷"的情况。

正确认识自我，就是要全面地了解自我，包括了解自己的长处和短处，把握自己与群体的关系，认识自己在社会生活中所处的位置，对自我做出恰如其分的评价。

正确认识自我是建立良好自我意识的基础，有利于调适现在的我和构建未来的我。德国著名作家约翰·保罗曾说："一个人真正伟大之处，就在于他能够认识自己。"如果一个人能对自己有一个全面、正确的认识和评价，就能够扬长避短，取长补短，根据自己的实际情况，选择相应的目标为之努力奋斗。

要做到正确认识自我，有以下几种方法：

（1）在经常的自省中认识自我。孔子曰："吾日三省吾身。"大学生要学会自省，经常检查自己行为和动机正确与否，行为过程中有什么不足，结果如何，有哪些收获和缺憾，从中发现长短得失，以便自己有的放矢地进行自我调整。

（2）在他人的评价中认识自我。心理学家认为，当一个人的自我评价与别人对他的客观评价有较大程度的一致性时，表明他的自我意识较为成熟。了解他人对自己的看法，常有助于发现自己忽视的问题。个体可以通过他人对自己的态度、期望、评价来进一步认识自己。当然，大学生不能简单地接受他人的评价，因为评价者的专业水平、评价动机等因素会影响到评价的客观性。同时，对他人的评价应有一个正确的态度，能不因过高的评价而飘飘然，不为过低的评价而失去信心。

（3）在与人的比较中认识自我。有比较才有鉴别。人们在缺乏客观评价标准的情况下，可以通过与他人的比较来评价自己。与周围的普通人比较，能认识自己的实际水平及在群体中的地位；而与杰出人物比较，则能找出自己的差距和努力方向。与他人比较，最重要的是要选定恰当的参照系。同时，还要学会用发展的眼光、辩证的方法去看待自己和他人。比较的视野越广阔，方法越科学，自我的位置就定得越恰当。恰当地与他人比较而且正确地评估自己的人，就能做到既不妄自尊大，也不妄自菲薄，从而能合乎实际地确定自己的奋斗目标和行动计划。

（4）通过自我比较来认识自我。人们不仅可以通过与他人比较来认识自我，还可以通过把目前的"自我"与过去或将来的"自我"相比较来进一步认识自我。心理学家曾提出"自尊＝成就/抱负"，这说明个体的自我评价不仅取决于他的成就，而且取决于他的抱负水平，取决于两者之间的比较。过去的成就水平越高，个体越容易积极地评价自己；而指向未来的抱负水平越高，个体越不容易满足，越难以对自己做出肯定的评价。所以，在培养自己正确的自我意识的过程中，一方面要鼓励自己超越自我，不满足现有的成绩；另一方面也应该确立符合实际的目标，不一味跟自己过不去。

（5）以活动的成果来认识自我。活动成果的价值有时直接标志着自身的价值。社会衡量一个人的价值主要是通过活动成果认定的。理想的活动成果可以使个体进一步认识自我的能力，发现自我的价值，从而进一步开发潜能、激发自信。

（二）积极地悦纳自我

悦纳自我就是要坦然地接受自己的一切，无论是好的还是坏的，无论是成功的还是失败的。有价值感、自豪感、愉快感和满足感。心理研究表明，心理健康者更多地表现出对自我的接受和认可，而心理障碍者则明显表现出对自我的不满和排斥。有些大学生对自己的容貌、性格、才能、家庭等某一方面或几方面不满，而又无力改变，便产生自我排斥的心理。这是心理幼稚的一种表现。人总要对自己有所肯定又有所否定，并且在自我意识的发展中建立起二者的动态平衡。否则，对自己不满过于强烈，就会加剧心理矛盾，产生持续紧张的心理，这样不仅会使个体感到活得很累，还可能引发心理问题，严重的可能出现悲剧。如某校中文系有位男生，学习成绩中上，容貌俊秀，深受父母和姐姐的宠爱，但他总是责怪自己太平庸，厌恶自己，结果跳楼自杀身亡。该悲剧的主角，就是一个不能积极悦纳自我的典型。

要积极地悦纳自我，就要做到积极地评价自己，即要充分肯定自己的优点和长处。这是产生自尊感、克服自卑感的关键。这一客观规律，也提醒教育工作者：在教育的过程中要处处保护学生的自尊心，即使在批评学生时，也要尊重学生的人格。

要积极悦纳自我，还需要强化三个理念：一是坚信"付出必有回报"。坚信这一理念，以此来增强自信。强烈的自信和理智的努力能激发个体的潜能，促进成功。成功后的愉悦又可以使个体进一步增添自信，形成良性循环。二是"尺有所短，寸有所长"。每个人都有长短处，不要苛求自己。既努力扬长也注意补短。一个人在某些方面不足，如果通过积极的努力来补偿，以最大的决心和最顽强的毅力去克服，往往最终能取得成功。华罗庚以"勤能补拙"为良训成为数学家就是例证。三是"失败是成功之母"。成功和失败是相辅相成的。成功的果实，只能在艰辛的努力中逐渐成熟。

（三）有效地改变自我

大学生情感丰富，社会磨炼不足，加上人生观和价值观没有完全确立，因此很容易受到各种社会思潮与其他外部环境的影响，对待问题容易偏激和情绪化，对自己的长处和短处往往估计不足。顺境时，容易自视过高；挫折时，又容易走到另一个极端，自卑自弃。有时充满希望，有时又极度烦恼。常面临"理想的我"和"现实的我"，"自我肯定"与"自我否定"等矛盾，常常表现出心理的不平衡，情绪体验较强烈，易振奋，也易波动。大学阶段不仅是人生的准备阶段，也是人生的转折时期。这个时期，大学生尤其需要注意塑造自我，为在日后的社会竞争中取得成功打下良好的基础。要有效地改变自我，需要做到以下几点。

一是要树立明确的行动目标。人的行为特点是有目的性，个体行为的目的性差异导致行为结果的差异性。一般地说，有目标指向的行为较无目标指向的行为成就大得多。因为正确的目标能够诱发人的动机，强化人的行为，并促使其指向预定的方向。例如有的同学能够抵御种种诱惑，刻苦攻读，学业优秀，是因为他把学习成绩与自己未来的发展联系起来了。确立正确的自我目标，关键是要按照社会的需要和个人的特点来进行设计，做一个自如的我、独特的我、最好的我、社会欢迎的我。所谓"做一个自如的我"，是指不要给自己提出力所不能及的过高要求，以防陷入自责、自怨、自恨的境地。所谓"做一个独特的我"，是指在接受自我的过程中，注意扬长避短，彰显个性，得以自在地生活；所谓"做一个最好的我"，是指立足于现实，选择适合自己的人生道路，尽最大努力，达到最佳水平，充分实现自己的人生价值，能够满意地生活；所谓"做一个社会欢迎的我"，是指要有正确的价值取向，把自我实现的蓝图与祖国的富强、人类的文明结合起来，努力为社会做出自己最大的贡献，真正充实地生活。

二是要培养较强的自控能力。在实现人生目标的旅途上，既有各种本能欲望的干扰，又有各种外界诱惑的侵袭。本能的欲望常令人失去理智，如贪图安逸、追求物欲等；外界诱惑容易使人偏离正确的前进轨道，丧失奋进的斗志，放弃对远大目标的追求，甚至把人引向堕落。一个人要想成就一番事业，就必须能够抵制诱惑，主宰自己的行动，这就需要有较强的自我控制能力，以保证理智地约束自己的情感，把握自己的行为。自我控制的动力来源，在于根本利益和长远利益。有些诱惑之所以对个体很有吸引力，就是因为它充分地显示了表面的、暂时的利益。比如，在学习紧张的时候，看一场精彩的球赛可能比枯燥的学习更有吸引力，因为它能使人度过一个更愉快的时段。类似的种种诱惑，每天都可能存在，如果不能抵御之，则往往令人一事无成。只有坚持了自己的根本利益和长远目标，才会有控制自己的动力，才得以抵御表面的、暂时的利益诱惑。

个体在决定做某一件事的时候，常会产生各种对立动机的内部斗争，主要是高尚的动机、义务感、责任感、道德感等跟低级的动机，满足个人的某种欲望之间的斗争。从这种斗争的结局可以看出个体自制力的高低。如果一个人的行为往往受其本能的欲望或偶然的冲动、情感的驱使，则说明其自制力较差。因此，要培养自控能力，还需从培养自己的社会责任感、道德感等方面入手。

三是要塑造健全的人格。人格是一个人在与其环境相互作用的过程中所表现出来的独特的思维模式、行为方式和情感反应的特征，因而，人格不仅是人的心理面貌的集中反映，而且是人心理行为的基础。它在很大程度上决定了人对外界的刺激做出怎样的反应，包括反应的方向、形式和程度等，因而会直接影响人的活动效果、潜能开发以及社会适应情况，进而也将影响一个人包括生理、心理和社会文化素质在内的综合素质的发展。医学研究证明，许多心理和生理疾病都有相应的人格特征模式，这种人格特征在疾病的发生、发展中起到了生成、促进、催化的作用。良好的自我意识的形成，除了要有对自我的正确认知外，还要有健全人格的支持。大学生培养积极、和谐、健全的人格，对良好的自我意识的发展，将起到良好的生成和促进作用。

大学生要认识自己，树立自信；悦纳自己，建立自尊；完善自己，走向自强。

世界只有一个你，你要珍爱自己，人间的最大不幸莫过于生而厌者。每个人都有一生，如果不是快乐地、充满希望地生活，生命就失去了意义。

第五章　大学生职业素质的培养与提升

第一节　大学生职业素养的概念

一、素养与职业素养

（一）素养

在汉语中，素养一词早已有之。《汉书·李寻传》载："马不伏历，不可以趋道，士不素养，不可以重国。"其意思是说：马不在马槽边驯养出规矩，就不能很好地驱使使用；人如果不具备良好的素质，就不可以被国家重用。

论述"素养"容易使人联想到"素质"一词，也有人将"素养"等同"素质"的。其实，这两个词的含义还是有差别的，《辞海》"素质"词条的解释是："人的先天的解剖生理特点，主要是感觉器官和神经系统方面的特点。"这里，先天本原特质的含义极为突出，因此，将"素质"与"素养"等同显然是不恰当的。两者比较，素质重在人的先天本原基质，不含人为改变成分或因素；素养重在人的修为与努力，并含有由修为与努力带来的变化与结果。

由此，我们对素养可以下这样的定义：所谓素养，主要指人们为了一定的目的，在涉及自身生存和发展的各个认识与实践领域所进行的勤奋学习与涵养锻炼的功夫，以及在其知识才能和思想品质方面所达到的水平。例如，我们一般不说"某人素养很深"，而是具体地说"某人古汉语的素养很深"，或者说"某人有很高的品格素养"等。

（二）职业素养

在职场中，个体行为的总和构成了其自身的职业素养。职业素养是内涵，个体行为是外在表象。每个劳动者，无论从事何种职业，都必须具备一定的思想道德素质、科学文化水平、专业技能手段、强烈的职业意识等。只有这样，才能成为具有良好职业素养的人，才能顺应知识经济时代社会竞争激烈、人际交往频繁、工作压力大等职业特点的要求。

职业素养鼻祖 San Francisco 在其著作《职业素养》中这样定义：职业素养是人类在社会活动中需要遵守的行为规范，是职业内在的要求，是一个人在职业过程中表现出来的综合品质。其具体量化表现为职商（英文 career quotient，简称 CQ，全称职业智商），它体现了一个社会人在职场中成功的素养及智慧，所以，职业素养是一个人职业生涯成败的关键因素。

现代人力资源研究认为，劳动者的个体职业素养类似于管理学中所提出的"冰山理论"。简而言之，个人的素质就像一座水中漂浮的冰山，水上的部分只有1/8，是一个人的学历、学识、获得的荣誉等比较容易鉴别的显性因素；水下的部分占冰山的7/8，是一个人的道德意识、道德水平、价值观念等因素，是不易鉴别的隐性因素。而劳动者的职业素养也可以看成是一座冰山：浮在水上面的代表劳动者的知识、技能、技术等表层特征的显性职业素养，只能说明这个人具备了从事职业劳动的基本条件，不能区分绩效优劣；而隐藏在水面以下的部分，代表着劳动者的职业意识、职业道德和职业态度等方面，是判断劳动者是否能够胜任工作的最重要部分，可以鉴别绩效优秀者和一般者。

水下部分的大小决定了水上部分的高度和大小。要提升劳动者能力，就要先培育劳动者优秀的职业素养。但是，在现实生活中，由于显性素养的培养易于考核和体现，加之受实用主义和社会风气等影响，人们往往注重显性职业素养的投入，而对隐藏在水下部分的职业意识、职业道德、职业作风和职业态度等隐性职业素养相对忽视。这是对职业素养培养的一种误解，只有以培养显性职业素养为基础、隐性职业素养为重点，注重各方面的良好协调和均衡发展，才能使劳动者的职业素养与现代社会体制和现代社会生产力发展水平相一致。

二、职业素养的特征

职业素养其实是一个人在求职过程及工作过程中综合素质的体现，概括地讲，有以下几个方面的特征。

（一）职业性

职业素养是一个人从事职业活动的基础，不同的职业对其职业素养的要求也不同，这是由不同职业所具有的特点决定的。例如，对教师职业的素养要求是热爱教育事业、热爱学生、为人师表、学识渊博，这与教师这一教书育人的职业特征有着密切的关系。只有具备良好的职业素养，才能将本职工作干得有声有色，并有长久的发展。

（二）养成性

职业素养作为与职业世界相联系的个性品质的集合，是在长期的从业过程中养成的。例如，一名音乐家虽然会有一定的音乐天赋，但更多素养的培养是靠后天的努力。职业素养不能仅依靠简单的传授完成，如我们不能期望大学生上了一堂关于培养职业素养的课，就养成相应的职业素养。职业素养的获得是有条件的，经过模仿、反馈及慎思等多种途径逐渐积累、内化，是一个人能做什么、想做什么和如何去做的内在特质的组合，并随着继续学习、工作和环境的影响而不断提升。

（三）情境性

职业素养强调对不同情境的针对性，而不是程序化的固定动作的组织体系。因为"每个人都按自己生活经验的体系（框架）来概括自己所遭遇的情境，总以某种态度倾向来对待某一类情境，而情境的分类则按自己的生活经验框架"。例如，在拆卸一些特别复杂的机器时，需要特别注意拆装的顺序和微小零部件的摆放位置，这就对注意力、记忆力及动作技能提出了更高的要求，而对于简单的拆装则不需要特别注意。一个具备良好职业素养的人，能够知道何种情境需要何种素质，并能够熟练地指导自己的行动。

（四）完整性

在中世纪学徒制中，师傅对学徒的培养必定是从各方面做整体要求。在现代社会的职业要求中，同样反对对职业素养各要素进行割裂，主张将其作为一个整体，以职业活动作为载体，在与其他职业活动的融合中进行培养。这就要求从业人员的职业素养应是多方面的，既要有良好的职业道德、职业意识和职业态度，又要遵守行业的规范和职业准则，还要具备一定的职业形象与职业礼仪等，只有这样才能胜任本职工作。所以，作为行动与个性心理品质的统一，职业素养体现在职业活动中并与职业活动的其他要素紧密相连。脱离了具体的工作任务和职业情境，职业素养也就失去了存在的意义。

三、职业素养的意义

职业素养是从业者在从业过程中尽己所能把工作做好的素质和能力，它是衡量一个从业者成熟度的重要指标，在个人的提升、企业的发展及整个社会的进步中都具有十分重要的意义。

《一生成就看职商》的作者吴甘霖回首自己从职场惨败者到走上成功之道的过程，再总结比尔·盖茨、李嘉诚、牛根生等著名人物的成功历史，并进一步分析所看到的众多职场人士的成功与失败，得到了一个宝贵的理念：一个人，能力和专业知识固然重要，但是，在职场要成功，最关键的并不在于他的能力与专业知识，而在于他所具有的职业素养。他提出，一个人在职场中能否成功取决于其"职商"，工作中需要知识，但更需要智慧，而最终起到关键作用的就是素养。缺少这些关键的素养，一个人将一生庸庸碌碌，与成功无缘。拥有这些素养，会少走很多弯路，以最快的速度通向成功。

企业已经把职业素养作为对人进行评价的重要指标。例如，成都大翰咨询公司在招聘新人时，要综合考察毕业生的5个方面：专业素质、职业素养、协作能力、心理素质和身体素质。其中，身体素质是最基本的，好身体是工作的物质基础，职业素养、协作能力和心理素质是最重要和必需的，而专业素质则是锦上添花的。职业素养可以通过个体在工作中的行为来表现，而这些行为以个体的知识、技能、价值观、态度、意志等为基础。良好的职业素养是企业必需的，是个人事业成功的基础，是大学生进入企业的"金钥匙"。

第二节　大学生必备的职业素养

一、职业道德

职业道德是整个社会道德体系的重要组成部分，是一定社会的道德原则和规范在职业生活和职业关系中的具体体现，也是一定的社会道德在特殊社会关系领域的应用和发展，是人们在职业活动中所遵守的行为规范的总和。

现代社会，职业是人生的重要组成部分，人们在职业活动中会产生各种困惑，而解决这些职业困惑必须依赖于一定的职业道德。例如，相对于有限的生命，工作的辛劳很容易使人发出人生到头来都是一场空的感叹，从而会对辛勤的劳动产生怀疑，甚至对某些职业存在的意义产生怀疑，这时就需要我们树立爱岗敬业的职业道德观。因此，职业道德对于现代人的发展来说是至关重要的。

职业道德对企业和社会的作用同样重要。随着现代化的发展，人类进入了工业社会，工业社会中生产不再是围绕人的生存和发展，而是为了资本的不断增值，甚至于其过程都可以不予考虑，这样就增加了生产活动的道德危机。例如，近些年相继发生的"毒奶粉""地沟油""瘦肉精"等食品安全问题，足以表明职业道德的缺失已经到了极其严重的地步，威胁到了人们的生命财产安全，影响了和谐社会的构建。无论是企业组织还是个人，都必须提高自己的职业道德修养，否则害人害己。

当代大学生，以后必然要成长为社会劳动者。社会主义职业道德继承了传统职业道德的优秀成分，体现了社会主义职业的基本特征，具有崭新的内涵。

(一) 爱岗敬业

爱岗敬业反映的是从业人员热爱自己的工作岗位，尊重自己所从事的职业，勤奋努力，尽职尽责的道德操守，这是社会主义道德的最基本要求。职业不仅是人谋生的手段，也是从业者不断完成自身社会化的重要条件，是个人实现自我、完善自我不可或缺的舞台。个人的发展和完善不能停留在愿望和决心上，而是应付诸现实的行动，没有行动，一切都会流于空谈。因此，爱岗敬业所表达的最基本的道德要求就应当是：干一行爱一行，爱一行钻一行，精益求精，尽职尽责，"以辛勤劳动为荣、以好逸恶劳为耻"。这是社会对每个从业者的要求，更应当是每个从业者对自己的自觉约束，否则将会出现今天工作不努力，明天努力找工作的情形。

(二) 诚实守信

诚实守信既是做人的准则，也是对从业者的道德要求，即从业者在职业活动中应该诚实劳动、合法经营、信守承诺、讲求信誉。

诚实守信是人类千百年传承下来的优良道德传统，在社会主义社会应该继承并使之发扬光大。人无信不立，在职业活动中缺失了诚信就会失去人们的信任，失去社会的支持，失去成长和发展的机遇。由于我国社会主义市场经济还不完善，职业领域出现了一些不健康的现象，一些企业及其从业人员诚信的缺失，扰乱了市场秩序，给社会主义市场经济的顺利发展带来了负面影响，给人们的身心健康造成了严重伤害，也败坏了一些企业的名声。因此，在社会主义市场经济条件下，加强职业领域的诚信道德建设，非常必要，也非常及时。

(三) 办事公道

办事公道就是要求从业人员在职业活动中做到公平、公正，不谋私利，不徇私情，不以权损公，不以私害民，不假公济私。

在社会主义制度下，从业者之间及从业者与服务对象之间都是平等的，他们的职业差别只是所从事的工作不同，而不是个人地位高低贵贱的象征。同时，职业的划分也不是为特殊的利益集团和个人创造谋取私利的机会，而是为了更加公平地满足人们的需要。所以，以公道之心办事就必然成为职业活动所必须遵守的道德要求。办事公道，就要做事讲原则，无论对人对己都要坚持实事求是，遵循道德和法律规范来处事待人。

（四）服务群众

服务群众就是在职业活动中一切从群众的利益出发，为群众着想，为群众办事，为群众提供高质量的服务。

社会主义道德建设的核心是为人民服务。在社会主义社会里，每个公民无论从事什么工作、能力如何，都能够在本职岗位上，通过不同的形式为人民服务。如果每一个从业人员在职业活动中都自觉遵循服务群众的要求，整个社会就会形成一种人人都是服务者，人人又都是服务对象的良好秩序与和谐状态。

（五）奉献社会

奉献社会就是要求从业人员在自己的工作岗位上树立奉献社会的职业精神，并通过兢兢业业的工作，自觉为社会和他人做贡献，这是社会主义职业道德最高层次的要求，体现了社会主义职业道德的最高目标指向。爱岗敬业、诚实守信、办事公道、服务群众，都体现了奉献社会的精神。

青年马克思在谈到选择职业的理想和价值时曾经写道："如果我们选择了最能为人类福利而劳动的职业，那么，重担就不能把我们压倒，因为这是为大家而献身；那时我们所感到的就不是可怜的、有限的、自私的乐趣，我们的幸福将属于千百万人，我们的事业将默默地、但是永恒发挥作用地存在下去。面对我们的骨灰，高尚的人们将洒下热泪。"马克思对职业的价值追求归根结底是以奉献社会为最高目标的，这种崇高的职业理想和人生境界，值得当代大学生选择职业时学习和追求。

二、职业意识

"意识"意味着清醒、警觉、注意力集中等，也意味着在意愿支配下的动作或活动。正是通过意识，我们分析因果关系，想象现实不存在的情景和可能性，计划未来的行动，用预期的目标来指引行动。职业意识就是站在特定的职业角色上，以实现职业目的为目标而应具有的特定思维模式，它表现为职业敏感、职业直觉甚至职业本能的思维过程。职业意识的强弱在各个方面决定了从业者的工作表现。

要成为优秀的职业人，需具备以下几种重要职业意识。

（一）角色意识

每个人在现实社会生活中都扮演着多种不同的角色，正如莎士比亚在其经典喜剧《请君入瓮》中所说的：全世界是一个舞台，所有的男人女人都是演员，他们有各自的进口与出口。一个人在一生中要扮演许多角色，在这众多角色中每个人都要扮演的一个重要角色就是职业角色。每种角色都有一定的言行规范和标准，人们正是按照相应的言行标准来衡量一个人是否胜任其角色。

一个人如果有强烈的角色意识，就能够正确定位好角色，生活中就能够成为一个称职的父母、孝顺的儿女、忠实的朋友；工作中就能够成为一个称职的领导、合格的下属、友好的同事，成为一名优秀的法官、教师、医生、干部、工程师、工人等。一个人如果缺乏角色意识，就难以把握好角色位置，甚至发生角色错位，造成人际关系紧张，工作、生活环境恶化。如果表现在生活中可能还无伤大雅，但若表现在工作上，就将影响工作的正常开展，甚至损害单位、企业的形象，败坏单位、企业的声誉，影响单位、企业的效益。

在电影《白求恩大夫》中，有一个感人至深的情节：黄土岭战役打响后不久，正当白求恩率领流动医疗队为伤员紧急包扎、动手术时，一小股敌军摸索着包抄过来，在这危急关头，医疗队的中方负责人以"我是共产党员"为由力劝白求恩先撤。白求恩则"以矛攻盾"，机智而幽默地以"我也是"作"挡箭牌"，坚持留下做完手术再撤。这位医疗队的中方负责人和白求恩都表现出了强烈的角色意识。

强化角色意识，就是要立足本职岗位，认清自身的"角色定位"，恪守职业道德和操守，向优秀人物、杰出人物、英雄人物学习，以自身所属角色群的榜样、楷模为镜子、为尺子，经常照一照，量一量，以此鞭策自己，激励自己。这样，就能时刻有一种紧迫感、责任感、危机感，随之迸发出奋然前行的激情和力量。角色即人格，只有扮演好了自己所承担的角色，我们的人格才会独立，才会受到他人的尊重。

（二）规范意识

没有规矩，不成方圆。无论从事什么工作，最基本的要求就是遵守岗位的职业规范，职业纪律。

规范意识有三个层次，首先要有规范的意识。比如，不迟到，不早退，不在工作时间办理个人事务，不越权，不侵犯公司利益等。但仅有规范意识是不够的，更重要的是要有遵守规范的愿望和习惯，这是规范意识的第二个层次。谁都知道迟到、早退是不应该的，是违反企业职业规范的行为，但是，这些行为为什么还会屡屡发生呢？原因就在于有人并没有一个遵守规范的良好习惯。因此，重要的不是知道规范，而是愿意和习惯于遵守规范。这尤其表现在没强制性力量进行监督惩罚的时候。古人说得好：君子慎独。如果没有遵守规范的愿望和习惯，在领导不在或管理人员疏于管理的情况下，违反规范是很有可能出现的。而一念之间，就可能铸成大错，后悔莫及。规范意识的最后一个层次是遵守规范成为人的内在需要。在这种境界中，遵守规范已成为人的第二天性，外在规范成为人的内在素质。从规范向素质的转变，对于个人来说，意味着规范不再仅仅是一种外在强制，而在某种意义上使人获得了真正的自由。按孔子的话来说，就是"从心所欲不逾矩"。

（三）问题意识

毛泽东曾说："问题就是事物的矛盾，哪里有没解决的矛盾，哪里就很有问题"。一个人、一个团队在生活、工作中总是要面对各种各样的问题，而"问题意识"就是对客观存在的矛盾的敏锐感知和认识。具体来说，就是具有主动发现问题、找准问题、分析问题的自觉意识，进而为解决问题提供更多、更准的方法。

一个员工只有树立了"问题意识"，才能更主动地去完成自己的工作任务；一个团队，尤其是企业团队，只有强化"问题意识"，才能不断清除淤塞、健康发展。因此，一些优秀企业家非常注重强化"问题意识"，"末日管理""危机管理"成为他们追求的模式。他们能够以超乎常人的"问题意识"，给员工以紧迫感和压力，促进员工不断发现问题、解决问题。海尔的张瑞敏就是典范，他把他的"问题意识"变为了全员的"问题意识"，要求每个员工每天对自己做的每件事都进行控制和管理，要"日事日毕，日清日高"，而不是积压当天的矛盾和问题，这成为海尔获得成功的重要原因之一。很多没有取得成功的企业，究其原因，"问题意识"不强是主要思想根源之一。"企业最可怕的不是差距（问题），而是不知道差距（问题）在哪里。"而看不到差距的原因呢，显然是企业缺少一种"问题意识"氛围。

那么，如何才能发现问题呢？第一，要保证全身心地投入当前的工作，不论是否是自己的兴趣所在，努力做到最好，并始终要求自己做到最好；第二，不断学习，只有始终站在专业前沿的人才能最早、最快地发现问题；第三，用心观察，对工作中出现的问题与现象仔细体会、思考，不放过任何一个细节，抓住现象背后的本质；第四，碰到任何问题都要多问几个为什么，直到查出问题的根源。

（四）团队意识

古人云：人心齐，泰山移。我们也常说"团结就是力量"。在当前全球经济一体化和参与国际竞争的大背景下，弘扬团结协作精神对于建设好一个组织、一个企业具有极其重要的意义。而对于任何一个准备踏入职场的准员工来说，团队意识也是应该认真培养的，因为在任何一家公司工作都离不开与他人的配合。所谓团队精神，简单来说就是大局意识、协作精神和服务精神的集中体现。团队精神的基础是尊重个人的兴趣和成就，核心是协同合作，最高境界是全体成员的向心力、凝聚力，反映的是个体利益和整体利益的统一，进而保证组织的高效率运转。团队精神的形成并不是要求团队成员抛弃自我，相反，挥洒个性、表现特长是团队成员优势互补、各尽所能、共同完成任务目标的基础，而良好的协作意愿和协作方式则产生真正的内心动力。

要想成为一名具有团队合作能力的员工，必须达到以下几点基本要求：

第一，要具有良好的表达与沟通能力，一滴水只有将自己放入大海中才不会干涸，一个人只有将自己融入一个团体中才能变得更加优秀。而要使自己融入一个团体就必须具备良好的表达与沟通能力，这一点并不容易做到。要努力抓住机会锻炼表达能力，积极表达自己对各种事物的看法和意见，并掌握与人交流和沟通的艺术。

第二，要具备主动做事的品格。任何一个用人单位都不喜欢只知道听差的人，所以不应该被动地等待别人告诉我们应该做什么，而应该主动去了解企业需要我们做什么，自己想要做什么，然后进行周密地计划，并全力以赴地去完成。

第三，要具有宽容与合作的精神。尺有所短，寸有所长，集体中的每个人都各有各的优点和缺点，关键是以什么样的态度去看待它。用人之长必容人之短，能够发现对方的美，而不是盯着对方的缺点不放，要培养自己求同存异的素质。一个团队只有具备了宽容与合作精神，才能将每个人的优点发挥到最大，也才能使团队不断做大做强。年职期、的第四，要有全局观念。"自古不谋万世者，不足谋一时；不谋全局者，不足谋一域"。团队精神不反对个性张扬，但个性必须与团队的行动保持一致，要有整体意识、全局观念，考虑团队的需要。个人利益、观念等与团队整体需求发生冲突时，要主动调节自身，以适应团队的发展。

（五）质量意识

美国总统工业竞争力委员会主席约翰·扬说："在今日的竞争环境中，忽视质量问题的企业无异于自杀。"由此可见，质量作为产品的灵魂、企业的生命，对企业的生存和命运起着决定性的作用。产品质量对外表现为企业名誉与品牌形象，决定了企业产品的命运，体现为市场占有率、顾客满意度等；而在企业内部，则表现为员工的工作质量，一个员工的质量意识就表现在他完成每一项工作是否做到精益求精、力求完美。企业产品质量的高低不只与产品的直接生产人员有关，而是由企业全体员工的整体质量意识决定的，即由"全员质量意识"决定。正是因为在企业中，每个人的每一项工作都与产品的最终质量有着千丝万缕的联系，所以，在产品的生产中不容任何人有忽视产品质量的思想存在。

日本作为一个地少物少、四面环海的岛国，之所以能够在第二次世界大战后二十多年的时间里，从战争的废墟中摇身一变成为世界经济强国之一，除了依靠自强不息的奋斗精神、兢兢业业的敬业精神外，还有就是无微不至的质量意识。海尔总裁张瑞敏也说过"在新经济时代，什么是克敌制胜的法宝？第一是质量，第二是质量，第三还是质量。"中国的 GDP 在 2010 年已经超过日本跃居世界第二，但是，"中国制造"仍然还是"质次价低"：的代名词，根源就在于中国企业的整体质量意识淡薄。为了提高中国企业的市场竞争力，我们必须使每一个从业者都树立起严格的质量意识，把工作做细、做完美。

三、职业技能

职业技能是指在特定的职业环境中合理、有效地运用专业知识、职业道德与意识的各种能力，包括专业技能、自我管理技能等。在职场中，不断提高自己各方面的技能，对于自己的职业发展道路非常有利，能为自己今后取得更好的职位做准备。

一般可以把员工应具备的职业技能划分为两种，即专业技能和自我管理技能。

（一）专业技能

专业技能是指人在职业活动中要求掌握的技能，是人们在职业活动中运用专业知识或经验顺利完成某种职业任务的一种技术活动或心智活动。因此，专业技能可以分为技术技能和智力技能。

1. 技术技能

随着技术技能的进步和商业的发展，绝大多数职业的要求都变得更加复杂。自动化办公、电子商业、企业 EPR（Enterprinse Resource Planning，企业资源规划）管理系统、数控机床等，这些都要求员工有数学、阅读、计算机等方面的知识。很难想象，办公职员如果不会文字软件技术，不会使用电子邮箱系统将怎样开展工作。

相对来说，岗位层次越低的工作人员就越需要技术技能。特别是一线工作人员，技能尤为重要，因为它们大多直接从事某方面的具体工作，是具体工作流程、程序的操作者。因此，他们必须知道如何去做各种特定工作，而且还须达到一定的熟练程度。

2. 智力技能

智力技能是借助内部语言在头脑中实现的认识活动方式，这种认知活动借助内部语言按合理、完善的程序组织起来，并且一环扣一环，仿佛自动地进行着。例如，一位文字工作者只有掌握了写作技能，才能根据不同性质的命题，自如地按照写作程序进行构思，并写出记叙文、说明文、议论文等文章来；一位法律工作者只有掌握了法律解释、法律推理、法庭辩论、讯问、判断、调解、证据收集与运用等相关技能才能胜任其职位；一位销售人员只有具备了市场调查与分析、产品推销技能才能将产品推销出去。正如成熟的技术技能可以使人出色地完成各种外部活动一样，熟练的智力技能也是一个人顺利完成各种智力型工作的重要条件和手段。

（二）自我管理技能

自我管理技能是职业人顺利完成任务的基础性技能。任何职业都需要职业人具备基础的自我管理技能，这一点对于所有的职业都是适用的。学会管理自我是成功的基础。只有主动的经营，努力提升自我价值，使自己成为市场的稀缺资源，才能使未来的事业得到更好的发展。自我管理包括终身学习、习惯管理等方面的修炼。

1. 终身学习

知识经济时代意味着"学历时代"的终结，取而代之的将是"终身学习时代"。走出校门并不意味着学习的终止，任何一个职业人都必须是终身学习的人。

据调查统计，一个大学生在学校获得知识的 5% ~ 10% 是将来必需的，之后 90% ~ 95% 的知识是在工作以后的学习中获得的。一个重要的原因就是现代人生活、工作的时代已经成为一个信息爆炸的时代，知识的折旧率一再提高，现代人一年不学习，他所拥有的全部知识就会折旧 80%。所以，大学生告别校园走向职场后，必须坚持不懈地继续学习，才能跟上知识更新的步伐，才不会在竞争中被淘汰。

那么，我们究竟要学习什么？知识的学习固然非常重要，然而现代学习理论认为，学习的能力比知识的学习更加重要。"学习知识"与"学习能力"的关系，类似于"鱼"与"渔"的关系，"授之以鱼不如授之以渔"。知识与技能的学习已经越来越难以满足人们的需要，因为知识与技能是学习的内容，数量再多也有穷尽的时候。学习能力是最应该学习的。只有具备了学习能力，才拥有了解决问题的工具，需要什么样的知识就能很快掌握它。

2. 习惯管理

"思想决定行为，行为决定习惯，习惯决定性格，性格决定命运。"这句话道出了思想、行为、习惯、命运之间的辩证关系。其中，习惯与行为关系密切。在职场中，职业习惯是人们长期在职业活动中形成的比较稳定的行为，良好的职业行为养成良好的职业习惯，从而为事业的蒸蒸日上奠定坚实的基础。因此，养成良好的职业习惯与革除陋习，要从一点一滴的行为做起，这就需要职业人有意识地对自己进行习惯管理。

（1）守时。守时是职场人士必备的重要习惯之一。在工作中，既要珍惜自己的时间，也要重视别人的时间。不守时会严重影响职业形象，甚至会影响到工作的顺利开展。守时不仅是一种习惯，一种品质，更是一种技巧——时间管理的技巧。我们都不想给别人留下不守时的印象，但不守时的情况却在一些人身上反复发生，究其原因，就在于没有掌握时间管理的技巧。

（2）勇挑重担。任何一个组织或团队都赏识身先士卒的职业人，在规定的期限内完成目标任务，在面对新的挑战与压力时，能够不怕风险，勇于承担责任。由于职责分工不同，每个部门、每个岗位都有自己特定的职责要求，但是一些无法明确划分到特定部门或个人的突发事件总会时常发生，而且这些事情往往都比较紧急。这时，一个有责任心的职业人，应该从团队合作的角度出发，积极去处理这些事情，而不是设法推卸责任。不论处理的成功与否，这种迎难而上的精神都会得到领导和同事的认同。除此之外，在设法处理这些紧急事件的过程中，个人的经验和能力也会得到迅速提升。

（3）对结果负责。职业人必须对自己的职业行为与结果负责，尤其是在自己存在失误的时候，不能将责任推卸到别人身上，只强调别人的缺点而不能反求诸己。"任何时候当我们认为问题不在自身时，这种想法本身就是个问题。"只有勇敢地对结果负责，认真查找失败的原因，才能认识到自身问题所在，从而避免今后的工作中类似的失误再次发生。

（4）尊重他人，莫论是非。在职场环境中，要注意保持与团队成员良好的非工作关系，对于工作之外的事情要慎重对待，尊重他人的生活方式，不以自己的价值观来要求他人，不随意冒犯他人的私人空间，不议论评价他人的是非，对他人的生活隐私不要随意谈论，并有义务为他人严格保密。

四、职业形象

职业形象是指个人与其职业相适应而表现出来的能反映其内在气质和职业特点的外在形象及举止行为。职业形象并不是一个简单的外表长相和穿衣打扮的概念，而是一个人整体素质的展现。良好的职业形象，能够展示出个体的自信、尊严、力量、能力，是事业成功的必备要素。

（一）职业形象的价值

职业形象的价值，用一句话概括，就是职业形象决定职场成败，具体表现为以下几点：

1. 职业形象是走向职场成功的第一块"敲门砖"

在人际交往中，一个人的形象特征最容易形成令人难以忘怀的第一印象。同样，职业形象在个人求职、社交活动中也会起到很关键的作用。特别是许多人力资源部门在招聘员工时，对应聘者职业形象的关注程度要远远高于我们的估计。因为他们认定，那些职业形象不合格、职业气质差的员工不可能在同事和客户面前获得高度认可，也极有可能让工作效果大打折扣。因此，良好的职业形象会使职业人在职业生涯的开始就获得良好的第一印象，从而为今后工作打下坚实的基础。

2. 职业形象强烈影响个人业绩

这一点对于业绩型职业人而言更为明显。如果自己的职业形象不能体现专业度，不能给客户带来信赖感，所有的技巧都是徒劳，特别是对一些从事非物质性销售工作的职业人，客户更多的是认可职业人本身，因为产品对他们来说是虚的。

3. 职业形象会影响个人晋升机会

获得上司的认可是晋升的核心要素之一，如果在上司面前因为职业形象问题导致误会、尴尬甚至引发上司厌恶，业绩再好也难有出头之日。如果在同事同级层面上因为职业形象问题导致离群、被孤立、被排斥，那也会严重影响你的晋升机会。

（二）良好职业形象的表现

职业形象是新时代企业文化和个人修养素质的综合体现，是一个人的仪容仪表、言谈举止、待人接物的行为及内在气质的统一。良好的职业形象表现为以下几个方面：

1. 仪容仪表

爱美之心人皆有之。然而，造物弄人，上天给予我们每一个人不同的容貌和身材，似乎在我们出生那一刻就有了美丑之分。为什么有些人就天生丽质，而有些人则是天生的丑小鸭。于是，很多人把自己的不完美归罪于上天的不公平，认为自己在追求美的道路上始终矮人一截，进而失去了自信心。然而现实证明："美不是天生的，而是后天塑造的。"上帝对于每个人都是公平的，也许你没有骄人的容貌，但有高挑的身材；也许没有端正的五官，但有白皙的皮肤……关键是你能否认识到自身的优势与缺陷所在并做到扬长避短，而这是需要后天的学习才能做到的。

我们要坚信：世上本无美丑之分，每个人都有属于自己的独一无二的优点和气质，我们要做的就是尽自己的最大努力把这些独一无二的优点和气质挖掘出来。要做到这一点，首先要了解自己的身材、脸型、个性特质及工作需求，然后参考相关意见设计出既具有个人风格又符合工作场合的造型，从而给人留下更加得体的印象。

2. 语言

一个人有没有社交能力和办事水平，主要体现在能否把握办事说话的尺度上。恰当的说话尺度往往可以帮助我们更快、更简单地完成所要做的工作。所谓尺度就是说话要得体。首先，在说话办事的时候要注意双方的地位身份、学识教养、生活阅历、社会背景等要素。其次，说话要注意场合，正式场合说话应该庄重规范，用书面语、常用语；非正式场合说话要自然风趣，多用口语。

社交语言中的禁忌主要有假话、揭短、炫耀。诚实是一种可贵的品质，与人交往的时候，善意的谎言另当别论，但原则问题上说假话，则属于人格和人品问题，以诚相待是交往的第一前提。俗话说"打人不打脸，揭人不揭短"。金无足赤，人无完人，在职场中，我们应该善待他人的短处，当不小心谈起时，最好选择不说不听，或者合适的时候赶紧转换话题。尽量避免舌头麻烦，不搬弄是非，不说人之短，不谈人隐私，做到口下留情。"面子是别人给的，脸是自己丢的"，炫耀所收到的效果就是把自己变成一个可怜的孤立者。–没有任何人愿意和一个夸夸其谈的人做朋友。

社交语言的运用技巧主要包括赞美、批评、拒绝、寒暄、求助。

（1）赞美。赞美是对他人发自内心的欣赏与肯定。适当的赞美能够帮助别人进步，也能够拉近彼此间的距离。赞美有不同的场合，一对一的单独赞美有助于交流思想；在大庭广众下的赞美，影响面广，具有更大的激励作用；借用别人的话传达赞美，会让他人感受到真诚可信，无形中会增强上进心和信任感。无论哪种赞赏都应该是发自内心的，实事求是的，切忌含糊笼统，更不可信口开河。

（2）批评。每个人都难免会有错误，批评是职场上最难把握分寸的一种交际，需要考虑到各种复杂的因素，还要照顾到被批评人的自尊心。对那些非原则性的错误可以委婉地强调一下，点到即可，给犯错误者一个改过自新的机会；对那些自我意识淡薄的就可以采取直接警告的方法，令行禁止。在批评中也可以使用一些幽默的具有哲理的双关语来增进交流，达到批评的目的。

（3）拒绝。对于原则性的问题，必须直接拒绝；对于非原则性的问题，可以让对方换位思考，求得对方的体谅，或者干脆就难得糊涂，假装不明白。但要注意的是，在拒绝别人时，首先要尊重和理解对方，使对方尽量理解，并努力将他的失望减少到最小。这样既维护了双方的情面，保持了交流的延续，又达到了拒绝对方的目的。

（4）寒暄。寒暄是社交中必不可少的一种交流。过分的寒暄让人觉得虚伪，没有寒暄又会让初次见面的人更加陌生。适当的寒暄可以表示对对方的尊敬及想继续交流的意愿，比如"久仰、久仰""早闻大名，今日一见果然名不虚传""早就想拜会您了，今天见到您真是太高兴了"，等等。这样的寒暄使本来陌生的双方一下子就亲切起来，并且产生了继续交往的意愿，为今后的交流做了良好的铺垫。

3. 保持微笑

微笑是人际交往中的一把万能钥匙，它能够开启人们封锁的心灵，更能够开启职业生涯发展的成功之门。职业人自身的性格、价值观及成长经历各不相同，因此有的人沉着冷静，有的人热情大方，有的人古板严肃，有的人则轻松幽默。不同的职业形象各有利弊，但最受欢迎的职场形象都有一个共同特点，那就是微笑。发自内心的微笑，自然、纯真、友善，它可以缩短人与人之间的心理距离，为深入沟通与交往创造温馨和谐的氛围。因此，有人把微笑比作人际交往的润滑剂。

第三节　大学生职业素养培养

一、大学生职业素养教育

《教育部关于进一步深化本科教学改革全面提高教学质量的若干意见》中提出：要"深化教育教学改革，全面加强大学生素质和能力培养。深化教学内容改革，建立与经济社会发展相适应的课程体系。要坚持知识、能力和素质协调发展，继续深化人才培养模式、课程体系、教学内容和教学方法等方面的改革，实现从注重知识传授向更加重视能力和素质培养的转变"。因此，我们在注重培养学生能力素质的同时，更要强化学生职业素养的培养。

就目前而言，随着高等教育的位置逐步向社会重心移动，大学的功能也从专业化向多元化方向发展。长久以来，人们一直视大学为富国之本，因为它们确立了民主社会的价值标准，培养出能够管理国家的有教养的公民。当前，人们对大学的功能有一基本共识，即大学负有教学、培养人才、研究和社会服务的职责，其中教学、培养人才的功能是其首要功能，研究和社会服务是其衍生功能。所以，无论研究型还是教学型的大学，都必须以人才培养为主体功能，而人才的价值又必须通过研究与社会服务来履行。研究和社会服务都涉及职业问题，胜任工作的前提是人才具备合格的职业素养、职业心态和职业技能。从人才战略角度考虑，对人才职业素养的培养应该是全方位的培养。特别是高层次人才的培养，必须在职业水平的考核中达到优良以上的标准，只有这样才能保证大学的研究与社会服务功能得到充分体现。

近年来有关大学生求职与就业状况的相关调查研究显示，用人单位在选择毕业生时，除考虑专业因素外，也将一些非专业因素考虑在范围之内。这些影响大学毕业生就业的非专业因素集中表现为就业观念、品格、能力和非专业知识等，其中品格是核心因素。可见用人单位对大学生职业素养的要求普遍提高了。这就需要大学制度化的职业规划指导与专业的职业素养培养。但目前来讲，我国大学的职业规划指导多停留在浅层次上，且职业素养观念落后于市场需求。这就造成了大学毕业生就业过程中出现了许多盲目就业、不看自身条件挑三拣四等现象。这些问题的症结可归结为以下几个方面。

（一）就业观念落后

哈佛大学一项研究显示：一个人获得成功、成就、升迁等，85%取决于这个人的心态，15%由人的专业技术所决定。这意味着我们花费90%的教育时间与金钱来学习掌控15%的成功机会，而仅用10%的教育时间与金钱来掌握85%的成功机会。因此，美国心理学之父威廉·詹姆士说："这一时代最重大的发现，是我们可以通过改变心态来改变生活。"

在大学生就业难这一问题上，可以说一些不良心理和就业心态的存在是阻碍大学生获得良好就业机会的根源。例如，功利心理，部分大学生不能正确认识当前的就业形势，过分看重眼前利益，缺乏对于职业生涯总体的规划。在择业时往往过分讲究实惠，向往大城市、沿海经济发达地区，或者是福利待遇好的机关单位，而对于偏远地区或者欠发达地区的就业机会往往不予考虑。这种就业观念已经严重落后于时代的发展，是我们必须摒弃的。再如，部分大学生虽然具备一定的竞争实力，但由于缺乏信心，过于自卑和怯懦，不能正确认识和评价自己，在择业过程中，面对激烈的竞争他们更多地表现出一种畏首畏尾、缺乏自信的状态，从而错过了许多良好的就业机会。而处于社会转型期的新一代大学生，由于受到时代环境和自身因素的影响，还会存在各种各样的不良就业心态，这些都使很多大学生面临毕业即失业的问题。因此，调整就业心态，转变就业观念，才是当代大学生走向成功的重要途径。只有拥有良好的心态、正确的就业观念才能少走弯路，获得良好的就业机会。

因此，大学生要获得良好的就业机会，一方面在求职过程中应端正就业心态，积极获取最新的就业信息；另一方面应加强职业意识、职业道德、职业作风和职业态度等隐性职业素养的认知。在学好专业课的前提下，注重培养职业素养，着重了解职业道德、职业作风等问题对企业、行业、他人和自己的重要意义，逐步提升自身的职业素养，从而避免由于职业道德和职业作风等方面的缺失而错过就业的机会。

（二）人才培养机制不合理

大学人才培养机制不合理，这也是造成大学生就业难的原因之一。当前，我国虽然由精英教育转向了大众化教育，但人才培养还停留在与计划体制相适应的劳动就业供给导向型上，未能向适应市场体制的劳动就业需求导向型转化。这种观念与体制的滞后，必然影响到高素质的人才培养，造成大学生素养与社会需求的脱节。部分学校虽然尝试进行了一些职业素养教育，却也只是停留在理论层面，与市场现状脱节严重。

适应社会需求，提高高校供给的有效性，是改革高校人才培养模式的出发点。目前大学生的就业状况显现出来的不仅仅是简单的专业供过于求的问题，而是更深层次的人才培养质量问题。根据学科之间相互交叉、渗透而出现的综合化、整体化趋势，不少高校逐步认识到拓宽学生基础知识的重要性。但是，如果在拓宽基础知识方面只注重学生知识量上的增加，单纯地增加课程学时，不注重质的提高，即克服传统教育中重知识轻能力的弊端，最终培养出来的必定是缺乏创造性的人才。

教育改革的出路是加强产学研合作，让大学生有相当长的一段时间进入岗位或参加科研，在学习、实践和研究相结合的过程中培养大学生发现问题、提出问题、探索问题和发明创造的能力，提高大学生的实践能力。大学生可通过参与老师的专题研究等方式，培养创新能力。学校也可以通过与科研机构和企业合作，给学生提供更多参加生产和社会实践的机会，使学生学会主动地、创造性地在实践中学习，在参与产学研结合体或科研院所的科研实践中获取创新能力。

因此，高校在今后的人才培养上应更注重结合社会和市场的需求，在课程设置上注重培养复合型人才，即具有"一专多能"或"博学专精"知识结构的人才。只有这样的人才才能在竞争中获得优势，并在将来的就业岗位中不断获得新的知识，进一步促进这些知识的应用，使国家的技术水平不断提高，促进社会经济的不断发展。从长远角度考虑，人才培养机制改革是高校人才培养工作中的重中之重。

（三）人才评估机制不合理

时至今日，虽然大学扩招对提升国民素质，加速我国从人口大国向人力资源大国转变，进而增强我国人力资源的国际竞争力方面发挥了重大作用，但是，当前高校人才评估机制仍然停留在计划体制下的精英评估模式上，与市场严重脱节。目前大学工作评估仍然停留于占少部分比例的精英学生身上，而忽视学生整体素质的提升，以牺牲大部分普通学生的发展来实现大学教育的规模效应。

精英教育培养出来的学生很多都是单纯以就业地区经济发达程度和工资待遇作为择业标准，由于自身条件的优越在就业上倾向于大城市、大企业和高工资、高待遇，就业期望值太高，出现了高不成低不就的尴尬境地。要解决高校"精英教育"向"大众教育"转变过程中所出现的这些问题是一项系统工程，是一项全社会都必须关注的问题，因为教育事业关系到国家的发展和未来，关系到国家的稳定和社会的和谐。为此，在大学教育由"精英教育"向"大众教育"转轨过程中，急需政府发挥宏观管理作用，弥补市场失灵，建立起大学教育主动适应社会发展需要的调整机制，按照科学的办学规律搞好大学教育与建设。只有政府与高校在大学生教育体制上加大改革和创新力度，才能培养出高素质的人才和适应激烈就业环境的高质量毕业生。

二、大学生职业素养的自我修炼

凡事预则立，不预则废。对于大学生来讲，从入学伊始即围绕职业生涯发展来设计自己的大学生活是一种很好的方法。在大学接受通识教育和专业教育的过程中，寻找自己的目标和所长，进而更好地自主学习，扬长避短，不断积累社会经验，最终形成职业生涯的核心竞争力。

大学生的职业素养提升是在一定的实践活动中逐步培养的结果。大学生要提升自己的职业素养，就需要及早唤醒自己的职业意识，加强自己的职业态度和职业能力训练，寻求未来职业生涯发展的良好开端。

大学生要加强职业态度培养，需要从点滴做起。例如，在课堂学习过程中做到准时到达、认真听讲、有效记笔记、按时完成作业；在课外活动过程中以诚待人、守时践诺、有礼有节；在与家人、朋友交流过程中，真情表达、体贴关怀、全力支持……当代大学生应该提升这些品质素养，并着力激发自己的主动性和责任感，从而系统提升自己的职业素养。确定自己的个性是否与理想的职业相符，对自己的优势和不足有一个比较客观的认识，结合环境如市场需要、社会资源等确定自己的发展方向和行业选择范围，明确职业发展目标。

同时，大学生要培养良好的职业素养，必须加强职业能力训练。职业能力训练包括自我效能、心态调整、沟通能力、健康管理、情绪管理、时间管理、创新能力、自信演讲、印象管理、职业礼仪、团队合作等。下面我们将重点围绕以下几项来谈谈大学生职业能力的训练。

（一）提高自我效能

自我效能的概念由社会学习理论创始人班杜拉提出，他认为自我效能包括两个部分，即结果预期和效能预期。其中，结果预期指个体对自己的某种行为可能导致什么样结果的推测，效能预期是指个体对自己实施某种行为的能力的主观判断。

自我效能决定了人们如何感受、如何思考、如何自我激励及如何行动。自我效能决定了一个人对自己能力的判断。积极、适当的自我效能使人认为自己有能力胜任所承担的任务，由此将持有积极、进取的工作态度；而过低的自我效能会让人感觉自己的能力比较差，无法胜任工作，从而对工作产生消极回避的想法，工作积极性也将大打折扣。

一个理性的人会自然回避超出自己能力范围的任务，而更愿意选择自己认为胜任的事情。自我效能高的人会积极尝试各种活动，通过实践使个人的能力得到不断提升。相反，自我效能低的人会避免挑战性的任务，最终丧失更多开发潜能的机会。

（二）学会调整心态

学会调整心态，首先，需要了解80/20法则，即在任何特定群体中，重要的因子通常只占少数，而不重要的因子则占多数，因此，只要能控制具有重要性的少数因子即能控制全局。这个原理是意大利经济学家兼社会学家维弗利度·帕雷托在19世纪末20世纪初提出的。其次，要消除消极的自我暗示，如"完了""受不了了""没救了"。要学会用积极的自我暗示代替消极的自我暗示，从内在开始改变自己。

（三）提高沟通能力

在当今社会，除了专业技能等硬性技能外，大家也越来越重视"软技能"的提升和发展。所谓软技能，是指情绪控制能力、人际关系处理能力等。这里的人，指老板、同事、顾客、亲人、朋友等，也包括自己。有效沟通无疑是"软技能"的核心能力之一，它可以帮你游刃有余地处理工作事务，促进你与亲人朋友间的理解，拉近心与心之间的距离。而要实现有效沟通，必须了解沟通的禁忌、技巧和原则。

1. 沟通禁忌

主要包括不良的口头禅，使用过多的专业术语或夹杂英文，不管他人感受，只顾表达自己的看法使用威胁语言，只听自己想要听的等。

2沟通技巧

用建议代替批评，让对方说出期望，寻求共同利益或共同点，顾及别人的自尊等。

3. 沟通原则

做好自我管理，能站在别人的立场考虑事情；主动关怀别人；做好沟通前的准备，具体包括明确沟通目的、搜集沟通对象的资料、决定沟通的场地、决定沟通程度与时间、做好沟通计划表。

（四）学会健康管理

身体是革命的本钱。如果健康是1，一生的成就都是这个1后面的0，后面的0越多，所拥有的财富就越多。但如果前面的 1 没有了，则一切都没有了。工作、友谊、家庭，生活的一切，都需要健康做基础。身体健康就是要达到一个身心平衡与身心俱佳的状态。这就需要用一种"敬畏法度"的心态来生活，也就是说自然规律不是用来挑战的，而是用来顺从的。

（五）培养创新能力

创新能力是一种可以训练、提高，并最终习惯化的技能。在这个技能掌握过程中，一直伴随着心理突破。如果不去突破自己的思维惯性、消极态度、自卑心理及僵化心理，创新的过程就会阻力重重。创新能力的培训一需要系统化的训练，二需要在广泛的学习、生活实践中提升自己的心理素质。二者相辅相成，缺一不可。

（六）学会印象管理

印象管理是指一个人通过一定的方式影响别人形成的对自己的印象的过程。该理论是心理学家库利、戈夫曼等人提出的。印象管理是社会互动的一个根本方面。每种社会情境或人际背景都有一种合适的社会行为模式，这种行为模式表达了一种特别适合该情境的同一性，人们在交往中总是力求创造最适合自己的情境同一性。理解他人对自己的知觉与认知，并以此为依据创造出积极的有利于我们的形象，将有助于我们成功地与人交往。

印象管理应注意以下几个事项：

（1）把握最初的 7 秒。首先接触的 7 秒内，人们就会因为本能的个人好恶决定是否喜欢某人，是否信任某人，是否愿意花时间和某人说话。假如你制造了一种负面的印象，人们通常只会给你区区几分钟时间，然后便将注意力转向他人。

（2）记住人的名字和面孔。做到这一点尤为重要。

（3）不要信口开河、虚张声势，不要摆出虚假的姿势，要适当发挥自己的长处。

（4）善于使用眼神、目光。沟通过程中要注意把握目光和眼神，及时给对方作出积极的回应。

（5）多听少说，先听再行。

（6）集中精神，积极热情地表示你对对方的关注。

（7）放松心情，时刻保持一颗平常心。

（8）充分显示出自己的优势，用人格魅力感染对方。保持自己的本色，不卑不亢。

三、高校对大学生职业素养的提升

目前大学毕业生职业素养教育方面之所以出现诸多问题，除大学生自身因素外，还在于高校自身在培养新时代大学生方面不够重视和努力。因此，为了培养大学生的职业素养，满足社会对新型人才的需求，学校也应积极为大学生创造更好的职业素养环境。具体来说，应该从以下几个方面着力培养大学生的职业素养。

（一）加强思想品德教育

高校在培养新型大学生时，应坚持社会主义核心价值体系，坚持"大爱"育人理念，充分发挥思想政治理论课的德育主渠道作用,积极推进课程改革,科学规划理论教学与实践活动学时,控制好理论课程和实践课程在教学中所占的比例。例如,高校在开设思想道德修养与法律基础、马克思主义基本原理概论、毛泽东思想和中国特色社会主义理论体系概论等课程时,可将理论课与实践课按照2:1的比例安排。实践课程可分为实践教学和第二课堂活动,如视频讲座、主旋律班会、党史和党建知识竞赛、劳动教育、调研考察等内容。通过思想道德品质教育,逐步提高学生认识问题、分析问题、解决问题及规划自身发展的能力,增强学生的政治理论素养和个人品德修养,引导学生树立正确的世界观、人生观、价值观,修身正己,洗心慎行。

(二)引导开展课外阅读

当前,大部分高校大学生将多数时间放在专业课学习和各种资格证考试上,而对提升自我修养、提高自身文化素质方面重视不够。大学生阅读调查情况显示,当前大学生读书功利性逐渐增强,技能型、实用型书籍占较大比例,其中英语四六级、计算机等级、考研、雅思、托福等考试书籍最受青睐。在课外读书时间中,这类与资格证书考试相关的书籍已经成为首选。大型书店中摆在最显眼的位置、最畅销的往往也是各类备考书籍。

由此可见,严峻的就业形势、激烈的就业竞争使得大学生读书的目的越来越现实。从高考竞争中冲杀出来的大学生,已经习惯了学习与应试相结合的教育模式,因而他们在读书之前总是先考虑这本书对自己是否实用,显得十分急功近利,这也和现阶段的就业形势密不可分。例如,很多单位招聘青睐那些拥有英语四六级证书或者会计师证书的毕业生,这无形中加大了学生的压力,迫使学生为了与招聘单位的要求相符而读书,盲目地成为考证族,增强了学生读书的功利性。而大学阶段是大学生世界观和人生观形成的重要阶段,广泛的阅读兴趣,良好的阅读习惯,会对他们的成长起到极为有益的影响。因此,针对大学生的读书现状,高校有责任反思,从中找到解决问题的最佳途径和方法。

通过阅读涉猎政治、经济、文学、历史、哲学、社会学等学科的知识,将有助于大学生在日积月累中开拓视野,增长才干。因此对大学生的课外阅读进行积极引导,高校责无旁贷。高校应以灵活多样的形式引导学生明确读书目的,实现课外阅读多样化、合理化,真正使学生对课外阅读产生浓厚兴趣,从阅读中获取知识,陶冶情操,提高素养。例如,通过考核等方式督促学生进行阅读,使学生掌握本专业所学课程外,进一步拓展视野,丰富人文知识储备,做一个有思想、有观点、有理想、有道德的人。

(三)培养写作与口才能力

对于大学生来说,写作能力不仅影响到他们全面素质的提高,也会影响他们科研能力的提高,甚至直接影响他们的就业前景。有学者对一部分大学生的调查显示,写作能力较差已经严重影响到他们毕业论文的写作。而一些参加国家及地方公务员考试的学生也表示,因为在申论考试中难以正确地表达自己的观点,或者由于语言文字功底较差直接导致名落孙山。更有一些文秘专业的毕业生因达不到用人单位对写作能力的要求而淘汰。凡此种种,充分说明了高校培养人才时未能真正从社会需求出发,也体现了加强大学生写作能力培养的重要性。

与此同时，当今生活节奏越来越快，人与人之间的交往越来越频繁，就业压力越来越大，所以加强与人的沟通，锻炼自己的口才迫在眉睫。许多用人单位向社会公开招聘人才时很重视口才，将其作为一项重要的程序在面试中进行考查。同时将口语表达能力的好坏视为能否开展工作的一个重要前提。而应试教育下的大学生大多缺乏口才能力的培养，特别是在公众面前的演讲，可见良好的口才是工作的敲门砖。

因此，为适应大学生将来的学习、工作、生活及实践需要，使其掌握应用文写作基本知识与技能，高校应将写作与口才训练课设置为必修课程，着重开展应用文写作与口才训练活动。高校可将应用文写作内容纳入大学语文和就业指导课堂教学内容，并根据各专业人才培养实际需求安排讲授内容，同时开展实践活动学以致用，如优秀简历评比、外出调研等活动，以提高学生的学习积极性，激发创新能力，活跃学习气氛，检验教学成果。

（四）强化大学生身心素质训练

当前，中国大学生身体素质不佳是一个不争的事实。据统计，大学生平时经常锻炼身体的仅占总数的23%，66%的学生很少锻炼，11%的学生几乎不参加锻炼。也就是说，大多数大学生没有锻炼身体的习惯，这是应试教育只重视分数遗留下来的后遗症。中国的教育体制从小学到中学都只重视学习成绩，对体育锻炼重视不够，客观上也没有太多的时间去锻炼身体。因而，多年来学生就没能够养成参加体育锻炼的意识和习惯。

因此，高校应加强对大学生的身体素质的训练，保障学生心理健康，落实高校身心素质训练计划，形成大学生热爱体育、崇尚运动、健康向上的良好风气，促进德、智、体、美全面发展，以期毕业生能面对严峻的就业现实和竞争压力。高校可通过晨读晨练和课外体育锻炼两种方式来加强学生的身体素质训练。晨练主要以跑步和广播操为主要形式。同时，每天下午可开展课外体育锻炼活动。世界卫生组织将健康定义为不仅是一个人没有疾病，不体弱，而是指人的躯体、心理和社会功能均处于良好状态。所以健康包含了生理健康、心理健康和社会健康。因此，心理健康教育也应该成为大学生身心健康的重要内容。心理健康教育主要在大学一年级开设心理健康教育课程，详细讲授大学生心理健康知识。另外可以建立心理咨询中心、院学生会心理拓展部和班级心理委员三级覆盖的工作机制，定期开展心理健康教育活动。心理咨询服务中心根据在校生年级段和普遍存在的心理问题，每学期定期做各类报告。

动以修身兴吾志，静以养心可全事。身心素质训练要求学生坚持"每天锻炼一小时，健康工作五十年，幸福生活一辈子"的理念，充分发挥体育活动育德、促智、健体、审美的整体功能，培养学生良好的体育锻炼习惯和健康的生活方式。同时普及心理健康知识，减少学生心理问题，有效预防心理疾病，提升心理健康水平，提高心理健康素质，促进学生身心健康。

第六章 大学生职业生涯规划管理

第一节 职业生涯管理概述

一、职业生涯管理的内涵

(一) 职业生涯管理的定义与内涵

职业生涯管理是现代人力资源管理的重要内容之一。近十几年来，随着员工离职率的不断提高，职业生涯管理已成为企业寻求增强员工的归属感及企业向心力的良方。国内外学者虽然对其进行了大量的研究，取得了丰硕的研究成果，但目前理论界对职业生涯管理的定义尚未达成统一认识。

职业生涯管理的定义包含如下几个要点：第一，职业生涯管理是组织与个人互动，互惠的人力资源管理过程；第二，职业生涯管理是系统、动态、循环的过程，它受个体主观判断与客观环境的影响；第三，组织是职业生涯管理的参与者与客观基础，个体是职业生涯管理的参与者及主体对象；第四，个人进行职业生涯管理的最终目的是个人职业生涯的成功与发展，组织实施职业生涯管理的最终目的是推动组织目标的实现与可持续发展；第五，个人的职业生涯管理贯穿其职业生涯和组织职业生涯的全过程。

职业生涯管理的内涵主要从职业生涯管理的主体、内容、目的等角度对其进行界定。第一，职业生涯管理包括组织和个人两个主体。一方面，组织从自身发展目标出发，将员工个人职业发展需要与组织目标相结合，帮助员工进行职业设计、规划，激励、开发及留住员工，从而谋求组织目标的实现和可持续发展；另一方面，员工为寻求个人发展，从个人角度出发全面认识自我与环境，以组织为依托，通过个人对组织发展的贡献实现个人职业发展目标的过程。第二，职业生涯管理的目的有两个，一是促进组织战略与发展；二是促进员工职业发展与目标实现。第三，职业生涯管理的内容包含职业决策、职业规划、职业战略建立与实施、职业能力与素质开发等。

(二) 大学生职业生涯管理的内涵

1. 大学生职业生涯管理的内涵

大学生是社会生活中的一个特殊群体，生活经历一般都不是很丰富，而大学生职业生涯管理正是针对大学生在校期间，即从大一到大四的整个大学阶段，使大学生全面客观地认识自己和客观环境，确立自己的职业生涯目标和人生发展方向。

根据前文有关职业生涯管理的定义，本书认为大学生职业生涯管理是指大学生通过辅导人员的协助，在认识自我和了解社会的基础上，确立职业生涯发展目标和人生发展方向，选择实现既定的目标职业，制定大学学习和发展的总体目标与阶段人生目标，并进行执行、评估、反馈和调整的过程。

2. 大学生职业生涯管理的特点

1）管理过程的连续性

大学生职业生涯规划管理具有连续性的特点。职业生涯规划管理是一项连续而又系统的工程。大学生职业生涯规划管理不仅仅是大学生毕业时才着手进行的工作与任务，而应当贯穿在整个大学各个阶段，分阶段、分任务逐级完成。因此，同学们从跨进大学校门开始，就应该用整体的眼光规划与管理好自己整个大学时期，从而为毕业时成功就业奠定基础。

2）管理内容的多样性

大学生职业生涯规划管理是一个系统工程，在具体内容、形式、方法等方面是丰富多彩的，体现出多样性的特点。同学们所进行的职业生涯管理的具体内容包括目标管理、压力管理、情绪管理等多方面。

3）管理措施的可行性

大学生职业生涯规划管理要有事实依据，要充分考虑到自身的条件和外在环境的约束，制定切合实际的生涯计划。这就需要同学们加强自我认知能力，对自己进行全面客观的定位，并对外界条件进行仔细分析，选择适合自己并且能够实现的职业目标，而不能只是自己个人美好的愿望或不着边际的梦想，否则将会延误生涯良机。

4）管理阶段的适时性

大学生职业生涯规划管理要根据大学生各阶段、各学期的情况特点，合理安排实施。凡事预则立，不预则废。因此各项主要活动何时实施、何时完成，都必须有时间和时序上的妥善安排。同学们应根据自己不同的学习阶段进行相对应的职业生涯规划管理。

5）管理计划与方案的前瞻性

大学生今后的生涯道路和即将面对的职业世界是非常广阔的，需要着眼于自己未来的全面发展。因此，同学们在自我定位和选择职业生涯发展道路之前，必须知道摆在自己面前的职业生涯道路的各种可能性，知晓未来的职业世界，考虑社会的实际需求和人生发展的规律。只有这样，才能在自我认识的基础上做好自我定位并选择好一条适合自身特点的职业生涯发展道路，获得一生的成功和幸福。

二、职业生涯管理的意义

（一）有利于寻找人生的真正使命同你

实施职业生涯管理有利于大学生寻找人生的真正使命，开拓有意义的人生。现在大学生所面临的社会环境、就业政策等正在逐渐减少其旧有的束缚与限制，这样的环境为个体自由选择自己的职业及未来的人生发展方向提供了更大的空间和机会。大学生在"衡外情，量己力"情况下，设计出合理可行的职业生涯发展方向，并一步步制定相应计划与行动，在追求目标的过程中实现职业的成功，开拓有意义的人生。

（二）有利于职业的成功

哈佛大学做过的跟踪实验调查证明只有3%的人事业取得成功，原因在于他们为自己的职业生涯早早确定明确的目标，并且始终坚持。大学生职业生涯管理的首要任务就是确立职业生涯发展目标，明确进入社会的切入点及提供辅助支持、后续支援的方式，这对今后的职业成功有很大的帮助。

（三）明确大学阶段的努力方向和发展目标

在传统文化的影响下，初等教育和中等教育的结果都是为了完成高考，而在高等教育阶段，其结果是大学生走上社会并就业。而就业相对于大学生来说远远没有高考强烈，不少大学生不同程度地产生松口气的想法，发展方向和目标也就显得有些模糊。大学生职业生涯管理的实施会使大学生明白在每个阶段、每个年级应该学习什么，怎么为职业生涯而规划与管理自己的"大学学涯"。

三、大学生职业生涯管理中存在的问题

（一）职业生涯管理意识不强

职业生涯管理意识是指以自我了解、自我接受、自我发展为主，从未来和发展的角度看待个体一生。它使大学生个体能够适应社会的变迁，了解职业变化的方向，从而规划和决定个体职业生涯发展的目标。但在我国，职业生涯辅导未列入大学整体的教育计划中，而且辅导方式单一，仅仅局限于毕业前的就业指导，如职位需求信息提供、求职技巧指导等；而更具有实质意义的心理辅导、职业定位咨询等实际运用较少。

与发达国家相比，我国高校大学生职业生涯管理辅导无论在理论上还是实践上都还处于初级阶段，主要表现在对大学生职业生涯管理的辅导尚停留在就业指导的层面，全面系统的职业生涯辅导体制尚未真正建立。

（二）职业生涯目标不明确

对于大学生而言，他们正处在职业生涯的探索阶段。在这一阶段，个人将认真地探索各种可能的职业选择，对自己的天资和能力进行现实的评价，并根据未来的职业选择做出相应的教育对策，最终完成自己的初次就业。

然而现实情况并不乐观，据调查，一半以上的大学生对自己想要进入的行业发展前景没有研究过，对自己将要从事的职业只有一个模糊的概念，甚至根本没有概念。

（三）专业与职业之间矛盾突出

据调查，55%的大学生在选择所学专业时考虑不足或盲目选择热门专业，以致对其专业的满意度不高。

学生在选择所学专业时主要是出于自己的兴趣或是盲目地报考热门专业。很多学生盲目地选择专业，埋没了自身在其他专业领域的潜在才华，既不适合所学专业而导致社会总体人力资源的浪费，也导致了大学生个人因专业选择的失误而抱憾终生。

在指导大学生就业的过程中，我们经常遇到的问题是学生把专业与职业之间的关系联系的非常紧密，甚至认为学了什么就必须做什么工作。然而，当自身专业能力与所选择岗位的要求不一致时，就容易否定自己。所以，弄清"专业"与"职业"之间的关系对大学生来说十分重要。

四、大学生职业生涯管理的实施

（一）职业生涯管理的原则

职业生涯管理并不是对组织和员工进行一般的职业管理。为了实现组织和员工双赢的目标，实施科学的职业生涯管理还必须遵循一定的原则。

1. 统筹性原则

统筹性原则即把职业生涯规划与实施看成是一个系统工程，纳入组织的发展战略，包括横向和纵向统筹两个方面。从横向维度来看，职业组织、管理者、个人都要参与，各自发挥自己的作用；从纵向维度来看，统筹性原则应该贯穿于组织工作的整个过程和员工的职业生涯。

2. 差异性原则

差异性原则即在制定和实施职业生涯规划的过程中要充分考虑不同职业、岗位和专业之间的实际情况，有针对性地制定目标。同时，在具体到个体的时候，要充分考虑性别、年龄和个性等方面的差异，具体情况具体对待。

3. 阶段性原则

阶段性原则即在具体实施职业生涯规划时，要充分考虑当时组织所处的发展阶段与个体所处的发展阶段，有步骤、有顺序地进行，不可走形式，更不可急功近利。

4. 发展性原则

发展性原则即在实施职业生涯规划的具体措施的时候，要以促进自身发展为目的，把岗位实践与有效的教育、培训结合起来，使自己能够紧跟时代的步伐，进而在职业生涯规划中得到发展。

（二）大学生职业生涯管理的实施

1. 高校对大学生进行职业生涯管理

高校在对大学生进行职业生涯管理中，起着重要的引导和帮助的作用。

1）建立学生自主选课制度

只有建立自主的选课制度，才能真正保证学生职业生涯管理的顺利实现。正是由于学分制具有很大的选择性和自主权，给予了学生较大自由度和激励，但同时其赋予学生的选择性和自主权，也不可避免地存在与生俱来的不足。因此，在利用学分制这个手段提高学生学习积极性的同时，还要给学生确立一个前进的目标，采取必要的手段来加强对学生的管理，有效地促进学生职业生涯管理的实现。一方面可以帮助学生选择专业方向，解答学生升学就业困惑；另一方面，帮助学生制定、修改学习计划，确定所选专业的课程结构及需要补充学习的内容，以保证学生的选课质量和知识结构的合理构成。

2）开展大学生职业生涯辅导与教育

职业生涯辅导是一个发展变化的动态过程，它伴随着个体的身心发展而展开，其内容十分丰富，主要包括培养职业生涯规划及决策能力，培养个体正确认识自我及职业价值观，使大学生具有做出合理选择的能力及开发自我潜能的能力。而且在实施过程中，不仅要关注全体学生的职业生涯知识普及教育，还要关注和尊重学生个体之间的差异，让职业生涯教育与辅导真正服务于学生个体的发展。

3）建立健全大学生职业生涯管理的全程指导体系

大学生职业生涯管理工作应贯穿于教育的全过程，而不应是学生临近毕业选择工作时开展的临时性工作。树立职业生涯管理指导工作的全程观，就是要构建一个完善的生涯管理指导工作体系，使指导工作与学生的生涯发展愿望相结合，与学校的培养目标相结合，与市场的需求相结合。根据各年级学生的不同特点，开展从大学一年级到四年级的全程指导，使从大一刚刚经过紧张高考的迷茫阶段转变到大二正确认识自己、努力提高自己各方面的综合素质的定向期，再到大三使学生在学好专业知识的基础上更好地了解实际应用能力的冲刺期，最后到大四利用各种信息渠道来择业的分化期。具体而言，高校应采取措施，确保每学期任务的完成。

4）不断提升自我能力

除了以上说的三点以外，学生自己也应该不断学习，树立终身学习的观念，提高自我的综合能力和知识面，根据个人爱好、自身特点等培养自己的社会实践能力。主动参与社会实践，体验社会生活，增加阅历与经验，而这一点正是大学毕业生所欠缺的。

2. 大学生实施职业生涯管理

1）与社会需求相结合

大学毕业生在选择一种职业作为社会活动时必定会受一定的社会制约，选择职业的自由都是相对的、有条件的。如果择业太过理想化而脱离社会需要，将很难被社会接纳。大学生求职时应坚持社会利益和个人利益的统一，坚持社会需要与个人愿望的有机结合。所以，大学生进行职业生涯管理时，应积极把握社会对人才需求的动向，把社会需要作为出发点和归宿，以社会对个人的要求为准绳，既要看到眼前的利益，又要考虑长远的发展；既要考虑个人的因素，也要自觉服从社会需要。

2）与所学专业相结合

大学生在校期间都会经过一定的专业训练，具有某一专业的知识和技能，这是其优势所在。大学生所学的专业都有一定的培养目标和就业方向，这就是大学生职业生涯规划的基本依据。用人单位在选择毕业生时，首先选择的是大学生的专业特长，看其是否能用所学知识为企业和社会服务。但是，需要强调的是，大学生除了要掌握扎实的基础知识和精深的专业知识外，还要拓宽专业知识面，掌握或了解与本专业相关、相近的若干专业知识和技术。

3）与自我认知及潜能开发并重

职业环境和生涯进程不是一成不变的，职业生涯管理的目的是让大学生对职业和生涯环境有足够的适应能力和应对能力。不应只培养青年人从事某一特定的、终身不变的职业，而应培养他们有能力在各种职业中尽可能多地流动并刺激他们自我学习和培养自己的欲望。所以，大学生既要进行必要的生涯认知，又要在不断体验自我潜能开发的过程中领悟生涯发展的积极意义，适应社会的变迁，了解社会职业变化的方向，规划和决定个体生涯发展的目标。

从上述论述可以看出，大学生职业生涯管理对大学生在校期间学习及步入社会选择职业是十分重要和必要的，做好大学生职业生涯管理工作任重而道远。

第二节　大学生职业生涯规划管理的内容

一、职业生涯规划的目标管理

（一）目标定位和分类

为了帮助大学生准确把握大学时期应包含的目标，科学制定目标，需要对大学生目标进行定位和分类。

1. 目标定位

大学生目标定位是指大学生根据社会期望和自身发展的需要，确立奋斗目标和发展方向的过程。横向上涵盖了大学生知识、能力、素质等方面的发展目标定位，纵向上大学生在各个年级、各个时期都应有自己的近期、远期目标。可以说，目标定位是大学生成长的出发点和归宿，它制约着大学生成长的整个过程。

大学生在确立自己的目标时，应充分考虑社会对大学生能力和素质的普遍要求，同时要考虑专业发展方面的要求，在培养自己沟通和表达能力、协调和管理能力、知识的运用和动手能力、预测与决策能力、创业创新能力等基本能力的基础上，以专业为突破口，学好专业基础知识，在实践中验证所学知识，在应用中促进专业知识的学习和把握。

2. 目标分类

（1）按时间长短分为短期目标、中期目标、远期目标等。

（2）按目标内容分为理论学习目标、实践训练目标、活动参与目标等。

（3）按目标支撑逻辑分为专业学习目标、职业目标、人生目标。

大学生应统筹考虑，分模块设计目标，将近期、远期目标结合，确定人生目标。确立目标后，放眼大目标和远期目标，着手小目标和短期目标。就大学生而言，应按照学校的培养方案和培养目标，清楚大学阶段需要完成的学业，以及需要具备的各项能力和素质，然后借助学校资源设计自己的目标体系。

（二）确立科学目标

科学、合理的目标定位不仅可以为大学生的自我发展提供导向，也有利于调动大学生的积极性、主动性和创造性。科学、合理的目标应该具有以下特征。

1. 完整

人生目标需要涵盖生活的各个层面。一个拥有大量财富的人需有强健的体格才能享用这些，只有健全的人才能真正享受美好、快乐的人生。

人生是个连续发展的过程，也是一个由个体与环境交互作用而产生生理、心理改变的过程。其发展方向大致有五个：认知发展、生理发展及身体发展、社会发展、情绪发展与人格发展。生理发展偏重于遗传、神经、荷尔蒙与行为的关系；身体发展偏重于身体的改变；认知发展偏重于心智的活动——思考、知觉、记忆、注意力、语言等；社会发展着重于个人与他人、环境的互动；情绪发展着重于个人的情感表达；人格发展则着重于个人的特质。

五种发展相互影响、相互作用，唯有生理、身体、认知、社会、情绪、人格均衡发展的人才是健全的人。所以，人生目标需要涵盖生理与身体、认知、社会、情绪、人格五项。

2. 清楚

目标应当尽量清楚、具体化，不能太笼统。例如，一个英语成绩不好的大学生想要改变学习落后的状况，他给自己设立了这样的学习目标："我英语一定要取得好成绩"。这个目标是含糊的，何谓好成绩呢？不具体、无法量化的目标具有虚伪性，无法评估。

3. 合理

目标必须合理，不实际的目标只会给自己造成不必要的压力和挫折。难度太高的或不切实际的目标是不合理的、不科学的目标，例如，每日锻炼 10 小时的身体、背 5 小时的英语单词就不合理。

目标并非定下后就决不更改，随着对目标的了解，可能需要对目标做些弹性的调整。例如，原本计划三年完成大学本科课程，搜集相关信息之后发现不能完成，只能用正常的四年时间来完成。

如果目标确实行不通，那么就要尝试去订立另一个目标。例如，牛顿早年就是永动机的追随者，在遭遇了大量的实验失败后，他非常失望，但他很明智地退出了对永动机的研究，而在力学研究中投入了更大的精力。最终，许多永动机的研究者抑郁而终，而牛顿却因摆脱了永不能实现的目标，而在其他方面脱颖而出。

（三）目标的管理

目标确定后，需要对目标进行管理。目标管理主要是对确立的目标进行分解，对目标进行评估，分出主次和先后顺序，以便逐步实施。同时，要适时对完成效果进行监控，并根据情况调整下一步实施方案。

1. 划分目标

一个大目标往往让人不知道从何处入手，或者在追求目标的过程中缺乏信心，因此，可以将目标按目标分类进行划分。具体方法是：当目标确定后，第一步是在纸上列出达到目标所要具备的能力、技术或条件等；第二步是规划获得这些能力、技术和条件所需的时间，然后将第二步骤的结果安排在长期、中期、短期及每日的计划中，那么今后每天仅需要完成当天的工作，而不必担心是否能完成终极目标。

对长期目标进行划分，核定每天应该完成的工作量十分必要。因为一个完整全面的目标不可能一蹴而就，如果不作划分，就会因为目标的长期性和艰巨性而丧失完成的信心和坚持的勇气。

目标划分并非仅适用于长期目标，即使是短时间需要完成的目标，也可分为长、中、短期目标，因为这种分类只是相对的。例如，期末复习中，可以把所有课程的复习分为明确课程重点和难点、掌握重点、突破难点三个阶段，计划好完成每一阶段的时间，每完成一个阶段的工作当作对自己的一次鼓励与反馈，促使自己向下一个目标迈进。这样，将目标分为若干阶段，既可以理清思路，掌握实现目标的节奏，减轻开始着手实现目标时的压力，也有利于保证高效、高质量地实现目标。

2. 评估目标

太多的目标会分散有限的时间、精力，最终将会一事无成。然而面对众多目标，又该如何取舍呢？

拉肯恩（Lakein）提出了 A、B、C 分类法，他把工作根据其重要性定出工作优先序列表。首先在纸上列出所有的工作，然后逐一评估各项工作，在重要的工作前标上 A，次重要的工作前标上 B，最不重要的工作前标上 C。当完成目标分类的工作后，再将 A 类中的工作依照其重要性进行排序，因为所有的工作不会具有同等的价值，至于 B、C 类的工作暂时搁置。

3. 监控目标

抓住重点目标后，要对目标的实施过程和效果进行审视。我们生活在一个多维而复杂的社会环境中，很容易受到生活环境的影响，可能会偏离主要目标，可能陷在日常琐碎事务处理中，可能因为环境的影响产生了消极情绪等。我们要适时对重点目标的进程进行监控，当偏离主要目标时要纠正；当遇到日常琐碎事务时，要及时快速处理；当情绪受到影响时，要尽快调整，及时回归主要目标，有效实施主要目标。目标监控过程中要有量的陈述，如完成多少、百分之几、达到什么级别等；还需要有时限，否则就很容易被遗忘，如几月几日以前英语要过四级、几月几日以前英语要达雅思 6 分水平等。

二、职业生涯规划的时间管理

(一) 时间管理的含义

时间管理是指在同样的时间消耗情况下，为提高时间的利用率和有效性而进行的一系列的控制工作。从某种意义上说，时间管理就是对个体资源和自我行为的管理。

一辈子不清楚自己到底想要什么是对时间的巨大浪费。大多数人长久地沉迷于"我不知道做什么"的状态中。他们等着外力使自己目标明确，殊不知明确是自身创造的。

(二) 时间管理的原则

1、设立明确的目标

时间管理的目的是在最短时间内实现更多想要实现的目标。把当年要实现的 4 到 10 个目标写出来，找出一个核心目标，并依次排列重要性，然后依照目标设定详细的计划，并依照计划进行。

2. 学会列清单

把自己所要做的每一件事情都写下来，列一张总清单，这样做能随时明确自己手头上的任务。接下来在列好清单的基础上对目标进行切割。

（1）将学年目标切割成学期目标，列出清单，每学期要做哪些事情；

（2）将学期目标切割成月目标，并在每月初重新再列一遍，遇到有突发事件而更改目标时应及时调整；

（3）每个星期天把下周要完成的每件事列出来；

（4）每天晚上把第二天要做的事情列出来。

3. 做好"时间日志"

花了多少时间在哪些事情，把它详细地记录下来，每天从刷牙开始，洗澡、早上穿衣花了多长时间，早上搭车的时间，出去见客户的时间。把每天做各种事花的时间一一记录下来，会发现浪费了哪些时间。只有找到浪费时间的根源，才有办法改变它。

4. 制定有效的计划

绝大多数难题都是由未经认真思考的行动引起的。在制定有效的计划时每花费 1 小时，在实施计划时就可能节省 3～4 小时，并会得到更好的结果。

5. 遵循 20：80 定律

该定律表示用 80% 的时间来做 20% 最重要的事情。生活中肯定会有一些突发事件和迫切需要解决的问题，如果发现自己天天都在处理这些事情，那表示你的时间管理并不理想。成功者往往花最多时间在最重要但不是最紧急的事情上，而一般人往往将紧急但不重要的事放在第一位。

6. 安排"不被干扰"时间

假如每天能有一个小时完全不受任何人干扰地思考一些事情，或是做一些最重要的事情，这一个小时可以抵过一天的工作效率，甚至可能比三天的工作效率还要好。

7. 确立个人的价值观

假如价值观不明确，就很难知道什么是最重要的，也就无法做到合理地分配时间。时间管理的重点不在管理时间，而在于如何分配时间。你永远没有时间做每件事，但永远有时间做对你来说最重要的事。

8. 严格规定完成期限

巴金森（C. Noarthcote Parkinson）在其所著的《巴金森法则》中写下这段话，"你有多少时间完成工作，就会需要那么多时间"。如果你有一整天的时间可以做某项工作，你就会花一天的时间去做它。而如果你只有一个小时的时间可以做这项工作，你就会更迅速有效地在一小时内做完它。

9. 学会充分授权

列出当前所有你觉得可以授权别人做的事情，把它们写下来，让他人去做。市

10. 同类事情最好一次做完

如果我们在一段时间内专注于做同类事情，效率会比较高，因此，同类事情最好一次做完。

（三）时间管理的方法

1. 帕累托原则在时间管理中的运用

在有限的时间和资源下实现目标最大化，是高效管理者工作的重要原则。时间是实现目标的重要因素之一，为了对高效管理者的时间进行更好的管理，我们引入帕累托原则。帕累托原则又称作重要的少数、微不足道的多数，或 80 对 20 定律、犹太法则等，是 19 世纪末和 20 世纪初由意大利经济学家及社会学家帕累托提出的，最初只是用于经济领域中的决策。

这一原则是说在任何一组东西之中，最重要的通常只占其中的一小部分，因此对于重要但只占少数的部分必须分配更多的资源，更注重对它的管理。在时间管理中运用帕累托原则有助于将一大堆需要完成的工作列出优先次序，把最应优先完成的作为工作中的重中之重，各花上一段时间集中精力把它们完成。

2. "坐标法"在时间管理中的运用

一个人在同一时间处理两个以上的任务是件极为困难的事情，一直保持高效更是难上加难，因此管理者应把时间花在重要的、必须做的任务上，而不是那些并非必须要做的事情上。

如果以"轻—重"为横坐标，"缓—急"为纵坐标，我们可以建立一个时间管理坐标体系。把各项事务放入这个坐标体系，大致可以分为四个类别：重要且紧急、重要不紧急、紧急不重要、不重要不紧急。

我们通常会把紧急的事情放在第一位，但这不是管理时间的有效办法。在最初，我们

可能会做"重要且紧急"的事情，但应避免习惯于"紧急"状态，否则，我们会不由自主地喜欢上"到处救火"的感觉，把自己当成"救火队员"，转而去做那些"紧急不重要"的事情了。

这样一来，我们没有时间去做那些"重要不紧急"的事，而这些事往往有着更深远的影响。将大部分时间花在"重要而不紧急"的事情上，可以让我们避免掉进"嗜急成瘾"的陷阱中，更可以避免在事情变得紧急后疲于应付。

三、职业生涯规划的压力管理

（一）压力的定义及压力的两面性

1. 压力的定义

心理学家对压力的定义为：当你的能力和资源不能满足环境要求的时候所感觉到的紧张和不安。哲学家对压力的定义为：当你必须做一些以前未曾达到、未曾做过的事情时，你感觉到的紧张和克服这种紧张的力量。

心理学家让我们看到现在，而哲学家使我们看到未来。我们接受心理学家的定义，但我们更喜欢哲学家的定义，因为研究压力不仅仅是为了了解压力本身，更是为了战胜压力。

2. 压力的两面性

很多人都不喜欢有压力，但实际上，压力并不完全是消极的东西，它也是最好的良药，提示着我们人生的意义就是不断地挑战自己、超越自己。

显而易见，压力如果对我们是适当的，对我们的不断成长就有益处；而压力长期处于不足或过大状态的话，对我们的身心就有伤害。所以，我们应当正确地看待压力，把压力控制在我们能够承受并对我们有益的范围内，让压力成为我们成长的助推器。

（二）大学生成长面对的压力

大学生既是承载家长高期望的特殊群体，也是承载社会高期望的特殊群体。在最终成才、体现自我价值等主观愿望方面，这个"特殊群体"具有相当的普遍性。但是，近年国内大学里出现了一些虽不普遍却也并不罕见的令人担忧的负面现象：苦闷、彷徨、焦虑、偏执、脆弱，于是休学者有之，退学者有之，轻生自杀者有之……这些非同寻常的问题不但影响了大学生的健康成长，也与构建和谐社会的基本精神背道而驰。

从心理学的角度讲，当代大学生主要面临来自四方面的压力。1. 学习压力

学习是大学生群体最基本的任务，四年的学习持续时间很长，大学生不仅要学习专业课程，还要参加各种培训。过多的学习头绪、过重的学习任务，都给大学生带来巨大的压力。另一方面，父母们对自己孩子的成才都有较高的期待，这也给孩子带来很多有形的和无形的压力。尤其是经济困难的家庭，父母借钱供孩子上大学，这些孩子的压力更大。

2. 生活压力

生活压力主要来自两个方面：一是经济压力。学生上学的费用一般来自家庭，对于家

庭经济比较困难的学生来说，这是不小的负担。目前经济困难学生约占学生总数的20％。另一方面，来自不发达地区、贫困家庭的学生，与来自富裕地区家庭的孩子在消费方式、消费观念方面的攀比，也易使贫困学生产生心理失衡，这对于尚未自食其力的贫困生会造成很大压力。二是自理压力。目前大学生多数是独生子女，认为好好学习就是一切，长期忽视一般人都应该具备的基本生活技能。因而不少人缺乏自理能力，很多人不会或不善于独立生活和为人处世。当面对挫折和新的环境，往往缺乏相应的自我调节能力，这给他们造成了一定的压力。

3. 就业压力

过去大学生就业统一由国家包分配，而现在就业市场竞争激烈，"双向选择"对人的综合素质要求提高了，大学生一入学就考虑毕业找工作的事情。竞争择业、竞争上岗、适者生存、不适者淘汰，整个社会都处于激烈竞争之中。面对即将踏入的竞争激烈的社会，不少大学生都会有一定程度的心理恐慌。连续多年的扩招本来已经加大了大学生竞争就业的压力，又加上大量农村剩余劳动力涌入城市，特别是城市里大量下岗职工的出现，使得就业问题变得更加尖锐。就业已经成为大学生普遍关注的话题，也是形成大学生心理压力最主要的来源之一。

4. 人际关系压力

从中学到大学，学习方式、学校管理方式有很大不同，来自五湖四海的同学文化背景、生活习惯都不同，大学生面临全新的人际关系问题。此外，大学生恋爱现象增多，而心理、为人处世能力还不够成熟的大学生，碰到感情出现问题时，往往不知如何处理。

（三）大学生如何进行压力管理

所谓压力管理，可分成两部分：第一是针对压力源造成的问题本身去处理；第二是处理压力所造成的反应，即情绪、行为及生理等方面的纾解。

1. 问题处理技巧

通常，一般的大学生在面对自己无法顺利处理的压力时，常采取不太理想的方式，如逆来顺受、逃避、紧张或鲁莽行事等。但是，这样的处理方式往往无法有效处理问题，有时还会惹来更大的麻烦。由于问题处理过程关系到压力的调节，一旦处理过程出了问题，压力严重程度可能增加或者持续时间更长，从而导致严重的情绪、生理及行为伤害，甚至于各种身心疾病的发生。

较理想的处理问题的态度为冷静面对问题并解决它，解决问题的标准步骤如下：

（1）认清压力事件的性质；

（2）理性思考及分析问题事件的来龙去脉；

（3）确认个人对问题的处理能力；

（4）寻求能帮助解决问题的信息，包括如何动用家庭及社会环境支持系统；

（5）运用问题解决技巧，拟定解决计划；

（6）积极处理问题；

（7）若已完全尽力，问题仍无法在短时间内解决，则表示问题本身处理的难度甚高，有可能需要长期奋战。此时除了需要培养坚忍不拔的斗志之外，可能还需要其他的精神力量支持。

2. 压力反应处理

无论问题处理的结果如何，处理过程所产生的压力对身心都会造成明显的反应，因此如何适当处理身心的反应，也是压力管理相当重要的一环。

1）情绪纾解

情绪的不适当表现常会干扰问题的解决过程，甚至会使问题本身恶化。如何有效纾解情绪，成为问题处理过程中相当重要的环节；否则，即使有了一个较好的解决计划，也可能因为情绪失控，使成效大打折扣。在接受任何形式的心理治疗初期，纾解情绪是最重要的步骤，只有如此，才有办法逐渐进入问题的核心。情绪纾解的方法如下：

（1）接受情绪经验的发生。情绪经验的发生是相当正常的，因此觉察自己的情绪并接受自己情绪的过程，会使自己正面去看待情绪本身，而采取较为适当的行动。问题不在情绪本身，重要的是当事人对情绪的扭曲及压抑而出现的问题。如果不能正视情绪的存在，反而可能为情绪所奴役。

（2）情绪调节。适当宣泄情绪，有助于恢复思绪的平衡，如寻找忠实的聆听者诉苦，对方也可以给予精神上的支持与关怀。另外也可以在不干扰别人的前提下，痛哭一场或捶打枕头，把情绪适当宣泄出来，以避免在解决问题的重要时刻把不适当的情绪表露出来。

2）正向乐观的态度

在处理压力问题时会遇到困难，如果这是因为自己的能力不足，那么整个问题的处理过程就会成为增强自己能力的重要机会；如果是环境或他人的因素造成的，则可以理性沟通解决，如果无法解决，则尽量以正向乐观的态度去面对每一件事。正向乐观的态度不仅会平息紊乱的情绪，也能使问题导向正面的结果。

3）生理反应的调和

当一个人在沉思冥想或从事缓慢的松弛活动时，如肌肉松弛训练、练瑜伽、打坐等，在体内会产生一种宁静气息，使得心跳、血压及肺部氧气的消耗降低，而使身体各器官得到休息。对于常常不自觉地使自己神经紧绷，甚至下班后仍满脑子工作压力的人而言，这是非常好的休息方式。另外，处于压力状态时，运动是使生理反应平静下来的相当有效的方式。因为压力会促使肾上腺素分泌及流动性增加，而运动则可以减低并消散其作用。因此，形成规律、适当的运动习惯，是对抗压力相当重要的方式。

4）行为上的调适

应该避免不适合的宣泄行为，如滥用药物、酗酒、大量抽烟及涉足不良场所等，而应该培养正当的休闲娱乐，如与朋友聚会、登山、参加公益活动及技艺学习、团体活动等。

四、职业生涯规划的情绪管理

"情绪"一词让我们感到既熟悉又陌生。作为社会人，我们每时每刻都处在一定的情绪状态下，或平静，或激动，或愉快，或愤怒……情绪是人类复杂的心理现象之一，常常令人捉摸不透。当我们处于某种情绪状态中，有时会不知所措，表现出驾驭情绪能力的软弱性。大学生正处在心理成长的重要时期，情绪特征更具特色，面临的问题亦更加多样化。接下来我们将探讨情绪世界的奥妙，撩开大学生情绪的面纱，寻找调节情绪的有效方法，使我们每个人生活得更健康、快乐。

（一）情绪的概念

情绪一词常出现在生活中，人们在认识和理解这个词时并不会感到困难或产生分歧和误解。例如，我们观看一场扣人心弦的体育比赛时会感到兴奋和紧张，失去亲人时会感到痛苦和悲伤，完成一项任务或工作后感到喜悦和轻松，受到挫折时会感到悲观和沮丧，遭遇危险时会感到恐惧，面对敌人挑衅时会感到按捺不住的愤怒，工作不称心时会感到不满，美好的期望落空时会感到失落，面临紧迫的任务时会感到焦虑。这些感受上的各种变化就是我们通常所说的情绪。

（二）大学生的情绪特点

大学生正处于青年期，具有青年人共有的情绪和情感特征；同时，由于大学生群体独特的社会地位、知识水平、心理发展特点及生理状况，其情绪和情感又具有鲜明的特点，这些情绪特点导致了大学生的某些不良情绪甚至情绪障碍。

1. 情绪的波动性

大学生的情绪起伏波动较多。这主要表现在两个方面：一是大学生情绪在两级间变化频繁。人际关系的变化、学习成绩的好坏都可能引起情绪的变化，从而使大学生的情绪时而高涨，时而低落，从一个极端转为另一个极端。二是大学生还常常表现出莫名其妙的情绪波动。产生这种波动主要是由于大学生的社会活动范围不断扩大，影响情绪的各种因素大量出现，如人际关系、学习成绩、恋爱等因素。这些因素所引起的情绪有些是能够被意识到的，而有些则未被自己所意识，但也会导致情绪的波动。

2. 情绪的冲动性

美国心理学家霍尔（G. S. Hall））曾称青年期为"疾风怒涛"期。大学生的情绪具有强烈性、爆发性和易激动性，即冲动性比较强。同样的刺激，对成年人来说，可能不会引起明显的情绪反应，但却能引起大学生强烈的情绪体验。他们对各种事物比较敏感，反应迅速，遇事容易冲动。例如，大学校园中发生的打架斗殴事件，往往都是因为大学生对一些小事的处理不够冷静，进而发展到愤怒，甚至导致意外事情的发生。

3. 情绪的丰富性

从自我意识的发展来看，大学生出现较多的自我体验、自我尊重的需要强烈，易产生自卑、自负等情绪体验；从社交方面看，大学生的社交更细腻、更复杂，对友谊有了更深层次的理解，有的大学生还开始体验一种更突出的情感活动—恋爱，而恋爱活动往往又伴随着深刻的情感体验，这种特殊的体验对大学生有十分重要的影响；从社会实践活动来看，大学生通过各种活动了解社会，学习社会的道德规范，对自己的身份、角色、志向、价值等问题有了更深入的思考，部分确立了道德感、正义感，同时理解感、美感、集体荣誉感等高级情感也有所发展。

4. 情绪的情景性

大学生的情绪易受气氛的感染，一定的刺激在特定的环境下会引起强烈的情绪反应，如晚上寝室熄灯时学生会大声喊叫、文艺晚会上喝彩声此起彼伏等。一旦满足自己需要的刺激出现，大学生就显得十分高兴；反之，就显得十分沮丧甚至愤怒。

(三) 大学生常见的情绪困扰

1. 自卑

自卑是自我情绪体验的一种形式，是个体由于某种生理或心理上的缺陷或其他原因所产生的对自我的认识和态度体验，表现为对自己的能力或品质评价过低，轻视自己或看不起自己，担心失去他人尊重等。

大学生的自卑主要表现为敏感和掩饰、自暴自弃、逃避现实、自傲、封闭以及逆反。产生自卑感的原因是多方面的，就主观因素来说，主要有以下几个方面：

(1) 不能正确地面对现实。大多数大学生在中学时期是学习尖子，受到老师和家长的厚爱及同学的羡慕，自我感觉良好。进入大学后，人才济济，大家各方面一律平等，一切从零开始。从鹤立鸡群变成"平庸之辈"，部分大学生对这种地位的变化和心理落差产生了自我评价失衡，从而造成自卑心理。

(2) 缺乏某些个人专长。大学生活丰富多彩，那些在各方面表现突出，如文娱、体育、写作、演讲等方面有专长的大学生，往往受到别人的羡慕；而这些方面没有特长且学习成绩平平的，就会产生一种不如别人多才多艺的自卑感，觉得自己平平庸庸和默默无闻。

(3) 失恋或单相思。近几年来，大学生的恋爱现象并不少见。目前很多高校对此问题所持的态度是"不提倡、不反对"。就爱情而言，它需要消耗大量的物质能量和精神能量。如果大学生把学习、打工和恋爱交织在一起，很可能造成心理危机。失恋或单相思令大学生尤其痛苦。很多大学生失恋后，将恋爱失败的原因归于自身条件，认为自己的身高、相貌或其他方面"配不上人家"，因而产生较严重的自卑。

(4) 性格、智力等方面的缺陷。大部分大学生性格外向、活泼、开朗、朝气蓬勃，少部分大学生由于性格内向、不善言辞、不善于表达自己，在公共场所的表达能力、交际能力较弱，因而难以适应新的环境。这部分大学生羡慕性格外向的人，逐渐产生对自己的厌恶和自卑。有位大学生曾说："和同学们聊天时，他们的知识很丰富，天南地北，无所不知，我却什么都不懂，我觉得自己不如他们，很笨。"另外，大学生智力水平不一，智力水平高者花在学习方面时间少而成绩优秀，智力水平略低者比别人多花几倍的时间却依旧成绩平平甚至不及格。这类大学生极易产生自卑心理。

(5) 不适当的自我评价。大学生有很强的自我意识，更注重自己的外貌、气质、能力及别人对自己的评价。自我意识的发展也是促进大学生的自我概念分化成理想自我和现实自我。然而，理想与现实存在着较大的差异，当对现实中的自我评价达不到所期望理想的自我标准时，两者发生矛盾，就容易产生消极的自我意识，失去达到理想的自信，产生自卑的情绪体验。

自卑也可以是不合理的自我评价造成的。美国心理学家埃里斯的 ABC 理论认为，一些负面的情绪体验如自卑、抑郁、焦虑等都是个体对事物的某些不合理的观念造成的，现实很难满足一些不合理的期望和要求。当现实与它们发生矛盾时，个体便会产生以点带面的、消极的、不合理的自我评价。有的大学生常因某事不如意而过低地评价自己甚至是否定自己，认为"我没用，我什么事都做不好"。

就客观因素来说，主要有以下几个方面：

（1）学校、专业不如意。高校有普通和重点之分，专业也有"冷门"和"热门"之分，这样，普通高校、"冷门"专业大学生与其他人相比时自叹不如。另外，许多大学生没有考上自己理想的学校或专业，进校后会产生失落感甚至自卑感。

（2）个人先天条件。由于个人先天条件的缺陷或不"如意"，如残疾、身高、长相、体型、肤色等都可能造成大学生的自卑，给大学生带来精神压力。这种情形在高校中比较常见。

（3）新的学习生活环境。有些大学生在一种环境中有严重的自卑感，而在另一种环境中却没有。例如，有一位学生说："当我跟中学的老师、同学在一起时，我感到非常开心、得意，而当我回到海市蜃楼般的大学校园，面对风格迥异的老师和同学，会感到浑身不自在，有一种与周围环境不相称的自卑感。"这是由于新的学习和生活环境所导致的不适应引起的。

（4）家庭方面。大学生来自不同的家庭，有的家庭有权有势，有的家庭经济拮据，一些虚荣心极强的大学生由于自己的家庭满足不了自己的虚荣心而感到自卑。有些大学生因父母离异或父母感情不好，面对其他家庭幸福的同学会感到自卑。

要克服自卑感，首先要建立起正确对待自卑的态度，分析产生自卑的原因和内在心理过程，从而能够对这些原因有正确的认识，继而通过建立合理、积极的自我评价来消除和克服自卑。

2. 焦虑

焦虑是一种伴随着某种不祥预感而产生的令人不愉快的情绪，是一种复杂的情绪状态。它包含着紧张、不安、惧怕、烦躁、压抑等情绪体验。许多人说不出自己焦虑的原因，但研究已经表明，事情的不确定性是产生焦虑的根源。

焦虑可划分为三类：一是神经性焦虑，是指当大学生意识到内心的欲望与冲突却无法控制时所发生的恐惧感。有时是无名的恐惧，有时是强烈的非理性恐惧。二是现实性焦虑，这种焦虑是由现实环境的压力与困难引起的，大学生自己无力应付。例如，无力参与竞争、期望过高、要求过严、社会文化差异悬殊等。三是道德性焦虑，它是由社会生活准则引起的，大学生对自我的责备与羞愧感，因唯恐犯错误或触犯不能逾越的规定，时常自责、受到罪恶感的威胁。这三种类型的焦虑不是单一的，有时是神经性焦虑与道德性焦虑的混合起来，有时也可能是三种焦虑的混合。

常见的引起大学生焦虑的原因有以下几个方面：

（1）因适应困难而产生焦虑。这是大学生中比较常见的情况。由于生活环境和学习方式的转变，造成大学生对新环境难以很快适应，因而引起各种焦虑反映。例如，有一位到心理咨询中心咨询的大学生谈到，进入大学以前生活上的事都由父母包办，衣食住行都有人给自己安排。现在这一切都要自己来做，却不知如何去做。学习紧张，还要想着怎么去处理这些事情，因此感到焦虑不安。这个例子可以看出，这位大学生由于生活在一个过分依赖的家庭环境中，独立生活的能力较差，因此当置身于一个新的、不得不依靠自己独立安排生活的环境中时，常常因不知该如何做而产生焦虑情绪。

（2）学习上的不适应也是促使焦虑产生的原因。不少大学生习惯了高中时那种被动的学习方式，上大学后对大学的学习方式不能很快适应。教师课上讲的内容不多，自己自学的时间较多。到了图书馆，又不知如何学起、无所适从。由于学习方法不得要领、学习成绩下降，一些大学生对以后的学习生活和前途感到忧虑不安，极个别的还会担心自己完不成学业，从而陷入焦虑状态之中。

（3）考试焦虑是大学生中较常见、较特殊的焦虑情绪表现，即由于担心考试失败或渴望获得更好的分数而产生的一种忧虑、紧张的心理状态。考试焦虑一般在考试前数天就表现出来，随着考试日期的临近而日益严重。研究表明，把对好成绩的期望降低到适当的水平，可以减轻考试焦虑。

（4）大学生中另一种常见的焦虑情形是因对身体健康状况过分关注而产生的焦虑。大学生因学习比较紧张，脑力劳动任务比较繁重，存在着一些可能使健康水平下降的因素，如失眠、疲倦等。当这些因素作用于那些过分关注自己健康状况的大学生时，便有可能导致焦虑的产生。

咨询中心常接待一些大学生，自身身体不适、睡不好觉，几次到医院去检查，任何指标都正常，但就是自感身体不舒服、终日无精打采，由此影响了学习。对于这种情况，要克服焦虑首先就要正确认识人的脑力活动对健康的影响，合理安排时间，注意劳逸结合、增强体育锻炼，而不应该沉湎于对自身身体状况的过分关注，因为这有可能通过暗示作用使自身身体的各种不适感加重，从而加重焦虑情绪。

克服焦虑情绪的方法主要有以下几种：

（1）科学地认知。了解焦虑产生的原因，对症下药。拿考试焦虑来说，大学生如果对某次考试非常重视，那么他就会十分在意，焦虑水平就会提高。每位大学生都曾经受过或轻或重的考试焦虑。适度的焦虑有利于考试，但若过度则适得其反。

（2）学会放松。焦虑往往伴随着紧张，紧张又增强焦虑，因此学会放松对减轻焦虑很有帮助。情绪放松有以下几个标准：心率平缓而有节奏；呼吸缓而均匀；肌肉松而不散；四肢酥软且有暖融融的感觉；心境平和而舒畅；感觉精力充沛、思维敏捷；动作灵活、自然、无拘无束；身体能从疲劳中得到恢复，工作和学习效率高。常用的情绪放松的方法有：深度呼吸法、静坐冥想法、自我暗示法、意向训练法和身体放松法。

（3）增强自信心。大学生的考试焦虑、人际关系引起的焦虑通常是由于自信心不足引起的。所以，要消除焦虑就必增强自信心，相信自己的能力和水平。当然，这种自信必须建立在一定的学识、能力基础上。如果大学生平时能认真掌握所学的知识，就不会害怕考试，也不会产生考试焦虑。

3. 抑郁

抑郁是大学生中常见的情绪困扰，是一种感到无力应付外界压力而产生的消极情绪，常常伴有厌恶、羞愧、自卑等情绪。抑郁就像其他情绪反应一样，人人都曾体验过。对大多数大学生来说，抑郁只是偶尔出现，时过境迁很快会消失。也有少数大学生长期处于抑郁状态，导致抑郁症。性格内向孤僻、多疑多虑、不爱交际、生活中遭遇意外挫折的大学生更容易陷入抑郁状态。

情绪抑郁的大学生的主要表现有情绪低落、思维迟缓、郁郁寡欢、闷闷不乐、兴趣丧失、缺乏活力，干什么都打不起精神，不愿参加社交，故意回避熟人，对生活缺乏信心，体验不到生活的快乐；并伴有食欲减退、失眠等。长期的抑郁会使人的身心受到严重伤害，使大学生无法有效地学习和生活。

抑郁情绪是大学生群体中一种比较普遍的不良情绪表现。大多数情况下，大学生的抑郁情绪都可找到较为明显的精神因素影响，主要表现为学习成绩落后、失恋、人际关系不和谐及其他有关的负面生活事件的影响。然而，失恋或学习上的失败是大多数学生都可能遇到的情况，并不是每个人都会产生如此强烈的抑郁情绪反应。一些大学生产生抑郁是由于对一些负面事件的不正确认识，以及因此而对自我价值的不合理评价。他们过分追求完美，希望自己在大学期间能在各方面都十分出色，这是很难做到的。因此，改变不合理观念，对出现的负面事件建立正确认识、评价和态度是克服和消除抑郁的关键，这与克服自卑的方法是一样的。

要克服抑郁心理，首先应培养乐观的人生态度。抑郁是一种消极的情绪，它可能是暂时的，产生这种消极情绪是抑郁者消极认知的结果。有的大学生一次没考好就一蹶不振，他片面地认为没考好，就是不聪明，就不是一个好学生。其实这可能是由于没复习好、身体不适等客观原因造成的。只要通过努力，把这门功课考好，问题就解决了。要学会全面、辩证地看问题，没有失败就不会有成功。

其次，注意锻炼自己的意志。"生活就像海洋，只有意志坚强的人才能到达彼岸。"一个人一旦拥有坚强的意志，他就会创造生命的奇迹。人生不可能一帆风顺，总会有这样那样的曲折和困难，烦恼、痛苦不可避免，关键是一定要尽快重新振作起来。大学生们平时应多参加集体劳动，多做点家务，这对锻炼意志都大有好处，同时还要树立必胜的信念。"人，只要有一种信念，有所追求，什么苦都能忍受，什么环境都能适应。"积极的信念会使大学生乐观向上、朝气蓬勃，并产生坚定的意志。必胜的信念，会使大学生始终充满斗志，充满乐观主义的豪情。因此，信念始终成为引导和鼓舞大学生朝着既定目标前进的指路明灯和推进器。

此外，还应学会合理表达自己的感情，抑郁的人多是极力压抑自己的某种不满、愤怒的情绪，这种情绪或者得不到表达，或者不会表达。要知道，喜怒哀乐是人之常情，每个人都有表达自己情感的权利和必要，只要表达得恰到好处，就会增进身心健康。

（四）大学生如何调节情绪

1. 情绪智力的培养

情绪智力（emotion intelligence）是评价一个人做人能力的重要参数。所谓情绪智力是一个人把握与控制自己情绪的能力；了解、疏导与驾驭别人情绪的能力；乐观看待人生、自我激励与自我管理的能力；面对逆境与挫折的承受能力；人际关系的处理能力及通过情绪的自我调节不断提高生存质量的能力。人的智商与情绪智力相互制约，互相促进，分工不同。

现代心理学的研究成果表明，在决定一个人成功的要素之中，智力起大约20%的作用，而80%的因素是情绪智力。仅仅是高智商，难以成就大业，只有智商和情绪能力都高的人，才能在现代社会里自由翱翔。古今中外，无数实例反复证明：良好的心理素质是一个人成败的决定性条件。

情绪智力教育是人生修养的重要内容，能使我们在工作学习中乐观开朗、精神清爽，能使我们在人际交往中更具魅力、广结人缘，更能使我们自我激励，从而把许多"不可能"变成现实。培养大学生的情绪智力可以从以下几个方面入手：

（1）提高修养水平。古人云："君子所取者远，则必有所待；所就者大，则必有所忍。"胸怀宽广、度量宏大的人，能把注意力集中在对人生更有意义的事情上，能从全局和长远的角度看待问题，不会因眼前琐事或蝇头小利而津津乐道，斤斤计较，不会为一时一事的得失成败或起伏变幻而大动感情，冲动失节。

（2）培养容人之心。要想遇到不顺心的小事而心平气和，必须养成能原谅别人缺点和过失的气度。俗话说："水至清则无鱼，人至察则无徒。"待人接物，不能过于苛求，否则只会把自己孤立起来。再说生活中令人烦心的琐事是很多的，没有一点容人的气度，是很难做成大事的。

（3）增强适应能力。生活有酸甜苦辣，生活有喜怒哀乐，生活有进退成败，生活有得失荣辱。大学生如果不能适应生活的变化动荡，情绪就必然会消极、低沉。只有具备了足以适应它的能力，才能坦然处之，理智对待，始终不改积极、乐观的精神面貌。

（4）学会转换心情。生活中不愉快的事情总是有的，当这种事情发生时，不要老是去想它，"既来之，则安之"，忧思苦愁无济于事，不如丢开它，去做、去想一些能转换心情的事情。如果老是郁积于心，耿耿于怀，不仅于事无补，反而会使不良情绪不断蔓延，日益加重。

（5）加强自我激励。进行自我激励，首先要有适当的目标。适当，就是要贴近自己的生活，符合自己的实际情况，因为只有那些看得见的、通过努力能实现的目标更易让人树立信心。同时，在实现目标的过程中，必须紧盯目标，不断地向既定目标迈进，不因挫折半途而废。其次要有自信心，相信自己的能力，坚定地认为自己能行，把"我能行"的感念深深地植入心中。

2. 做自己情绪的主宰

情绪是我们自己思想的产物。我们对自己的情绪不是无能为力的，我们可以通过调节自己的思想来调节自己的情绪。如果我们把思想集中在事情的积极方面，我们就会产生积极情绪；如果我们把思想集中在事情的消极方面，那我们就会产生消极情绪。

能不能保持精神愉快，责任在自己。心理学家通过理论研究和实践验证，创立了许多行之有效的情绪自我调节方法，大学生可根据自己的情况有选择地加以使用，从而主宰自己的情绪。

（1）理性情绪法。理性情绪法认为，人有理性和非理性两种信念，这些信念指引下的认知方式会左右人的情绪。人的消极情绪产生的根源来自人的非理性观念，反之亦然。要消除人的消极情绪，就要设法将人的非理性观念转化为理性观念。大学生在运用理性情绪法时，应首先分析自己有哪些消极情绪，从中分析、综合、抽象、概括出相应的非理性观念，对比两种观念状态下个人的内心感受，鼓励自己向理性观念方面转化，从而有助于排除不良情绪。

（2）延缓反应法。延缓反应法是通过有意识地延缓自己的行为反应来增强自控能力。一个人在即将做出冲动的反应时，若能延缓自己的情绪反应，就能赢得思考的时间。而经过思考，哪怕只是很短时间的思考，也常常能改变原来凭直觉对情境所做的不正确的评价和估量，使人从惊慌和气恼等常常导致举措失当的情绪状态中解脱出来，避免由于做出不适当的反应而招致不良后果。运用迟缓反应法，训练自己在感情冲动时有意识地克制自己的反应，以赢得思考的时间，是增强自控能力的一条有效途径。

（3）自我适度宣泄法。因挫折造成焦虑和紧张时，消除不良情绪最简单的方法莫过于"宣泄"。切忌把不良心情埋藏于心底。焦虑隐藏得越久，受到的伤害就越大。较妥善的办法是向亲朋好友倾诉，一吐为快，求得安慰、疏导、同情；甚至可以放声痛哭一场，也可以"愤"笔疾书，或去打球、游泳、参加大运动量的运动。但是，一定要注意场合、身份、气氛，注意适度有节，而且宣泄应是无破坏性的。

（4）放松训练法。放松训练法是一种通过练习学会在心理上和躯体上放松的方法。由于心理压力和生活方式的变化，一些大学生心理应激水平高，心理冲突强度大，挫折体验多，加之性格上的缺陷，极容易引起消极的身心反应，如头痛、睡眠障碍、焦虑、恐惧、烦躁、冷漠、悲观等。放松训练可以帮助大学生减轻或消除不良的身心反应，且见效迅速。放松训练的具体做法很多，如静坐，大学生可在心理咨询人员的指导下尝试放松练习。

（5）矛盾取向法。矛盾取向法是在进入或摆脱某种情绪状态的强烈愿望无法实现时，故意反其道而行之的方法。我们常会有这样的经历：当你急于进入或摆脱某种情绪状态时，越急越带来相反的结果。例如，越想尽快平静下来，越平静不下来；越想别慌，慌得就越厉害。这种情况使我们想到：既然过于强烈的愿望会带来完全相反的结果，那么是否可借助于一种完全相反的愿望来实现原来的愿望呢？心理治疗的实践证明这种可能性是存在的。

创立"意义疗法"的德国心理学家弗兰克就曾经让患有畏惧症的病人故意去要他害怕的东西，结果是只用了很短时间，就治好了他的畏惧症。这种心理治疗技术就是矛盾取向法。大学生可以在某些时候采用矛盾取向法进行情绪自我调节。

3. 建立积极自我意象

自我意象就是关于"我是什么样的人"的自我想象，是人们给自己画的一幅心理肖像。每个人从童年起就不断地用各种色彩涂抹着自我的肖像，尽管这一肖像在大多数人的意识中是模糊的，但是它对人们心理活动的调控却是明显的。你把自己看成什么样的人，你就会按那种人的方式去行事；你对自己有什么评价，你就会不断地去寻找各种事实来证实那种评价。你的所作所为、所感所想，常常是与自我意象相一致的。

同样，我们对自己的情绪活动也有一个类似的自我意象。有些大学生常用这样一些词来描述自己——"人家说我热情开朗""我是个天生的乐天派""我这个人老是容易发脾气""我总是担心害怕"等。如果你回想一下自己的情绪经历，就会发现，你的情绪表现和体验常常与你对自己的看法相一致。

要想调节、改变自己的情绪活动，使自己成为情绪上有修养的人，必须建立积极的自我意象。具体来说，可以从以下几个方面入手：

（1）从想象和装扮入手。著名英国滑稽演员 M. 斯图尔特，年轻时有着羞怯的毛病，与人谈话支支吾吾，极为胆怯，甚至不敢向行人问路、向公共汽车售票员打听是否快要下车。为此，斯图尔特吃尽了苦头。后来他终于找到了办法：同陌生人谈话时，自己就装扮成一个显赫的重要人物，用同这个人物身份一致的语调说话。这使他受益匪浅。不久，难为情、拘谨、羞怯的毛病在交际中不再出现了；而且，朋友们很快注意到，他模仿别人太像了，并收到令人欢乐的滑稽效果。从此，他开始步入舞台，走上成功之路。

斯图尔特的实验验证了心理学中的一条重要原理：装扮一个角色会帮助人们体验到他所希望体验到的情绪。当你装扮成一个你所希望成为的人物时，你就会有意无意地用相应的标准来要求自己，并按相应的行为方式行事。

美国心理学家曾利用这种方法成功地治愈了酗酒者。他们要求酗酒者闭上眼睛，尽量放松身体，想象出一幅自己希望的心理图像。在"画面"上，酗酒者看到自己是个头脑清醒、敢于负责的人，看到自己实际上也和正常人一样不用喝酒也能享受生活。结果表明，当酗酒者努力把自己想象成一个典型的正常人、想象出一个典型的正常人会有什么样的表现时，这本身就足以使他们开始在行为和情绪上像个正常人。当然，这种装扮或想象活动在开始时确实是困难的，不过只要坚持下去，就会逐渐自如并习惯起来。那时，就会发现自己与以前大不相同了。

（2）把注意力集中于成功的经历。这是建立积极的自我意象的另一个重要方法。积极的自我意象意味着对自己的积极评价，而积极评价来源于成功的经历。因此，把注意力集中于成功的经历，养成记住成功而不拘泥于失败的习惯，是建立积极的自我意象的重要途径。例如，练习投篮时，始终把注意力集中于投中上，记住并强化投中的经验，经过一段时间的练习之后，投中的次数会越来越多。因此，过去在情绪活动上有多少失意和失误并不重要，重要的是记取并强化那些成功的和积极的情绪体验。这样，就可能把自己情绪活动逐渐纳入良性循环的轨道。

第三节　大学生职业生涯规划管理的模式

职业生涯管理是有规律可循的，在大学生职业生涯管理过程中，可以借鉴一些有效的模式，提高职业生涯管理的效率。

一、职业生涯阶段发展任务管理模式

在职业生涯管理过程中，首先一定要明确职业生涯各个阶段的发展任务，只有明确任务，才能在职业生涯管理过程中有效实现自己的目标。职业生涯任务管理模式对职业生涯发展有着重要意义，既可以作为大学生职业生涯规划的参考，也可以作为职业发展各阶段实施状况的一个衡量标准。当然，各阶段的任务具体到某一个特定的个体和其所从事的职业的不同，会有一定的差异，但从共性来看主要包括以下内容。

1. 成长阶段，职业准备期（多为 24 岁之前）

身份：学生/求职者

在此阶段主要任务是接受适当的教育或培训，以进行知识储备和技能的有效培训。

（1）在知识的学习、业余爱好的形成和提高、各种活动中，自我洞察自己的需要与兴趣，不断发现并发挥自身的才干、知识和能力。

（2）从人际交往与反馈中锻炼角色领悟能力，对自己的存在状况做出判断，初步选择职业方向。

（3）了解有关职业信息，做出有倾向性的学习计划。

（4）寻找试验性的工作或兼职，探索满足自己需要的职业方向学

2. 进入工作领域阶段，职业选择期（多为 24～27 岁左右）

身份：组织新成员

这个阶段是职业生涯积累、沉淀经验和素材的阶段，主要任务是发现自身职业特质和职业兴趣与具体职位的匹配度，锻炼心理素质，继续进行知识储备。

（1）衡量组织提供的职业信息，如工作环境、职业种类、待遇等，是否与自己的需要相匹配。

（2）学会处理理想与现实之间不相吻合所带来的问题。

（3）学会与第一个上司/培训者相处，建立初步人际关系网。

（4）尽快熟悉组织文化，尽快了解内情，一定程度上学会采用"圈子"内独特的语言、行为模式与他人沟通。

3. 早期职业确立阶段，职业适应期（多为 27～32 岁左右）

身份：组织中的正式成员

已经成为组织的正式成员，承担某一项工作的责任，发挥并发展自己的能力，为提升或进入其他职业领域做准备。

（1）学会应付第一项工作带来的成就感或挫折感。

（2）根据领导与同事对自己工作的反映，根据组织提供的职业道路与发展机会，评价自己的工作能力，并评估自己所选择的职业是否正确。

（3）学会应付各种复杂的人际关系。

（4）调整态度与价值观，努力使之与组织、工作相适应，并进一步判断在组织中的去留。

4、职业生涯中期阶段，职业稳定期（多为 32～45 岁左右），职业身份：管理者/咨询顾问

在这一阶段，有的人可能被提升，承担更大的责任；有的人可能仍然保持着自己原来的职业，如医生、教师；有的人可能在原来的职位上继续自己的专业钻研，保持技术权威地位；有的人可能要被组织转换到另一横向职业领域；有的甚至离开组织。

（1）处理自我发展、家庭发展带来的压力，并使之与工作协调起来。

（2）继续学习，保持自己的职位。

（3）发展自己的职业绩效标准，形成自己独立的见解，相信自己的决策。

（4）重新评估自己与组织的依附关系，是否进行新的职业选择。

5. 职业生涯后期阶段，职业衰退期（多为 45 岁以后）

身份：领导人/非领导人（为组织做出贡献的人/咨询者/朽木）

领导者：

（1）学会整合别人的努力，扩大自己的权威影响。

（2）学会行驶权力的技巧与技能。

（3）学会处理组织内部或组织与环境之间的矛盾与冲突。

（4）从主要关心自我，转到更多地为组织的长远利益服务。

（5）学会承担领导者的角色，挑选与发展接班人。

（6）正确处理好与家庭的关系，应付各种家庭变故。

（7）树立良好公众形象。

非领导者：

（1）坚持技术上的竞争力，保留自己的技术权威地位。

（2）学会成为一名良师，学会怎样带好新员工

（3）发展所需要的人际和群体技能。

（4）扩大和加深兴趣并拓展技术的广度和深度。

（5）应付比较有能力的年轻成员对自己带来的职位威胁。

（6）提高应付家庭中出现的正常和非正常变化的能力。

二、职业生涯标杆管理模式

标杆管理是现代企业的一种新型的经营管理模式，对于提高企业自身产品质量和经营管理水平，增加企业竞争实力，有突出的效果。标杆管理的先驱和最著名的倡导者施乐公司的罗伯特·开普认为，在职业生涯的管理过程中，每一个人都必须随时准备向全球各地的同行相比较，向优胜者学习，需要运用标杆管理的方法进行自我完善。

职业生涯的标杆管理主要包括以下几个方面的内容：

（1）确认标杆管理的目标。标杆管理的目标也就是大学生职业生涯管理学习的对象，即标杆。确立的标杆可以是自己的专业领域或自己感兴趣行业领域中的生涯典范，也可以是周围所熟悉的同学、朋友或老师、父母，标杆要具体，并有参照的意义。

（2）通过自我分析，对照设定的标杆，找出自身差距，确定学习目标。首先通过自我分析要找出自身职业生涯发展中的问题所在，然后确定学习目标。学习目标一定要具体，它可以是你的标杆的某一项突出职业技能，也可以是一项重要的职业素养，总之，是你的标杆典范在生活、工作等方面表现出来的成功的品质。找到差距后，通过与标杆的交流或访谈，收集与分析数据，确定标杆各项指标。

（3）瞄准标杆管理的目标，制定可行的学习目标，把学什么细化、量化。这个步骤是职业生涯标杆管理中最关键的部分。首先结合标杆的各项指标，找到可操作性强的缩短差距的有效途径；再在这一基础上进行系统学习与改进，实施标杆管理。在这一步骤中，要结合实际，创造适合自己的职业生涯管理方式，要注意超越自我，克服学习中的惰性。

三、职业生涯发展视窗管理模式

职业生涯发展视窗管理模式是一个很好的生涯管理模式，当开始进行个人职业生涯规划管理时，以下列的问题作为思考的对象，来分析职业生涯规划管理的内容，并将其整理填写完毕。

（1）首先准备一张纸，在纸上画一条线，代表你的一生，在这条线的某处画一个"×"，代表现在你所在的时间位置。

（2）在"×"下面列出你个人的目标、目前工作的角色、价值观、责任、特质、需求及期望等，只要想到能说明"我是谁"的事情、现象、状况或心态都可以列出。这些项目可以写在一张纸上，也可分别写在不同的小卡片上。然后再将这些项目按个人的想法以优先顺序或重要性排列起来。

（3）根据上述项目来回答下列问题：

①哪些是暂时的、易逝的？哪些是永远的、可以延续的？

②你希望将哪些项目包含在未来规划中？你希望摒弃掉哪些项目？

③是否还有哪些项目你想再加入或修改？

（4）根据过去的经验及个人的感受，回答下列问题：

①过去曾有哪些事情让自己兴奋，希望再有机会尝试？或者这些事情应列入未来的计划中。

②你觉得工作或学习上哪方面最能得心应手？哪些技术最强？哪些人际关系处理得最好？

③把你的现状及你对工作的期望列出来，你觉得你需要什么？哪些东西需要去学习？

④你心中最想做什么事情？你希望将来的工作是什么样子的？你心中理想的工作、人际关系是什么样子？

⑤什么工作或学习你现在必须停止？什么工作或学习你现在应该开始着手？

⑥有哪些资源你尚未充分利用或目前误用或是你根本不需要用了？

⑦在你的计划中，弹性在哪里？当你的理想行不通时，你的次要选择是什么？将以上所有你思考的问题，整理并记录在这张纸上。

（5）从现在起，每天写日记，自我反省，自我思索，从文字中去了解自己的感受及价值观。

（6）描述理想工作应有哪些资源可以运用，哪些资源是你可以掌握的，哪些资源的获得需要他人的协助。将这些思考整理出来并记录在纸上。

（7）将以上理想用步骤及先后顺序排列起来，标注在你的职业生涯发展视窗里。根据职业生涯发展视窗的内容，按照一定顺序整理勾画出来，即构成了你的"生涯曲线"。

四、职业生涯日计划管理模式

"千里之行，始于足下。"紧紧抓住易逝的今天，从现在做起，从今天做起，才是每一个渴望成功的莘莘学子的唯一选择。要把握今天，就要善于规划好一天的生活。职业生涯日计划管理模式将为你在这方面提供有效的帮助。

（1）写下今天的目标任务。

（2）估计每一项目标任务完成的时间长短。

（3）列出目标任务的计划行动方法和步骤。

（4）预测目标任务完成可能遭遇到的问题及应对措施。

（5）留些缓冲时间给未预见的事情。

（6）确定目标任务的优先顺序。

（7）追踪与检讨。

每天，你要在晚上或早晨做你的日计划，反省你每天所做的事情是否与周目标相吻合，或者说累计成一周以后，你所做的事情是不是跟你的月目标相吻合，你每个月做的事情是不是跟你的季目标相吻合，你今年所做的事情是不是跟你的人生目标相吻合。有了这些以后，你才能够逐步地安排你的月计划、周计划。日计划的规划与管理是大学生职业生涯发展的重要基础。

五、职业生涯问题诊断与解决模式

随着职业生涯管理的不断变化，在实际的职业生涯发展中，大学生一方面须保持职业生涯规划的稳定性和积极性，不断提高自身的知识技能以拥有更好的职业化能力；另一方面，大学生还要具备良好的心态与理念，以适应外部环境的变化，保持自己的职业竞争力。然而，现实情况是，多数大学生希望自己所掌握的技术和技能能够长久适用，自己在专业的优势作用始终得以保持，这是多数大学生都存在的潜在矛盾。在这里，将介绍职业生涯问题诊断与解决模式，这一职业生涯管理模式将帮助同学们有效地处理这两对矛盾，使同学们的职业生涯进一步完善。

参考下列问题，对自己的职业生涯规划进行生涯诊断。

(1) 我最辉煌、最成功的是哪一段时间？辉煌、成功到什么程度？

(2) 导致成功的因素是什么？其中外部因素是什么？内部因素是什么？

(3) 现在这些因素还具备吗？

(4) 怎样才能使成功因素持续下去？

(5) 目前影响我进一步发展提高的最大瓶颈是什么？

(6) 造成这些瓶颈的因素有哪些？其中自身可控因素是什么？

(7) 自身可控因素中，哪些是客观因素？哪些是主观因素？

(8) 哪些必须由借助他人或他人参与才能控制或改变？

(9) 哪些因素自己就可以控制或改变？

(10) 哪些现在就可以改变？

(11) 哪些需要创造条件才能改变？

(12) 需要创造什么条件？

(13) 由谁创造条件？

(14) 从现在做起，我应该做什么？

通过以上问题的诊断分析，对自己的职业生涯发展现状做出深刻的剖析，将这些诊断分析记录下来，并思考你现在最需要解决哪些问题？将这些亟待解决的问题整理出来，并思考如何解决它们。最后，将以上的思考汇总在表7－3里。

六、职业生涯管理技巧模式

任何一个事物都有其发展规律可循，职业生涯规划管理也是一样，中华励志网的一篇文章里总结了职业生涯管理的技巧，在这里推荐给同学们，希望大家结合自身的实际情况分析并借鉴，为己所用。

(1) 在职业生涯发展的道路上，重要的不是你现在所处的位置，而是迈出下一步的方向。

(2) 职业生涯开发与管理，只要开始，永远不晚；只要进步，总有空间。

(3) 职业生涯的每一次质跃发展都是以学习新知识、建立新观念为前提条件的。

(4) 在职业生涯早期，对自己锻炼最大的工作是最好的工作；在职业生涯中期，挣钱最多的工作是最好的工作；在职业生涯后期，实现人生价值最大的工作是最好的工作。

(5) 在职业生涯发展的进程中，什么时候你的工作热情、努力程度不因工资待遇不高、上级评价不公而减少，从那时候起你就开始为自己打工了。

（6）千万不要把你的主要精力放在帮助你的上级改正缺点错误上，用同样的时间和精力，你能从他身上学到的优点一定多于能帮他改正的缺点。

（7）确定你的职业锚之日，就是你的职业转变为你的事业之时。

（8）在职业生涯发展的道路上没有空白点；每一种环境、每一项工作都是锻炼，每一个困难、每一次失败都是一次机会。

（9）在职业生涯发展的道路上，只要不放弃目标，每一次挫折、每一次失败都是有价值的。

（10）在职业生涯初期，我们可能做的是自己不喜欢而且不想从事一生的工作。要分清：喜欢不喜欢这份工作是一件事，应该不应该做好这份工作、是否有能力做好这份工作是另一件事。

（11）成功的人和不成功的人就差一点点：成功的人可以无数次修改方法，但绝不轻易放弃目标；不成功的人总改目标，就是不改方法。

（12）职业生涯没有目标不行，目标太多不行，目标总变也不行。对目标的处理方法是：选择、明确、分解、组合，加上时间坐标。

（13）目标分解是在现实处境与美好愿望的实现之间建立可拾级而上的阶梯，目标组合是找出不同的目标之间互为因果、相互促进的内在联系。

（14）求职是自我实现的前提，求美是自我实现的过程。

（15）只有暂时没有找到解决方法的困难，没有解决不了的困难。

（16）自我实现让人兴奋，天人合一使人平静。

（17）企业不仅是挣钱谋生的场所，更是学习进步、实现人生价值的舞台

（18）内职业生涯发展是外职业生涯发展的前提，内职业生涯带动外职业生涯的发展。

（19）外职业生涯的因素通常由别人决定、给予，也容易被别人否定、剥夺；内职业生涯的因素主要靠自己探索、获得，并且不随外职业生涯的因素改变而丧失。

（20）外职业生涯略超前时有动力，超前较多时有压力，超前太大时有毁灭力；内职业生涯略超前时很舒心，超前较多时很烦心，超前太多时要变心。

（21）正确的角色定位需要理智，及时的角色转化需要智慧。

第七章 大学生创新创业素质培养与提升

第一节 大学生素质教育与创新创业教育的协同发展

一、素质教育是创新创业的基础

素质教育与创新创业教育相互匹配和促进的过程需要协同发展。由于创新创业过程周期较长、风险较大、环节琐碎，因此，良好的创业教育的匹配和渗透是创新创业过程所依赖的。创新创业教育的开展，从微观层面来看，有利于培养大学生的主体意识、团队意识、合作精神、创新精神，创新创业过程所亟须的也正是这些气质和品格；从宏观层面来看，大学生的创新品质提升将有效地促进技术创新和科技创新，推动相关产业升级和产业转型发展。因此，高校通过改革创业教育教学模式、搭建创业教育实践平台、多方争取资金支持、优化创业政策扶持机制等措施，能有效地促进专业教育与创业教育的融合，大学、基金、企业"三位一体"资金扶持的融合，教师教学、企业家教学的校企融合，并最终实现创业教育与创新创业的深度融合。

二、创新创业是创业教育的实践化和具体化

创业孵化所具备的特征是要将创业教育进行实践化、操作化和具体化，而这恰好是创新技能人才的培养过程。创业孵化应围绕"培训＋苗圃＋孵化＋加速＋成长"的创业服务全过程、全链条，包括预孵指导、入孵管理、出孵跟踪等过程进行延伸、扩展，形成创业服务生态环境。显然，创业孵化是将创业教育进行实践化和具体化的过程。在高校中开展创业孵化对于营造创业氛围、提高大学生创新创业能力、促进大学生创业和就业都十分有利。在大学期间进行创业孵化，可以充分共享其他社会组织所不具备的优质资源，如实验设施、研究设备、研发技术、师资团队等。可见，将创业教育进行实践化，在大学进行孵化的企业相对于社会上的创业企业有更高的成功率、增长率和发展空间。

大学生创业教育与创新创业协同发展模式创新型人才的培养要依赖于创业教育、创业孵化、创业投融资等各项创业活动的开展，因此，在培养创新型人才的过程中既要考虑创业过程中各项活动的前后关联性，也要考虑各项活动的动态匹配性，还要考虑初创企业与经济市场、产业结构、社会需求的互动契合度。基于此，我们尝试构建创业教育、创业孵化过程模型，并在此基础上探索创业教育与创业孵化协同发展模式。高校要培养制造业的创新型技能人才，就必须要让创业者奠定良好的创业教育基础。高校可依托课程和第二课

堂，培养学生的创新意识、创意思维和创业能力。在大学生学习热情最浓厚的大一时期，可开设创新创业基础课程，集中培养学生们的创新创业意识；在大学生创新思维逐步形成、成熟的大二、大三上学期，可开设创新创业训练课程，将创业教育融入学生们的专业教育，培养学生的创业实践能力；在大学生就业目标基本明确的大三下学期、大四时期，可组织学生进行各项课外拓展项目，如创新创业、技术技能、社会实践等方面，鼓励、支持、扶持他们围绕先进制造业及生产性、生活性服务业等相关领域开展创新创业活动。在创业教育阶段涌现的优秀创业项目，高校应给予全程高度关注，并及时给予创业孵化支持。

素质教育在市场经济条件下向纵深发展的时代体现，即是创新创业教育。这就客观要求创新创业教育不仅是面向少数专业、个别学生的"精英教育"，而且是所有大学生的一种"广谱式"教育。创新与创业是"双生关系"，"创新"置于"创业"前面，实质是内在规定了创新的应用属性；"创业"置于"创新"后面，实质是全面统领创业的方向性，是创新型创业。"创新创业教育"包含了"创新教育""创业教育"的科学内涵。如今，"大众创业、万众创新"已成为时代鲜明的主题，一批批热衷于创新创业的青年学子勇立潮头；科学技术日新月异，"互联网＋"正引领年轻人筑梦青春，演绎一个又一个传奇。但各高校创新创业教育是否找准自己的"根基"和"灵魂"，还需时间检验。

三、高校大学生创新创业教育协同创新存在的问题分析

（1）高校创业教育协同联动机制不健全。目前，高校创新创业教育协同创新政策的重要问题之一就是高校创业教育协同联动机制不健全，不利于大学生创业实践的顺利进行。尽管目前很多高校在教育课程体系中已经纳入创业教育，但出现了理论体系建设不成熟、师资力量不完备、实践经验不足等一系列问题，在很大程度上阻碍了学生创业过程的进行，对大学生的成长和进步十分不利。与此同时，不少高校过多地注重教育本身，忽视了与社会企业的对接等，这些最终导致了创业教育协同联动机制的不成熟问题。

（2）缺乏大学生创新创业政策保障机制。从目前高校大学生创业教育来说，大学生创业实践中失败的原因很大程度上是缺乏有效的政策保障，高校与政府、社会企业等部门缺乏有效的对接与融合，导致大学生创新创业保障机制不足，这对大学生未来的创新创业极为不利。同时，无法与时俱进的大学生创新创业就业指导政策弱化了对大学生的激励和鼓励作用，很难形成有效的激励机制，创新创业的实效性也因此降低。

（3）高校大学生创新创业平台建设不足。高校大学生创新创业平台建设不足，对大学生创新创业十分不利，无法为大学生的实践提供有效支持，创新创业教育的可操作性也在很大程度上降低了。由于创业活动本身的风险很大，降低这种风险的有利条件可以通过建设创新创业平台，但由于创业平台的缺少，无法为之提供有效的模拟实践空间，不利于创业过程的推进。

四、高校大学生创新创业教育协同创新政策保障机制研究

（1）构建多组织联动协同创业政策保障机制。构建多组织联动协同创业政策保障机

制，有效地分析和研究并结合高校大学生创业的特点，既为大学生提供有效的组织保障机制，从而形成以大学生创业团队为核心，以高校—企业—政府—行业协会为依托的政策保障机制，也为大学生创业提供有效的保障。不断地落实大学生创业保障政策，从各个维度鼓励和督导大学生创业的进行，对高校和社会协同发展发挥促进作用。

（2）建立多元化的大学生创业资金保障机制。资金保障对于大学生创业实践有无比重要的促进意义，决定了创业进程的推进和拓展。建立多元化的大学生创业资金保障机制，不断地通过设立大学生创业基金、放宽担保贷款的条件、积极推动社会力量帮助创业团队融资等方式来强化资金的控制和管理，以此来更好地保证资金的通畅性。只有这样，才能够更好地促进大学生创业过程的顺利实现，从而不断地保证高校创业教育的有效性，真正为社会的发展起到有效的促进作用。

（3）构建开放性的高校大学生创业服务平台，从根本上来保证创业过程的顺利推动与实践。首先，积极推进政府与高校协同创业培训，对于高校的教师队伍进行有效的培训和教育，强化教育资源整合，健全高校的培训体系。其次，应该积极地开创大学生创新创业实践服务交流平台，对于大学生创业过程进行有效指导，并组建与高校创业教育体系相适应的就业指导小组，为大学生创业进行指导服务，这样可以在很大程度上促进高校大学生创业顺利进行，为其今后发展提供支持。

第二节 大学生素质教育与创新创业教育的协同路径

一、大学生素质教育与创新创业教育体系的构建

（1）创业教育是素质教育和创新教育的深入化与具体化。具备综合素质，特别是具备高素质的人才是创业所需。因此，素质教育是创业教育建立的基础，是新型人才培养模式。同时，创业又是一种创新，需要有智慧，视野开阔，知识面广泛，既懂专业知识，又了解市场需求，有组织管理能力和良好的人际关系及合作精神的人来实现。可见，具有创业能力的人应当具备创新者、管理者、企业家、社会活动家等多种角色的综合能力。因此，创业教育是素质教育和创新教育的深入化和具体化，完全可以融会在素质教育、创新教育中。

（2）创新精神和创业能力是人才综合素质的集中表现。创造性是人才的本质特征，没有创造就没有人类的发展。人类本身就是在劳动中创造出来的，人的劳动创造了世界。所谓创造，通俗地说就是发明或发现，就是产生某种新颖、独特、前所未有的具备社会或个人价值的东西，包括思想。创新除了包括创造外，还包括重新组合原有的东西，或再次深入发现已有知识。因此，创新拥有更加丰富的内涵，更宽泛的外延，更切合高等教育的实际。

创新人才具有较高的创新素质，包括创新意识、创新精神和创新能力。具体体现在具有不断探索创新的兴趣和欲望，勤于思考，善于发现并提出问题，求新、求异；具有创造

性想象和积极的求异思维、敏锐的洞察力和丰富的想象力，能够打破常规，突破传统观念和思维定势的束缚，善于提出新观点并运用新方法、新思路解决问题，不唯上、不唯书、只唯实；具有扎实的知识基础和深厚的文化底蕴，具有善于综合已有领域、开拓新的领域的能力，掌握创新知识的方法论，能够熟练掌握和运用创新方法，取得新成果；具有健全的人格和良好的心理素质，具有敢于怀疑、敢于批判、敢于冒险的科学精神，在挫折面前能很快调整自我心态，在任何不利的环境下都能够毫不动摇，不因一时的困难和挫折而放弃个人的想法和计划，有较强的独立性。

创新精神、创新能力和创新成果三个方面的统一是创新人才的基本特征。心理学关于创造力的最新研究成果表明：创造力是一种认知、人格、社会层面的综合体，是知、情、意的统一，它涉及人的心理、生理、智力、思想、人格等诸多方面的基本素质，并以这些基本素质为基础。从知识、能力与素质三者的关系来看，素质是先天遗传和后天教育影响而形成的相对稳定的个性心理品质，知识和能力的内化形成素质，内隐的素质外显表现为能力，而创造力则是上述基本素质的综合体现。因此，进行素质教育的核心是创新人才的培养。明确素质教育以培养创新精神和创业能力为重点，这将进一步提升和深化素质教育。

1. 树立以创业教育为核心的素质教育观念，完善创业制度

教师和学生都应树立以创业教育为核心的素质教育观念，要强调学生的全面发展，提高素质教育的质量。对教师而言，那些妨碍学生创业精神和创业能力发展的教育观念必须要转变，现代社会突飞猛进，科学技术日新月异，作为新科学技术的主要载体的高校，要主动适应时代并超越时代，就必须培养和造就大批创业型人才，即必须把高校建设成培养创业人才的摇篮。对学生而言，要对培养创业精神和提高创业能力的重要性和紧迫性引起重视，还要认识到，成为创业型人才，不但要博学，还要有创业精神、创业能力和创业人格。同时，更要有高度的社会责任感和事业心，有坚韧不拔、敢于冒险、勇于开拓的精神，要了解创业素质的必备条件，以及如何具备这些条件，从而主动自觉地配合高校实施创业教育，提高教育的有效性。

目前，高校应尽快完善各项创业制度和运作机制，确定创业教育目标，有机结合智力创业与体力创业、模拟创业与实践创业等，要建立学分制、休学制、转学制等弹性学制及与创业教育相配套的教育制度。

2. 改革课程设置，重构以创业教育为核心的素质教育教学模式

高校教育教学工作的核心是课程设置，学生的全面素质教育包括主体性和创造性能力的培养以及个性的发展与完善，归根结底要落实到课程设置之中。除了专业知识以外，国内外经济发展形势、企业管理知识、新技术革命的内容、市场营销知识及企业家成功的经验等都是创业成功的知识保证。因此，在素质教育中融入创业教育，体现在课程设置中，就是增加课程的选择性与弹性，加大选修课的比例，给学生更多的自主选课空间；开设创业教育讲座，增强创业意识，普及创业知识等，满足学生的求知欲，拓宽学生的知识面，培养学生的企业家精神和创业管理能力。另外，在创业教育全新的课程设置范式下，教育质量的评价主要由社会做出，对学生来说，与创业有关的知识、技能必不可少，但更重要的是强烈的创业欲望及自信心与进取精神，因此，需要在教学过程中营造一种民主、平等的教育氛围。

3. 大力加强创业师资的培养和创业研究

在中国的高校中普遍存在缺乏既具有较高理论水平，又有一定的企业管理经验，尤其是创业经验的师资。对此，进一步加强师资引进和培养是高校的必然之举。我们应当借鉴美国名校的做法，从企业及政府中聘请一些既有实际管理工作经验，又有一定管理理论修养的企业家、咨询师、创业投资家等担任兼职教师，与高校教师合作讲授一些创业课程。高校还应当鼓励教师参与企业咨询、研究活动，增加其管理实践经验。另一个重要的途径是加强高水平国际合作，通过引进短期海外教师或合作办学、合作研究，尽快提高国内大学创业教育和研究水平。

4. 创业教育应与丰富多彩的校园文化有机结合

充分发挥大学生创业教育中第二课堂的作用。开展多种形式的创业活动，不断探索创业途径。社团和学生会组织，不只要积极鼓励学生组建形式多样的创业团队，设立学生创业中心和活跃的学生社团；还需要充分利用现有的资源和条件，构建团队的建设和活动载体，如定期举办"创业沙龙"，成立"创业俱乐部"，举办"创业论坛""人才论坛"等，开展"创业培训"活动以完善知识结构。还可以专门成立"大学生创业素质培训班"，面向全校招收有志于创业的学生，设置科学合理的课程体系，使学生掌握创业应具有的各科知识。开展学术报告、研讨、辩论、科研竞赛、创业交流等，在提高学生创业意识和能力上积极探讨一些行之有效的措施。作为高校实施创业教育主要形式的"创业计划大赛"为学生提供展示创业才能的舞台，取得一定的成果。通过开展"创业计划大赛""专业技能大赛"和"计算机技能大赛"等活动来集中展示学生的创业成果，科学评价学生的创业能力，积极帮助学生吸引风险投资，适时推出比较成熟的创业团队和创业项目，完成学生创业从学校到社会的顺利转化。

二、调整优化课程体系的基本原则及主要路径

(一) 优化课程体系的基本原则

课程体系的优化是一项系统工程，既要考虑课程的复杂性与特殊性，也要综合考虑影响因素的作用，遵循科学的原则，确保课程体系优化与发挥整体功能。

1. 系统性原则

课程体系的改革优化是一项系统工程，为了真正实现课程体系优化必须从整体上把握课程改革。一方面，课程体系优化的影响因素是多方面的，不仅受到学校综合办学水平制约，也会受到社会经济、教育观念、国家教育政策等因素的影响，高校在优化课程体系过程中只有系统考虑校内外因素对课程体系优化的影响，才不会顾此失彼；另一方面，课程

体系优化不仅涉及系统中某一类课程要素本身的优化，还需要处理好课程门类间的关系及课程系统与学校内部其他系统和社会大系统的关系。课程体系的优化既要保证学生能扎实学好起长效作用的基础知识，正确处理理论学习与生产实践技能培养的关系，又要注重学校教育的理论性、系统性、长效性，加强课程体系间的内在联系，完善各门类课程自身的系统性及相互间的关联性，提高整体效益。

课程体系优化过程中贯彻系统性原则应把握好三个层次的协调，一是课程内部各章节内容间的协调；二是课程与课程间的协调，包括课程安排的顺序，学时分配及内容选择；三是课程体系综合功能的协调，充分考虑各类影响因子的作用。只有确保课程体系的整体性才能真正实现课程体系的优化。

2. 可持续发展性原则

根据社会经济文化与科技发展、社会需求、教育观念的改变，及时做出应对策略，并能促进教育发展就是所谓的可持续发展。首先，社会经济与科技文化的发展是课程体系的优化，应注意区域经济与国内外经济发展变化，科技发展态势，前沿学科、交叉学科或边缘学科的发展和形成，保持课程体系的柔性和先行性，避免教育的滞后性，尽量缩小或消除人才培养周期与新技术在专业领域应用周期间的"剪刀差"。其次，要关注社会发展对人才需求的变化，不断调整优化课程目标，改善学生知识、能力、素质结构，增强学生的社会适应能力。最后，要根据学校办学条件，改善学科发展水平、师资素质与学生已有知识水平，因时、因地、因校、因人制宜，设置具有本校特色的课程体系，增强学生综合素质，提高教育教学质量，从而实现学校的可持续性发展。

3. 前瞻性原则

具有极高学术水平和非凡才能的人才不可能直接通过本科教育培养出来，高等教育只能为人们日后的发展提供必要的基础。高等学校应着眼社会发展、科技发展趋势，加强预测和研究人才市场，全面了解社会科技经济发展趋势，主动适应科学技术的迅猛发展和知识经济对人才的要求，树立科学的教育思想、教育观念，以人的全面、充分而自由的发展为指导，以实现本科教育培养基础性、适应性和创造性人才为目标，紧跟当代科技的突飞猛进和学科知识的纵横网络关系，优化课程体系，强化课程的综合性与时代性，增强课程之间的有机联系，加强学科之间的衔接性与各学科知识、技能、过程的渗透性，既重知识逻辑结构又重知识发展的历史过程，既重知识纵向更新又重知识之间的融合和应用，既关注学生知识的获得，又要关注学生实践能力、创新能力的培养及健全人格的养成，使学生形成广阔的视野、开放的思想和自主创新能力。

4. 少而精原则

在学习过程中，学习时间的有限性与人类知识的无限性存在矛盾，要解决这一矛盾，在课程体系设置与课程内容的选择中要贯彻少而精的原则，控制课程的数量，提高课程的质量。基础课程教学要具有素质教育与专业教育的双重功能，课程体系应体现素质教育和专业教育的融合，着重培养学生的创新精神，特别是掌握科学思维方法和技巧，创造性地运用所学知识解决各种实际问题。贯彻少而精的原则要处理好课程体系中前修与后续课程的关系，同时，要处理好不同学科间课程的关系及同一门课程不同内容间的关系，避免课程内容的重复，根据专业培养目标的要求选择学生必须掌握的基本理论、基本知识、基本方法与技能。注意课程间衔接与配合，避免先行课程与后续课程间的脱节与不必要重复，注意课程内部各知识点间的内在联系，分清主次，突出重点。一方面，在优化课程体系过程中就要充分考虑各专业对该部分知识学习的基本要求，从而确定知识学习的深度与时间。另一方面，社会科技经济发展必然带来科学文化知识的增长、社会生产的多样性、社会产业的多样性、社会价值观的多样性及对人才需求的多样性，知识创新与增长的无限和学生学习时间的有限之间的矛盾日益突出，本科课程体系的优化应立足于解决学生从整体上认识、探究、把握外部世界的要求，精简陈旧内容，及时将新成果引入课程，甚至是开设综合性或多科性课程，在有限的时间内传递给学生尽可能多的信息。

5. 个性化原则

本科课程体系的个性化主要体现在三个方面，一是符合学校办学实际，体现学校办学特色；二是反映专业发展特点与优势；三是突出对学生个性的培养。

高等教育大众化使我国高校数量与类型不断增加，要实现高等教育结构的整体优化，最大限度地发挥高等教育系统的功能，不同类型和层次的高校就应合理分工，构建起结构优化、层次清晰、分工明确、相互衔接的高等教育系统，并依据我国高校的类型和层次分类标准，针对不同类型与层次的高校设置不同的人才培养目标，构建各具特色的整体优化的课程体系，从而不断优化人才培养结构，提高人才培养质量，增强高级专门人才的社会适应性，并在造就高素质劳动者、专门人才和拔尖创新人才三个方面做到既合理分工又相互配合，为社会主义现代化建设提供源源不断、丰富多样的人才资源。

作为培养人才的社会机构，高等学校由于各自的性质与培养任务不同，既不可能所有学校、所有专业都按一个模式进行人才培养，按相同的模式来组合人文、自然及社会课程，也不可能一所学校满足社会对各层次人才的需求，而只能从各自不同的经历、传统、现实、优势与特色出发，依据社会发展的要求与学生发展的现实，利用所处的地域及行业关系进行最佳选择，确定不同的培养规格要求，从而构建各具特色的课程体系。

（二）调整优化课程体系的主要路径

路径一：创业教育课程体系融合性优化

1. 创业教育课程体系内各因子之间的融合性优化

创业教育课程体系包括创业理论课程、创业实践课程和创业活动课程，创业教育课程体系的优化既强调其中某一门课程的内涵建设，又强调各课程之间的关联性、系统性，即保持独立性的同时，也要融合课程之间知识、技能、素养教育目标。

（1）对于课程开设的时间，需要合理安排前导课程、后续课程，遵循事物的认知规律，培养学生的学习兴趣，循序渐进地引导学生自主学习。

（2）对于课程开设的性质，需要兼顾理论课程与实践课程，使学生边学知识边操作技能，真正在"做"的过程中认知、掌握、实践，充分体现"工""学"交替的优势。

（3）对课程开设的形式，需要必修课与选修课相结合，注重培养学生基本创业技能的同时，辅之拓展延伸技能，为有进一步提升能力要求的学生提供平台。

（4）对于课程开设的内容，既要有独立性，又要注重与其他创业教育课程的关联性，强调某一技能的同时，更要培养学生的综合素质。

2. 创业教育课程体系与高等教育人才培养目标的契合性优化

创业教育属于高等教育的一部分，因此，作为创业教育的核心载体，创业教育课程体系必须与高等教育的人才培养目标保持一致，要融合基于岗位设置的人才培养方案。

（1）对于人才培养目标制定，需要强调创业教育与专业教育、技能教育、德育教育等目标相互融合。不要将创业教育作为一个独立的专业开设，因为创业教育的目标也只是高等教育人才培养目标的一个组成部分，而非全部。例如，在创业教育过程中，强化学生的创新思维能力、耐挫能力、慎独自省等创业精神，既是对创业者独立人格的培养，更是对高校德育的体现与提升。

（2）对于课程体系构建，需要将创业教育的理念渗透到专业人才培养课程体系中，强调创业教育课程与通识课程、专业课程、综合实践课程、德育课程等相互融合。例如，在对汽车专业学生讲解"TRIZ理论与方法创新"等创业教育课程中增加汽车销售创新的案例，专业性更强，更具有启发性和引导性。同样，也需要在专业课中融入创业教育课程或模块，如，在"财务会计"专业课中增加代理记账等创业知识模块，使创业教育的惠及面更宽泛，不仅仅是为了创业而进行创业教育，而是真正使学生具备"就业有优势、创业有空间"的能力。

路径二：创业教育课程评价体系的优化

评价是通过对已发生事件的判断、分析，给出结论。检查出多少错误、发现多少问题并不是评价的意义所在，评价的意义在于规范未来的发展方向和行为。创业教育课程评价体系的完善主要涉及内部评价机制和外部评价机制的优化两个部分：内部评价机制主要注重微观，即某一门创业教育课程或单一创业教育课程体系；外部评价机制主要注重宏观，即创业教育整体实施情况。

1. 优化创业教育课程的内部评价机制

优化内部自我评价机制，主要是期望通过评价发现问题，及时改正，进一步实现和完善创业教育课程的培养目标。

（1）评价的主体：创业教育课程的直接授课对象是学生，学生作为亲身参与者，对创业教育课程的学习、收获最有发言权，所以创业教育课程的评价主体之一即为学生。另外，学校的监督管理部门、二级学院、教师也必须积极参与到课程评价中来，及时了解课程开设的必要性、实效性。

（2）评价的标准：创业人才的培养和课程体系的构建成功与否，不能将创业人数的百分比持续增长作为衡量标准，衡量标准应该是既定的课程培养目标是否完成，即学生通过创业教育课程的学习提升了哪些技能、完善了哪些个性品质、是否具有创业的兴趣和潜质。

（3）评价的方式：以形成性评价代替终结性评价，即强调实施过程而非仅仅关注结果。因为有些结果是显性的，如创业者收益；有些结果是隐性的，如耐挫性；还有些结果需要很长时间才能体现出来，如创业能力。因此，过程评价较结果评价更具科学性、合理性。当然，评价时还要坚持定量评价与定性评价相结合的原则。

2. 优化创业教育课程的外部评价机制

充分发挥第三方评价中立性的特点，引入与完善外部评价机制，进一步监督、管理、完善创业教育课程体系的设置和实施，通过强化创业教育课程和创业教育的社会价值属性，进一步履行高等教育的职责，彰显创业教育的时代特色和现实意义。

（1）评价的主体：主要是社会、政府等。高等学校的毕业生最终都将走向社会，人才培养质量的检验也主要通过社会评价来完成。社会包括录用毕业生的就业企业、大众舆论、媒体等一切起到监督、评价作用的组织和个人。另外，作为高等教育的规划者与管理者，政府也应该定期组织专家，对相关高校的创业教育实施情况进行调研、评估，以规范创业教育的发展模式，提高创业教育服务于经济发展的能力。

（2）评价的标准和方式：外部评价的标准较之内部评价标准而言，综合性更强，侧重于能力和素养；就评价方式而言，也更加灵活、多变，但更看重结果评价而非过程评价。

综上所述，创业教育课程体系的优化主要涵盖课程内涵建设的优化、体系内外融合性的优化、评价机制的优化等方面的内容。通过对创业教育课程体系的构建与优化，创业教育课程在高校创业教育过程中要充分发挥重要作用，全面提升学生的创业能力，进一步实现现阶段高校创业教育的目标。

三、交叉学科教育与创新创业人才培养

（一）交叉学科对创新创业人才培养的作用

知识跨越和思维跨越是交叉学科跨学科的主要特性，交叉学科培养创新创业人才的最大优势便在于此。因此，交叉学科的教育，可以有效地拓展学生的知识结构、改善学生的思维体系和扩展学生的视野，提高学生发现问题、提出问题和解决问题的能力，提高学生的创新思维与创新能力。

1. 拓展学生的知识结构

学生创新能力的源泉是合理完善的知识结构，交叉学科跨学科特性的一个表现就是知识的跨越，跨学科的知识结构可以给予学生更为宽广和厚实的学科知识基础，在学科交叉的路径上，完成复合型、创新型人才的知识结构储备，增强和延展学生学科基础知识的复合性。因此，要调整优化课程体系，更加有效地设置交叉学科知识。

2. 改善学生的思维体系

交叉学科跨学科性的表现包括思维的跨越。跨学科思维，顾名思义，指学习主体的思

维突破所在学科的束缚，从多学科的角度对某一问题进行多层次的立体思维，在科学研究的重大突破和重大发现中跨学科思维发挥了重要作用。

现实世界中的客观事物具有多样性和复杂性，要深入地探索和认知世界中复杂的客观事物，必须具备与之对应的思维体系。依托交叉学科，学生汲取了相关学科思维方法的营养，海纳百川，兼容并蓄，相互为用，对各种思维方法进行同化、整合、重建，发散与收敛相统一，最后使思维发生质的飞跃，产生强烈的非线性交叉复合效应，跨学科思维在此过程中得以形成。单一学科培养出来的人，其思维局限于单一学科的研究范围，容易形成思维定式，在解决复杂问题的过程中难以开创新的局面。而交叉学科培养出来的人才能根据社会实践的需要，综合运用多种学科思维方法，从新视角和新层面观察、分析、研究复杂事物的内在规律，探索发现、解决问题的方法。当学习主体具备了这种思维体系，就容易在解决复杂问题的过程中产生灵感、顿悟，创新就成为一种可能。可以说，跨学科思维本质上就是一种创新思维。

3. 扩展学生的视野

单一学科、单一专业培养出来的人视野有局限，学科交叉的方式可以大大扩展学生的视野。交叉学科培养的人才不再拘泥某一学科、专业，可能是两个或两个以上的多学科、多专业，人才培养定位更高，视野更加开阔。

4. 为人才培养模式创新提供着力点

开展交叉学科教育是人才培养模式创新的着力点之一。许多教育专家指出，培养创新人才，必须来源知识结构的创新和复合，学生的创新能力培养需要在学科知识的交叉融合方面做出必要努力。随着时代的发展，复合型创新人才更加被社会所需要。在科学技术发展以综合化为主导趋势的条件下，交叉学科教育已成为人才培养模式创新的着力点，高等教育界已经形成的一个重要共识就是通过交叉学科培养创新人才。

（二）跨学科人才培养的路径

1. 设立跨学科的专业

通过设立跨学科的专业，开设跨学科课程进行跨学科人才的培养这是各国高校普遍采用的培养途径之一，在培养跨学科的人才中发挥重要的作用。美国的高等教育研究人员认为，综合性的专业和课程对培养现代人才的各种素质和思维能力十分有利。美国高校本科生的"专业"，是通过修习不同的主修课和选修课来形成的，专业的构成比较灵活。学校并不单纯以学科分类作为本科专业（主修课）的设置标准，很普遍的情况是跨学科交叉设置专业。这种专业跨越若干传统学科，超越了传统"系"的界限，拥有独立的课程体系。这样就改变了文科与理科截然分割、各学科之间壁垒森严的局面，可以培养厚基础、宽口径的通用人才。例如，以强调继承传统著称的日本，也提出高等教育要面向国际、面向21世纪，破除狭窄的专业意识，摒弃专业间人为的屏障，培养国际性人才。还有许多国家实行不同学科分段培养或不同学科课程交叉配合的改革，改变过去单纯以科目为本位或以经验为本位的专业模式和课程模式，强调知识体系的集约化和结构化，加强课程内容的综合性、整体性和探究性，使学生的知识结构由"深井型"转变为厚基础、宽口径的"金字塔型"。尽管各国改革的具体做法各异，但在打通专业界限，造就通晓多学科专业知识人才方面是一致的。

从 20 世纪 90 年代开始，我国高校开始重视通过专业改革和课程设置，培养跨学科的人才。复旦大学、兰州大学等院校先后制定改革措施，如实行大类学科招生，学生入学前两年，学校和学院对新生不按具体的专业安排教学计划，而强调宽口径、厚基础的通识教育。到大三，学生再根据自己的兴趣或社会需求选择具体的专业方向。这样就打破了过去一成不变的培养模式，即学生一入学就固定专业，给学生提供更大的发展空间。另外，还实行双学位制，允许学生转系、转专业，发展新兴的跨学科性质的系和专业等，着力培养跨学科人才。

2. 组建教学科研合一的跨学科研究中心

通过组建教学科研合一的跨学科研究中心，培养跨学科人才

设立跨学科研究机构可以推动不同领域的合作，通过多种形式学术活动，如学术会议、讲座等，加强科研信息交流，为学生提供参加训练和接触仪器设备的机会，利用跨学科研究机构的跨学科研究优势，也对争取校外研究经费有利，有利于完成校内外的创新工作。从世界范围来看，一些国际著名的大学，如哈佛大学、斯坦福大学、普林斯顿大学等近年来都投巨资成立了跨越生物学、物理学、化学等多个学科的交叉科学研究所或研究中心，集中物理学家、化学家和生物学家等不同学科专家的智慧，以促进学科的交叉和渗透。例如，斯坦福大学诺贝尔物理学奖获得者朱棣文教授领导启动了"生物学交叉学科研究计划"；德国布伦瑞克工业大学的"物理和技术计量学"研究生院的教授就分别来自物理、数学及信息科学和电子学等不同专业领域。目前，国内北京大学为迎接挑战，成立了横贯生物医学、自然科学、应用科学和社会科学的"生物医学跨学科研究中心"，并于2001 年开展生物医学工程跨学科研究生培养；西安交通科技大学"生命科学与技术学院"的成立，也标志着交叉学科研究生教育工作的实质性开展；中国科学院等离子体物理研究所在物理、生物、化学交叉学科领域培养研究生方面也取得了丰硕的成果。

3. 建立跨学科型大学，培养跨学科人才

日本在 1973 年创立了筑波大学，这是一所新型开放性大学，从一开始成立就采取了适于交叉教育的教学体制和科研体制。该校将教学组织分为 6 个学群、几十个学类和相当数量的专攻领域。学群包括人文和自然科学众多领域，像一所小型综合大学；学群下面设的学类相当小型综合大学的中心学院。同时，将综合性课程列入教学计划，重新组织教学内容，加强跨学科研究。4 年的课程编排几乎都是综合性的。日本教育家认为："没有综合化，就不会产生伟大的文化和伟大的人物。"近年来，我国政府也在不断调整教育政策，进行教育创新。我们是否也可以学习日本的经验，组建新型的跨学科型大学，探索出培养跨学科人才的新路，这将是一个非常有益的尝试。

（三）交叉学科教育的重要意义

1. 是社会科技经济发展的迫切需要

如今科学技术发展日新月异，新的思想、理论、技术手段往往体现多学科交叉的特点，许多重大的发现和成果往往出现在学科交叉的前沿，学科交叉已成为获得原创性成果的重要途径，学科交叉是科学发展的必然趋势。只有突破传统学科之间的壁垒，促进学科间的交叉与融合，才能把握最前沿的科学发展技术。当今经济社会发展中出现的一些重大问题，往往涉及多个学科，如环境问题、人口与资源问题、可持续发展问题等关系全球发展的综合性问题，仅从单一学科的角度来寻找完善的解决方案是不可能的，只有综合运用多学科交叉与融合的观念、理论、知识和方法，进行多学科系统性的联合攻关，才可能较好地解决这些问题，推动经济社会的快速发展。

2. 是促进决策科学化的必然要求

客观事物纷繁复杂，从不同角度、不同层面考察，会有不同的内容。交叉科学丰富和完善的科学知识体系，为人类认识世界、改造世界提供了多样化解决问题的方法、手段和角度。在面对高度复杂、多变量、多因素的决策任务时，只有运用交叉科学的理论、手段和方法，才能提高决策质量和水平，避免或减少决策失误。

3. 是研究型大学自身建设和发展的迫切需求

经过几十年的发展，我国高等学校中学科的覆盖面已相当广泛，特别是综合性研究型大学，基本覆盖了理、工、管、文、经济等诸多学科门类。交叉学科是学科发展的必然趋势，在学科外延发展空间有限时，为了使高校实现可持续发展，高校发展必须从外延式扩张走向内涵式建设，在巩固现有传统学科优势的同时，从学科交叉、融合、渗透中不断孕育出新的学科生长点，形成以重点学科为龙头的多学科协调发展的学科布局结构。通过以内涵为主的发展方式发展交叉学科，不仅会涌现出大批新的交叉学科，有力地促进学科格局的变化，实现学科建设和发展的创新，推动学科建设的创新和发展，而且大量交叉学科的出现，暴露了传统学科结构的局限性，传统学科不能"闭关自守"，需要突破原有学科的界限，求得本学科的生存与发展，使传统学科保持旺盛的生命力。

4. 是科学技术创新和培养创新型、复合型人才的重要途径

当今时代，任何高科学技术成果都是多学科交叉融合的结晶。要实现科学和技术的创新，必要而且重要的途径是发展交叉学科。自进入 21 世纪以来，国际竞争的重要焦点是拔尖创新人才的竞争，任何国家只要取得了争夺拔尖创新人才的优势，就意味着占据了全球竞争的制高点。广博的知识、开阔的思路、创新的理念、较高的学习和创新能力是高素质创新型和复合型人才的重要体现。众多研究成果与实践经验表明，交叉学科的研究与实施，可以有效地改善学生的知识架构与思维体系，提高学生的学习与动手能力，培养学生的创新意识与创造力。

第三节　大学生素质教育与创新创业立体化体系构建

一、创业教育应当以人为本，培养学生终身学习和可持续发展的能力

我国高校应当以人为本，坚持从大学生长远发展出发，培养他们具备终身学习和可持续发展的素质，创造性地开辟未来。高等教育是建立在普通教育基础上的专业性教育，在大学培养目标、培养规格中，应使业务素质、创业素质与其他素质和谐统一起来。高校培养的大学生要德智体全面发展，要具有较高的知识水平和较强的技术转化能力、技术创新能力、创业开拓能力、群体合作能力、经营管理能力等综合能力。

要克服那种认为大学生无须进行文化素质教育的单纯技术倾向，高等院校需要加强文化素质教育，注重结合科学精神与人文素养，加强科学精神和科学方法论教育。实践证明，大学生文化素质教育十分重要，通过对大学生进行文学、历史、哲学、艺术等人文社会科学及自然科学方面的教育，全面提高他们的文化品位、审美情趣、人文素养和科学精神，使他们学会做人，这是素质教育的内核。文化素质作为一种基础，深刻影响学生其他素质和人格品质、人生观、价值观的形成，对学生的人生产生影响。

二、创业教育应当突出创新精神和创新能力的培养

创业的灵魂和根基是创新精神和创业能力。创新精神和创业能力应作为素质教育的重点，为大学生的创业教育打下良好的基础。大学开展的是专业教育，专业性既是大学教育的本质特征之一，也是大学教育区别于基础教育的本质属性。专业性主要指人才的业务素质，兼具学术性与职业性的特征。大学本科阶段要求以创新和创业能力的培养与训练为主，把创新精神与实践活动结合起来，培养大学生的创业意识和技能。硕士和博士研究生阶段，则以创造性成果的要求为主。这些特点都要求大学教育更加注重培养学生创新精神和创业能力。

长期以来，缺乏创造性是我国教育普遍存在的一个问题，这是由在中小学盛行的应试教育和大学狭隘的专业教育造成的，已经成为制约我国经济发展和国际竞争力增强的一个主要因素。

因此，突出创新精神和创业能力的培养作为创业教育的重点，既是迎接知识经济挑战、促进经济科技发展和提高综合国力的需要，也是针对我国高等教育长期以来创造性能力培养薄弱的必然对策。

三、将创业教育融入素质教育的必要性

1. 实施创业教育是缓解高校人才供求矛盾，提高素质教育质量的需要

目前，就业竞争日趋激烈，连续扩招使高校面临巨大的压力和挑战。面对就业难的问题，教育部门采取了一系列措施以增强毕业生的适应性，包括合并专业、拓宽学生专业基

础及在毕业前夕进行就业指导等。这些措施对缓解就业矛盾起了一定的作用，但对解决总量供需矛盾却显得力不从心。问题的症结在于：高校扩招只是基于考生个人的需要，没有形成就业与需求的匹配；现有的学校教育中，素质教育、创新教育没能与创业教育及其实践活动有机地结合；没有将创业教育纳入人才培养计划中，从而建立起真正意义上的创业教育机制，为学生提供较好的创业环境和机会。"授之以鱼"不如"授之以渔"，实施创业教育以培养大学生创业能力是畅通高校"出口"，缓解高校人才供求矛盾的基本思路。

2. 实施创业教育是大学生个体发展的需要

当今大学生，必须要对就业问题有一个清楚的认识，不仅要解决自己的就业问题，还应成为服务和谐社会的个体和群体。对大学生来说，为了获取更多的就业机会，在夯实基础理论知识和专业知识、掌握基本技能和专业技能的同时，还需要学习一定的创业知识和技能，要注意加强创业素质的培养。这就需要高校在传授学生专业知识的同时，开展创业教育。在新生入学教育阶段，注重激发学生的创业欲望，培养创业精神，帮助他们打消"等、靠、要"的依赖思想；在随后的几年里，采取多样的方式进行创业知识传授和创业能力培养。如此，大学毕业生才会具备生存能力、竞争能力，既可去寻找合适的就业岗位就业，又能在寻求更好的自我发展的时候走向自主创业的道路。因此，开展创业教育是学生自我发展，实现自我价值的需要。

四、建立科学合理的创业教育目标体系

1. 培养创业精神

通过创业教育，一方面，使学生了解我国当前严峻的就业形势、巨大的社会就业压力，从而认识更多的就业机会可以通过创业成功来提供，能够有效解决中国当前就业难问题；另一方面，更为重要的是，应当使学生了解在市场经济条件下，强烈的创新精神和持续的创业能力，是大学生将自己所学的专业知识和众多的市场机会相结合从而转变为社会财富的可靠保证。只有这样才有可能在社会经济获得发展的同时实现个人的抱负和理想。因此，必须营造浓厚的创新创业氛围，使大学生切实感受到创新精神和创业能力的重要性和紧迫感，从而自觉培养创新精神和创业意识。

2. 丰富创业知识

通过创业教育，一是要使学生了解国内外创业教育的发展状况，学习中外成功创业者和创业企业的成长历程和特征。二是要使学生了解创业者应具备的品质、素质和能力，以及如何培养这些品质、素质和能力；了解创业需要怎样的知识和技能的积累，需要什么样的市场环境和条件；学习如何制订创业计划，如何捕捉商机，如何开始创建一个企业；学会如何筹措创业资金，制订财务计划和规避市场风险等。由此可见，创业教育有利于改善学生的知识结构，拓宽学生的知识面，增强学生的创业技能。

3. 健全创业心理

创业教育可以使学生学会沟通和协调，学会如何做人和处世，并在以下几个方面健全

学生的创业心理：一是积极的处世态度、正确的行为方式、严谨的工作作风。学会诚实守信、踏实努力工作。二是强烈的自信心。真正懂得"失败是成功之母"，培育出靠自己不懈努力争取成功的坚定信念和坚韧毅力。三是积极的竞争意识和合作精神。既敢于超越别人，又善于与他人沟通与合作。四是坚韧不拔的毅力。做事果断坚决，能够持之以恒，遇到挫折和打击能百折不挠，具有很强的适应性。五是能够承受内外环境的压力。经受重大挫折而不被压倒，在困境乃至危机面前镇定自若，善于控制自己的情绪，化解困难局面。

4. 提高创业能力

通过创业教育，一方面，要培养学生的创业技能，这些技能包括如何组织创业团队，如何发挥团队的人力资源优势，如何把握商机，如何与人友好交往、有效沟通，如何为创业企业融资并使其健康成长等。总结起来，就是培养创业所必需的创新能力、策划能力、组织能力、指挥能力、控制能力、协调能力及管理能力。另一方面，要培养学生具备创业企业家的品质和素质，包括优良的个性品质、独特的领导才能、构建组织及其文化的能力、善于化解矛盾的能力，以及获取团队成员信任的能力等，这些能力的培养将使受教育者终身受益。

五、健全和完善创业教育培养体系

创业教育是一项系统工程，在创业教育中政府应起核心作用，鼓励开展创业教育，完善各项创业政策，做好创业服务。高等院校应尽快建立和完善创业教育运作机制，制定好创业教育目标，建立与创业教育配套的制度，如学分制、休学制、转学制等弹性教学制度，解决好专业课程和创业课程、创业课程与创业实践、实习基地与经济实体的关系。要努力使学校的产学研资源为学生创业服务，充分利用社会资源、网络教学、远程教育等培养学生的创业技能。社会、企业、家庭也要大力支持创业活动，为创业者提供充分的人、财、物等方面的支持和帮助。

教学内容和教育方式改革应该作为建立创业教育培养体系的基础，注重创新和实践，深化课程体系改革，摒弃陈旧的教材和教学方式，加大实验、实习和社会实践等教学环节在整个课程体系中的比重。同时，还应建立和健全相应的评价体系、评价指标，以鼓励创新和激励创业。在培养体系中，课程体系是核心，优化课程设置，对课程设置实施从"刚性"向"柔性"的改革，是当今世界高等教育改革的重点，也是在创业教育中完善学生创业所需知识结构的关键。一般来说，创业者的知识结构分为四种类型：基础知识、专业技术知识、经营管理知识、创业实践性知识。为此，首先，在教学中要加强基础课程、专业学科与其他学科课程的交叉融合，在培养学生具有扎实的基础知识和系统掌握本学科专业技术知识的基础上，开设经济学、管理学、法学、财务会计以及外语、计算机等课程，拓宽学生知识面，加强学生的文化底蕴。其次，要加大选修课程的比例，增强创业课程群的选择性与弹性，拓宽学生自主选择的空间，进一步激发学生的学习兴趣。最后，增设创业实践课程。以必修、限制选修或直接参与创业实践的形式，侧重创业综合性、实践性知识的传授，让学生全面获取创业所需的多样性知识。

第四节　大学生创新创业素质培养的影响因素

一、立体化实践教学体系

实践教学的重要内容包括立体化实践教学，是创新的实践教学体系。立体化实践教学重在实现实践教学整体效用和价值的最大限度发挥，强调将实践教学的实验、实践、实习等各环节紧密相连，层层递进，多维度、多元化、全方位地实现各领域专业人才的培养。立体化实践教学的目标是指培养创新型、应用型和复合型人才，运用先进的科学理念和教学思想，坚持理论与实践相结合的原则，分别以时间、能力、专业实践为多维结构，构建多层次、多维度、全方位的实践教学体系，实现高校、科研机构、企业、政府的多方协同合作，实现专业人才实践能力、创新能力等综合职业能力得到全方位、深层次、多元化培养的教学目标。

立体化实践教学是以培养创新型、应用型和复合型人才为宗旨，以协同创新理念为指导，坚持理论与实践相结合的原则，分别以教学阶段、专业能力、实践教学内容为多维结构，构建多层次、多维度、全方位的实践教学体系，实现校企政的多方协同合作，提高学生的职业综合能力，推动实现专业人才的"高位就业"目标。立体化实践教学体系是符合时代发展需要的教学理论，是实践教学更为完善的实践教学体系。专业的发展需要科学理论的指导，需要科学教育理念的注入，基于协同理念下的立体化实践教学体系的构建，具有较强的理论价值和实践价值，对培养"高位就业"人才具有重要的意义，能够完善实践教学体系，丰富教育研究理论，推动教育的发展。

二、立体化实践教学体系与创新创业素质教育的关系

对高校而言，进行立体化实践教学体系创新，将教学实践与创新创业素质教育结合，既是提升人才培养质量、促进毕业生更快更好就业的需要，也是高校增强自身软实力、走内涵式发展道路乃至建设研究型大学（创新）和应用型大学（创业）的内在诉求。作为立体化实践教学主体的师生，其参与创新创业素质教育的基本动力是通过完成教学，实现自身更好发展：教师改革教学内容与方法，改善教学效果，提升教学和科研水平；学生参与创新创业实践，获得知识、经验与能力，实现全面发展。明确以上各方动力构成的主要目的是构建能够有效传导、良性互动的创新创业素质教育"三结合"的动力体系，该体系从上至下（国家—高校—师生）通过激励与评价机制来传导动力，将国家层面对创新创业人才的需求转化为高校改革人才培养方案和教学模式的动力，进而转化为教师改进教学、学生积极参与学习的积极性。

立体化实践教学的核心目标是创新创业能力的培养，贯穿实践教学体系每个环节，是人才培养的内在要求。高校多数专业具有实践应用性强、涉及行业范围广等特点，其学生具备较好的市场机会意识和一定经营管理能力，并有较高的可能性在校或毕业后参与创

业，因而对创业能力需求更大。此外，学生毕业后主要就职于各行业企业，由于行业特点与市场需求存在差异，学生在工作中要不断学习、实践与创新，否则很难适应岗位要求。无论是从就业还是创业角度而言，创新创业能力提升都有助于学生实现更好的发展，因此，创新创业能力培养与人才培养在目标上是完全一致的。

在立体化实践教学的目标体系中，主要包括专业能力、综合应用能力和创新创业能力三个部分，其中，创新创业能力是核心与最终目标。由于目前学术界和高校对创新创业能力这一目标普遍缺乏明确界定，笔者根据自身实践教学经历，认为可将其划分为知识目标、情感目标和能力目标三个层面。在知识上，创新创业需要学生掌握企业管理、财务会计、市场营销、国际贸易、国际金融、法律法规等知识，才能应对创新创业实践中可能出现的常见问题。在情感上，创新创业要求学生除具备良好心理素质、优秀道德品质外，还应具有创新意识、市场意识、风险意识、团队协作意识、不屈不挠的创业精神及丰富的创新创业实践经验。在能力上，如前所述，创新创业能力主要由科学研究、实践动手、社会活动、经营管理等方面的能力构成。在实施实践教学时，应以创新创业能力培养为导向，适当调整实践教学计划，改革教学内容、教学方法和教学管理体系，力争更好地实现教学目标。

内容体系是整个立体化实践教学体系的主体，是指实践教学各环节的合理配置，包括实验实训、企业实习、课程设计、毕业设计、第二课堂、社会实践等，具体体现为实践课程规划与教学内容安排。相对以往以理论知识巩固为主的实践教学模式而言，新体系具有立体化、层次化、项目化等特点。所谓立体化，就是要调动实践教学的所有要素，以丰富的实践教学资源为平台，以多样化的实践教学方法为路径，实现各环节相互贯通、紧密结合的全方位体系。层次化是指实践教学应遵循"由浅入深、由低到高"和"实践、创新、再实践、再创新"的基本规律，在实践教学环节设计时，将教学内容分为若干层次，阶段式、循序渐进地实施实践教学活动。项目化是指实践教学内容组织应尽可能以贴近社会（企业）实际的创新创业项目形式，通过小组任务下达给学生，使教学过程真实化，这样既利于吸引学生的参与兴趣，又能够增强学校与社会、企业的互动，形成良性循环。立体化实践教学内容体系按照"理论与实践结合、系统性与阶段性结合"的思路，以培养学生专业能力、综合应用能力和创新创业能力为目标，从课程实验、实习实训、社会实践、综合设计、学科竞赛和创新创业竞赛等多个维度出发，构建由基础实践、专业实践、综合实践和创新创业实践构成的立体化实践教学体系。

虽然有关实践教学方面的研究近年来得到教育研究者的广泛关注，实践教学的相关理论也逐渐完善，部分专家学者对实践教学模式、实践教学体系等方面问题进行了理论探讨，但现有实践教学模式等诸多理论难以解决教育与行业发展的突出矛盾，在教学实践方面操作性较低，缺乏创新性，难以满足行业对人才的发展要求。实践教学的发展需要结合创新创业素质教育理念，需要培养符合行业和市场发展需要的专业人才。立体化实践教学体系是基于协同创新理念的指导，是在科学的教育理念的指导下建立起来的创新型的科学教学体系，同时，立体化实践教学体系的建立，紧跟行业的发展要求，结合高等教育与行业发展突出瓶颈问题，确立了培养人才"高位就业"的合理目标，强调在教学过程中，加强学生专业操作能力和实践能力等综合职业能力的培养，为企业培养具有较高职业综合能力的高素质专业人才。

"高位就业"是指学生在专业学习后到企业就业直接进入中层管理者和高技能专业人才岗位，不需要从基层服务人员做起的新型就业目标。"高位就业"的前提强调学生在毕业时已具备企业所需要的基本技能和职业综合能力，掌握扎实的理论基础的同时，具备较高的实践操作能力，符合基层和中层管理者的职业能力要求，以及需要具备的职业综合素养。立体化实践教学体系以学生的"高位就业"为目标，以创新创业素质教育理念为指导突出实践教学环节连贯性和整体性，完善实践教学内容，积极培养学生综合职业能力，满足新时期发展对专业人才的需要，力争推动毕业生实现"高位就业"目标，进一步完善实践教学体系。立体化实践教学体系的目标，突破传统实践教学体系研究角度，重在解决教育与人才供求矛盾的瓶颈问题，为教育的新发展探索新的人才培养机制。传统的实践教学体系虽然发现了教学重理论轻实践的问题，但仅加强实践教学力度是不够的，实践教学的发展需要更为完善的理论指导，需要明确的实践教学目标，需要符合行业和市场对人才的真正需要，只有找到问题的根源才能更好地解决问题。积极推动人才的"高位就业"是解决教育与行业发展供求矛盾的突破点，符合行业对于人才的新要求，"高位就业"的实现需要与创新创业素质教育结合的实践教学体系。

三、基于创新创业素质教育的立体化实践教学体系

（一）立体化实践教学体系构建的基本原则

1. 相对独立的原则

建立相对独立的实践教学体系，加强对学生专业技术应用能力的培养，激发学生创新创业热情，实践教学在教学计划中应占较大的比重。

实践能力的培养来自创新意识和动手实践，独立的实践教学体系在内容上可以分为实验、实习、设计三个子体系，在方式上可以分为校内实践、企业实习、顶岗工作，以及专业社会实践四种形式。实践教学体系必须与理论教学体系紧密相连，相辅相成，互相渗透，共同为一致的培养目标服务。建立相对独立的、目标明确的实践教学体系是十分必要的，并应在此基础上探讨理论实践一体化的问题。

2. 注重应用的原则

在专业上进行应用是创新型人才培养的目的，以应用为主旨和创新为目标的特征构建实践教学体系是实现创新型人才培养目标的前提。因此，以应用为主旨和特征构建创新创业素质教育实践教学体系首先要进行职业岗位分析，紧紧围绕职业岗位需要的关键能力、辅助能力、创新能力、综合能力、扩展能力等来分析实践教学体系的环节、内容和要求。在此基础上，要通过实践教学的基地建设、师资建设、教材建设等构筑实践教学体系的保证体系，通过模拟考核、现场考核、工作考核等多种形式建立实践教学的考核体系与评价

体系。

3. 社会与产学结合的原则

产学结合是实现实践教学体系教学目标必须走的道路。产学结合是人才培养的必需，更是社会与经济发展的必需。通过产学结合，校企合作，共同研究培养方案、制定培养目标、实施培养过程，达到社会单位人才培养的根本要求，带动教师参与科学研究和技术服务，通过工程实践、技术开发及产品研发，提高教师的科学研究水平和实践动手能力，进而带动学生将本学科专业知识转化为实际生产力。主动适应经济社会发展对人才创新能力的新要求，更新教育教学理念，整合校内外资源，构建高效、有序的工作体系，完善科学合理的工作制度，落实各项激励保障机制，营造浓厚的校园创新氛围，树立创新典型，提供创新扶持，把大学生创新精神和实践能力的培养融于人才培养的全过程，落实到教育教学的各环节。

4. 整体优化原则

第一，育人层次。实践教学与理论教学具有同等的重要性，要处理好两者的关系，既要相互独立，又要相互渗透，二者相互促进、相互加强。第二，实践教学的层次。各环节之间存在从基础到全面，从单一到综合，从基础到专业，实践内容也有从感性到理性，从易到难的层次。实践形式存在从低级到高级的发展过程。要考虑各实践环节的类型、要求和难易程度，进行优化组合，使其符合人才培养的规律。

（二）立体化实践教学内容体系构建

依据不同范围实践教学内容体系的构建模式主要有两种：一种是传统按学科划分的实践教学体系内容；另一种是按能力层次划分的"分层一体化"实践教学内容体系。按学科划分的实践教学内容体系，适用于某一具体专业的实践教学内容体系建设，明确专业内不同课程环节对学生实践能力、创新能力培养的要求与方式是其目的，这种模式构建的实践教学内容体系，不易明确能力的不同类别及不同层次要求，在教学上不易突出能力培养之间的连续性及创新。另一种按能力的层次划分构建的"分层一体化"的实践教学内容体系是教学型高校实践教学内容体系构建时常采用的一种模式，并按通识技能、专业技能和职业技能三个层次来构建实践教学内容体系，实行"分层培养、层层递进、逐步提高"，培养学生综合运用能力、创新能力和解决实际问题的能力。这种模式注重能力的分层，但对能力的分类及不同教学环节的要求划分不够，在教学上不易把握能力培养的重点，以及能力与素质之间的关系，不能较好地兼顾实践教学的内容体系与实践教学的课程实施之间的关系。

从学校层面来讲，实践教学内容体系的构建模式应具有全校指导意义。本科院校作为教学型院校，主要办学目标是培养应用型本科人才，学生的能力和素质必然是核心，以"宽口径，厚基础，强能力，高素质"为其主要的培养模式。"宽口径、厚基础"主要培养学生的通识能力，"强能力"主要培养学生的专业能力，"高素质"主要通过学生的综合（创新）能力来体现。因此，从学校层面来讲，新建本科院校的实践教学内容体系的构建必然首先要对培养的能力进行分类，这样便于与人才培养方案中教学计划的课程模块（通识模块、专业课程模块、选修课程模块、职业课程模块）相对应。其次不同类别的能力培养应采用不同的教学实施环节。最后是对不同的教学实施环节进行能力培养的分层设计。由此，就形成了实践教学内容体系"能力分类别—实施分环节—要求分层次"的体系化构建模式。

四、立体化实践教学体系的实施

（一）完善实践教学基地建设

创业教育实践基地建设是培养复合型创业人才，适应知识经济竞争与挑战的需要，是高校生存、改革和发展的需要，是解决就业难题、提高大学生综合素质的需要。创业教育实践基地建设对创业教育的开展，对学生的发展，对教师队伍建设，对社会与高校创业人才的沟通等方面也有特殊意义。

创业教育实践基地是沟通理论与实践的媒介。创业教育既强调创业意识、创业精神的培养，又注重创业综合素质的提高，特别是创业操作能力的拓展需要借助实践，以使学生跳出书本求知，真正学以致用，进而通过实践检验所学理论的灵活和适用性。其实践经验的长期总结当然可以再上升为理论知识。

对学生而言，创业教育实践基地是培养学生创业实践能力的平台。一方面，通过大量知识的掌握、案例学习和模拟创业过程的参与，使学生开阔视野，达到启迪创业意识的目的；另一方面，依托实践基地，通过开展创业计划大赛等创业活动，使学生在创新设计能力、实践动手能力、领袖风格和团结协作精神等方面得到很好的锻炼和提高。

在教师队伍建设方面，创业教育实践基地是培养专家型教师队伍的平台。实践证明，培养专家型教师队伍最有效的办法是生产实践与创新活动。在实践基地的建设管理和参与按企业化运作的组织管理中，教师可以不断掌握新的技术，了解国内外科技动态，开阔眼界，转变观念，更新知识，达到教学相长的效果，在实践中提高素质，成长为专家型教师。

就社会与人才沟通而言，创业教育实践基地可以通过组织学生进行多种创业活动来接触社会，了解社会。通过创业教育实践基地，可以搭建科技成果与社会风险投资、企业家之间的桥梁，实现社会对人才的观察和考验，实现科技成果的尽快孵化。

（二）建立完善的实践教学协同管理制度

立体化实践教学体系的建立需要一系列完善的管理制度保障。实践教学管理制度是立体化实践教学体系的重要内容，也是实施该体系的基本条件。有关立体化实践教学体系的管理制度的建立，主要从以下方面考虑：

第一，制定实践教学设施的保障制度。高校在建立专业实验室及实践教学基地的同时应该制定相应的管理制度与保障条例，以及实践教学设施使用具体操作要求和行为规范，以保证实践教学设施的可持续利用。实践教学基地是实践教学活动开展的重要场所，同时，也是培养学生实践能力等综合职业能力的重要平台。实践教学设施等相关硬件管理制度的建立是立体化实践教学体系具体实施的重要保障，有利于实践教学活动的可持续发展。

第二，健全经费管理机制。实践教学体系的建立，无论是硬件的实践教学设施还是实践教学的软件建设都需要充足的经费支持，高校要结合自身的发展需要，制定合理的责权分明的经费管理制度，实践教学所需经费的申报、分配和管理需要有专门的主管部门负责，并有完善的申报及使用流程等制度，以保证实践教学的规范化发展。

第三，制定实践教学巡检制度。实践教学质量是保证专业人才培养质量的重要因素，因此，提高实践教学质量要组织成立实践教学考核小组，采取定期与不定期的巡检方式，对实践教学活动的开展进行评估，继而保证立体化实践教学的有效性和教学质量。实践教学巡检机制的建立，既有利于促进实践教学质量的提高，也有利于实践教学的可持续发展。

此外，坚持校内与校外结合，加大实验室、实践教学基地、创新创业孵化基地的建设力度。实验室在创新创业人才培养中发挥基础性作用，除了要保持设备设施的完备性和先进性外，还应加大实验室的开放与共享程度，提高其利用率，并在实验过程中增加综合性、设计性和创新性实验比重。实践教学基地应采用"校内外共建"的建设思路，一方面，要吸引和聘请企业专业人士一起参与实践教学指导与管理；另一方面，学校要利用学科专业优势，积极为企业提供员工培训、市场调查和方案咨询等服务，具体形式包括校外实训基地、订单式培养、顶岗实习等。创新创业孵化基地将创业团队、导师、投资人、企业、政府等资源要素有效整合在一起，是实践教学的第二课堂，也是直接服务于学生创新创业能力培养的最重要平台。如今，多数高校都成立了类似基地，应在实践教学中充分予以利用。

立体化实践教学体系相关管理机制的建立是一个动态的发展过程，高校要结合实际发展需要，适时调整，灵活运用，不断完善和扩充管理制度内容，定期进行实践教学工作总结，对实践教学存在的相关问题进行及时分析和处理，保障立体化实践教学体系的顺利开展。

（三）建立有效的实践教学协同评价机制

立体化实践教学体系评价机制的建立是保证实践教学质量的重要条件。实践教学评价机制的建立需要科学的方法为指导，开展有效的评价。立体化实践教学体系的评价方法，主要包括以下内容：

第一，采取随堂测评。随堂测评需要实践教学教师制定完整的学期课程随堂测评。在学生的实践教学活动中，部分课程与专业理论课程具有紧密的联系，教师可以根据教学计划和课程目标，对学生进行随堂的实践技能测评，以保证学生本节实践课程知识与技能的学习效果。

第二，开展阶段性测评。随着学生对专业学习的深入，教师在实践教学的不同阶段，可以对学生已掌握专业技能所达到的水平进行阶段性测评。阶段性实践教学测评需要结合专业的发展要求，建立科学的评价指标体系。实践教学阶段性测评既是对学生实践能力等综合素质的全面了解，同时也是学生强化专业综合职业能力的重要过程。

第三，综合性测评。综合性测评主要是针对高年级学生的综合职业能力展开的综合性测试和评价。选择高年级学生的测评对象主要是由于高年级的学生对专业的认知度较高，并且经过阶梯性的实践教学训练，基本具备并掌握了专业相应的职业能力，因此，综合性测评对其展开具有重要的意义和价值。

立体化实践教学综合性测评，既是对专业学生实践学习活动的综合性评价，也是提高学生分析和处理问题等综合职业能力的重要教学内容。

此外，除了上述评价方法外，开放式的测评方式及竞赛式的测评方法等也是可以采取的方法，能够激励学生对专业知识的学习，提高学生的专业学习兴趣，能够进一步完善立体化实践教学体系的评价机制。

第八章 大学生可持续发展能力培养与提升

第一节 可持续发展人才培养的意义

一、可持续发展人才培养的背景

伴随着高等教育大众化的发展，在全球范围内，高等教育的职业化是一个重要的趋势。世界各国普遍认为，大学课程必须为越来越复杂的工作提供相应的训练。因此，今天的本科生比以往任何时候都要强烈地感受到：在大学里不仅要为自己的职业生涯做准备，而且还要为某一具体的岗位做好准备。但在学术本位导向下，以研究型大学为代表的传统学术型高等教育固守精英学术人才培养理念，而以为学生未来从事科学研究做准备，将职业性课程视为眼中钉。为此，世界各国不得不兴建发展了一批新型高等教育机构，以为学生未来职业生涯做准备是其根本特征。因此，职业性是可持续发展人才的根本属性，既具有普通高等教育性质，又从属于职业教育范畴。

而在高等教育系统开放的西方社会看来，现代大学存在的根本理由就是社会对"专门职业人"的需要，因此可持续发展人才是适应社会职业发展需要的专业性人才，这类人才必须接受特定正规的高等学校教育，具备该职业特具的专门的知识和技能；必须经过和接受比普通职业更多的教育和训练，包括高水平的普通教育和训练；必须具备符合专门职业要求的知识标准、技术标准和专业伦理等；必须依法取得社会承认的职业资格证明或开业注册许可等。而这些可持续发展人才必须具备的高素质，只能交由正规的高等教育院校来进行培养。同时，可持续发展人才的出现，必须适应经济社会的发展与科学技术的进步，传统意义的手工操作、小作坊式生产，师傅带徒弟的培养方式已经远远满足不了工业时代对机器的操作，以及大工业时代对精密仪器的控制。因此，在社会职业和工作性质都发生了极大变化的情况下，要求就业者必须有能力迅速适应变化，包括通过在职训练和转岗/转职培训而获得的能力和素质。而对高素质可持续发展人才的培养，是着眼于整个职业生涯而不是针对专业职业或具体岗位的发展。从另一方面来说，高校大学生可持续发展的基础性体现在，职业性和专业性等是以本科教育本身的丰富性和知识基础性为根基的。一般来说，接受普通教育的时间越长，知识基础越牢的人更能有效地学习和掌握新技术新知识，无论对个人还是企业，经济回报都比较高。所以，可持续发展人才在强调专业性、职业性知识与能力培养和训练的同时，也不能忽视其他本科教育的目的，应更加重视本科教育普通知识和基础能力的培养，而这些不仅是对其专业知识的一种补充，同时更能体现出普通高等教育的特色与专长。高等教育需要培养的是人才，而不是专才，社会需要的是人格健全、性格正常、知识全面并拥有专业素养的人才，因此，职业性、专业性和基础性贯穿于人才培养的始终，三者相辅相承、交叉影响，缺一不可。

而从中国社会发展来看，随着中国改革政策的实施，经济得到了迅猛发展，连续30多年保持了接近10%的经济增长。但经济的快速增长也同时暴露出了较多的问题，经济发展的不平衡、不协调，过度依靠自然资源的消耗和粗放型的发展模式，都已经难以适应新形式下中国经济的发展。作为决策者，中国国家领导人已经认识到中国产业发展的短板，为使经济发展保持可持续性增长，由单纯的资源依赖型转变为主要依靠科技进步和人口素质，产业结构的转型升级迫在眉睫。但传统固有的产业结构的调整不是一朝一夕就能完成的，想要将中国制造变为中国创造还有很长的一段路需要走，而这其中人才就是发展与转变的关键。转变经济发展模式，从粗放型到精细化发展，最本质、最核心，最持久、最重要的是劳动者职业素质的提高。因此，由高等教育机构承担培养出高校大学生可持续发展这份不容推卸的责任，是我们实现中国梦、立足世界强国行列的根本。

二、高校大学生可持续发展培养的现实意义

任何社会，任何时代，人才都是国家与社会发展的核心，只有人才素质提升了，各行各业才能进入到经济发展的上升期。

（一）培养高校大学生可持续发展

培养高校大学生可持续发展，是实现国家经济腾飞、实现中国梦的根本高校大学生可持续发展是经济社会发展的急需人才，是与行业产业紧密衔接的高素质劳动者，他们不仅具有较强的实践能力和解决问题的能力，同时还具有强烈的创新精神和能力。

目前，中国的经济正处于一个稳中有升的发展态势，传统的粗放型经济模式已经逐步被淘汰或取代，中国经济发展中的技术型力量在逐渐变强，科技的发展带来的新的人才需求。对先进科学技术的掌握必须是有能力、有素质的高端人才，而依靠高端人才来发展经济的模式已经在发达国家中得到了验证。美国硅谷即是明证，这是一个全世界高科技技术云集的地方，汇聚了惠普、英特尔、苹果、朗讯等大公司，融科学、技术、生产于一体。同时，这也是一个高端技术人才的聚集地，它的高技术从业人员的密度，居全美国之首。同时，它更是美国信息产业人才的集中地。在硅谷，集结着美国各地乃至世界各国科技人员达100万以上，美国科学院院士在硅谷任职的就有近千人，获诺贝尔奖的科学家就有30余人，它成为美国青年心驰神往的圣地，也是世界各国留学生的竞技场和淘金地。当然，这其中也包括了无数的华人，譬如说如清华大学的很多毕业生，都已经成为硅谷公司的员工。众所周知，这些公司所创造的经济价值是难以估量的，尤其是在不断交替上升过程中的科技公司，许多已成为全世界名牌的公司，如苹果、惠普、英特尔等，其产品与影响遍布全世界。

所有的一切都证明，人才是经济发展的根本，想要实现中国经济的腾飞，实现中国人民的中国梦，高校大学生可持续发展与学术型人才，技术型人才一样都是不可或缺的。

（二）培养高校大学生可持续发展

培养高校大学生可持续发展，是落实国家中长期教育规划纲要和人才规划纲要的重要要求。

《国家中长期教育改革和发展规划纲要（2010—2020 年)》中指出，我们要重点扩大应用型、复合型，技能型人才的培养规模，加快发展专业学位研究生教育，同时要造就宏大的高素质人才队伍，大力开发经济社会发展重点领域急需紧缺的专门人才，培养造就数以亿计的各类人才，数以千万计的专门人才和一大批拔尖创新人才。可以说，人才战略的启动，是国家在认清经济发展局势后，对经济结构的调整，对行业内急需人才的呼唤，对人才培养模式的新要求，同时也是在经济转型时期对需求人才的定位。这就要求高等教育机构，特别是二本院校，新建地方本科院校，要转变人才培养模式，找准定位，加快对高校大学生可持续发展培养的步伐。

（三）培养高校大学生可持续发展

培养高校大学生可持续发展，是提高国民素质、完成社会整体升级的关键国民素质的提高，必须依赖教育事业。在实现了九年制义务教育后，社会大范围内整体素质的提高则需要依靠高等教育。目前来看，中国教育事业已经取得了较大的进步，其成绩令世人瞩目。但从中国人口的总比重来看，中国人口基数较大，教育底子较为薄弱，还有很多人难以进入大学接受高等教育的学习，所以在人才的需求上还存在着较大的缺口。目前，现有的人才培养模式与人才数量还难以满足经济发展的需要，而传统高等教育机构所培养出的人才又与市场需求之间存在着一定的偏差。因此，在新形势下，我们无论是对人才培养的观念，模式，平台还是机制等方面，必须尽快进行转变，要加快对高校大学生可持续发展培养的步伐，找准市场需求的定位，加快校企，校政、校校等之间的联系，促进相互之间的合作，提高学生的实践动手能力和创新能力；要培养学生的整体素质，尤其是其成才，成人的精神文明素养；要增加高校大学生可持续发展培养的实践平台，增加实践实训项目；要尽早确立高校大学生可持续发展培养的质量保障与评价体系，完善其培养机制，提供相关政策的扶持，并加大其力度。只有如此，才能把人才培养，尤其是培养高校大学生可持续发展培养落实到实处，看到真实有效的人才培养成果。

三、高校大学生可持续发展培养模式的多途径

在一定的教育思想和教育理论指导下，为实现一定的培养目标，在培养过程中采取的某种培养学生掌握系统的知识、能力、素质的结构框架和运行组织方式。教育部在 2005 年印发的《关于进一步加强高等学校本科教学工作的若干意见》中明确指出："深化教学改革"的主要任务之一就是"优化大学生培养过程"。高校"要以社会需求为导向，走多样化大学生培养之路"，通过大学生培养模式的改革，"办出特色，办出水平"。

2017 年，为贯彻落实党中央，国务院关于高等教育要全面贯彻科学发展观，切实把重点放在提高质量上的战略部署，教育部连续出台了《教育部财政部关于实施高等学校本科

教学质量与教学改革工程的意见》（教高［2017］1号）《关于进一步深化本科教学改革全面提高教学质量的若干意见》（教高［2017］2号）两个文件，就在高等教育发展的新形势下，如何深化教育改革，构建符合时代要求的大学生培养模式等工作做出部署，对高校的大学生培养模式改革提出了新的要求与目标，高校的大学生培养模式改革与探索已经进入一个新的发展阶段。

因此，要培养出高校大学生可持续发展，其培养模式必须围绕着大学生培养目标、教学制度、课程结构、课程内容、教学方法、教学组织形式等，以明确的目标，完善教学制度，优化课程结构与课程内容，采取多样化的教学方法，以多种模式的教学组织形式，为最终能够培养出高校大学生可持续发展而不断地探索与实践。

（一）构建以能力和素质为核心的教育教学体系

高校大学生可持续发展是综合素质和专业能力和谐发展的较高层次的大学生类型。在突出"应用"特征的同时，还要具备"综合素质和谐发展"的特征，并且在突出培养其复合性、应用性、综合性、实践性等特征基础上，应同时注重提升其专业素养，在应用型大学生综合素质和能力培育上形成特色鲜明的大学生培养模式。

对高校大学生可持续发展来说，他们不仅要掌握一定的专业理论知识，具备较强的实践能力和优秀的专业素质，还需具有高度的责任心、自信心，道德感、团队精神等能体现其素养的非专业素质，这也是应用型大学生与学术型大学生和技能型大学生不同的方面。另外，在知识方面，他们要有一定的知识深度，既要以"能力"和"应用"为主，又要有"专业基础扎实，理论基础强"的精神面貌。同时，他们还要有一定的知识宽度，要具备所学学科专业知识，同时能将理论用于实践，用理论来指导实践的能力。

依据高校大学生可持续发展的专业性与综合性，在其知识结构上要注重培养其"应用性"，在其能力素质上，要注重培养其"综合性"。在对大学生的培养上，针对大学生培养方案，基于要达到的能力和素质培养指标，既要突出其知识能力的传授，又要注意其综合素质的提高。因此，必须要对传统的大学生培养方案与教学大纲进行改革。首先，改革通识课程。在国家规定的通识课程基础上，加入对人文素养课程的学习，增加人文素养课程模块，规定其必修与选修类课程，要求学生特别是理工科等学生，必须达到规定的人文素养类课程学分，以此保障学生综合素质的提高。其次，增加以提高"能力"素质为目标的课程类别。以培养应用型大学生为目标，必须建构基于提高能力指标的课程体系，无论是文科还是理工科，必须在理论课程的基础上，构建独立设置的单独的实践教学课程。传统的课程体系，在学科类课程与专业必修课中，除了毕业实习与毕业设计环节，实践课程往往是依托在理论课程中，属于理论课程内包含的实践环节，特别是文科类学生，实践课程更是少之又少，而这与以市场需求为转向的应用型大学生的培养是不相符的。应用型大学生的培养，要以社会需求为导向、市场定位为转向，在对大学生"应用性"的培养上，必须增加实践类环节，设置单独的实践类课程，使实践课程与理论课程相匹配，以此提高专业的实践应用性。再次，以要培养的能力与素质为核心，搭建相关的平台。为达到高校大学生可持续发展的培养目标，与之相关的条件必须予以配备，如保障达到能力指标的教学管理，配备符合能力指标的师资队伍、契合能力指标的外部合作平台，满足能力指标的教学与考评机制等。教育教学的改革，大学生培养目标是关键，而大学生培养指标与措施则是保障。对于实践环节的指导，必须配备"双师型"教师，并能与学校之外的平台建立合作，可采取不同的合作模式，如校政合作、校企合作、校校合作、国际合作等，并建立行之有效的教学与考评目标，在不断的建设过程中，逐渐优化考评机制，以此完善教育教学的改革，形成良性循环。

（二）制定以高校大学生可持续发展为目标的个性化培养模式

培养高校大学生可持续发展是将高等教育大众化却又不降低其培养质量的基本要求。在高等教育由传统精英化向应用型大学生转变过程中，保持大学生培养的质量是教育的目的。根据高等教育的不同学历层次，应用型大学生可细分为专科层次、本科层次，研究生层次等。如果说研究生层次是高层次的应用型大学生，那么本科层次就是较高层次的应用型大学生，其大学生素质不仅应高于专科层次，在理论涵养上也应高于职业技术院校类大学生。

本科阶段应用型大学生的培养不仅是在为社会输送优质的大学生，同时也应使学生可往更高的研究生阶段上继续学习。因此，在培养高校大学生可持续发展时，针对其培养模式，因材施教，根据学生的意愿、兴趣、志向等制定相应的具有个性的大学生培养模式。如对于那些进入大学后即有志于考研的学生，在学校的平台上，即应为其提供相应的平台，无论是在相应的硬件设施，如自习室的配备上，还是软件条件上，如相应的师资配备，都应为大学生的素质提升而服务。

（三）打造以可持续发展为机制的大学生培养目标与实效

高等教育是人生过程中的重要教育阶段，它不仅决定了人生的职业，同时也决定了人生的方向。对大学生的培养就应目光放长远，既要符合学科、专业发展特色，又要能为大学生能力与素质的全面提升而努力，这对高等学校而言，不仅是一种挑战，也面临着机遇。

从教学管理来说，这就要求我们的管理部门应对现代社会发展形势下高等教育的作用与定位予以清晰的认识，能够抓住机遇，明确市场需求，转变大学生培养方向。应从国家与社会对大学生的需求出发，为培养高校大学生可持续发展、明确教学管理的目标与要求、打造大学生培养的长效机制而努力。

从师资队伍来看，大学生培养的关键还在于必须有一支高素质、高水平的师资队伍，教师的能力决定对大学生培养的优劣，而在对应用型大学生的培养上，"双师型"教师又不可缺少，必须适当从企业，机关或事业单位聘请相关的技术性人员，担任大学教师或定期进入大学开办讲座，抑或不定期送教师进入相关企业进行培训，学习，增强在实体中的实战经验，了解企业机制与大学生需求，反过来更有利于指导学生实践教学。除此之外，应用型大学生的高素质定位，还要求教师具备一定的科研能力与实力。实践用于检验真理，真理又可以指导实践，教师理论水平的提高体现在科研中，既可以促进理论教学，又能在实践中得到运用与检验，对于大学生的持续培养都具有稳定与支撑的作用。

从大学培养与地方服务之间的关系来看，二者密不可分，相辅相承。地方负有对大学进行财政支持的作用，大学有为地方培养大学生、输送大学生的重任。为地方经济能够良好稳定地发展，大学必须以可持续发展的机会来培育大学生，无论是对大学生精神、素质、修养、人格的培养，还是对其能力，应用、技能的打造，都应以经济和社会的稳定与持续作为未来目标，以相互之间的支持与合作来保障二者之间的良好循环与互动。为构建和谐、稳定的社会而各尽其责。

第二节　可持续发展培养目标的确立

一、大学生培养目标的地位

1. 大学生培养目标的地位

学校教育是社会通过学校对受教育者的身心施加的一种有目的、有计划、有组织的影响，以使受教育者发生预期变化的活动。教育的目的性，从宏观的角度看，其集中体现就是反映着一定社会教育价值取向主流并得到社会普遍认可的教育目的；从具体的不同层次、类型教育机构的角度看，其集中体现反映了教育目的要求和特定社会需求的各种具体的培养目标。培养目标不同，教育形式，教育内容、教育方法和教育评价也不同。

培养目标是在一定的教育思想影响下形成的，反映了一定的教育思想和教育要求，是教育思想的结晶。培养目标在其形成和诉诸实践的过程中，不仅仅体现为一种具体的教育预期和标准，而且也逐渐演变为一种教育思想或教育理念，成为整个教育实践活动的理论指南，决定着教育实践活动的性质、形式，内容和方向。因此，有学者说，我们不能简单地视教育目标为教育行为预期的标志，而应当把它看成是教育思想的体现，并将它置于教育思想的重要地位。这是因为，教育目标本身蕴含着极其丰富的教育思想，这种思想是在教育目标的形成过程中赋予它的，又在其实现的过程中得以显现、活化与充实。

在诸多教育概念中，培养目标是教育中最基本和核心的概念。没有明确的培养目标，教育的实践活动就可能迷失方向，更难谈得上规范、质量和评价。正是在此意义上，人们普遍认同这样一个观点：培养目标是一切教育活动的出发点和归宿。

2. 大学生培养目标的形成误区

从逻辑的角度看，培养目标是教育实践活动过程中具有先决性质的核心概念。培养目标要解决的问题是培养什么样的人的问题，它涉及基本规格和质量标准。这个问题解决之后，才是怎样培养这些人的问题，它涉及方式，方法、具体措施和内容等问题。在本科教育中，首先要解决的问题是培养目标问题，即培养什么样的人的问题，是通才、专才，复合大学生，还是其他类型大学生，这些大学生应该具有什么样的规格要求和质量标准。其次才是怎样培养这些人的问题，即通过什么样的方式、方法来培养这些人的问题。

在认识和实践的过程中，由于种种原因，本科教育培养目标存在着一种逻辑错位现象。这种逻辑错位具体表现为：在考虑本科教育大学生培养问题时，往往不是首先考虑如何确定培养目标，而是首先考虑开设什么样的专业，在专业设定后才考虑培养目标的问题，把培养目标作为专业的要素或下位概念来对待。这种逻辑错位起自 20 世纪 50 年代初。当时为了培养专门大学生，向苏联学习，以系为基础设专业，有的系还细分为若干专业，口径越来越细。由于过分重视专业问题，以至于把培养目标也作为专业的一部分，或视为同一概念。

理论上，专业培养计划、教学计划都是为了实现培养目标而采取的具体方式或措施，有其自身的内在规定性。大学生培养措施可以描述目标但不能包括目标。即便是为了说明关系或相关问题，也不应该将培养目标列为所属。将培养目标湮没在实现培养目标的方式、方法和具体措施中，必然导致理论上的混乱和实践中的迷惘。

二、大学生培养目标确立的依据

1. 高等教育分类法是培养目标定位的前提依据

目前，我国高等教育包括两大系列、三个层次和四种类型，即全日制教育，继续教育两大系列，研究生教育、本科生教育和高等职业教育三个层次，研究型大学、教学研究型大学、教学型大学和高等职业学院四种类型。不同类型高校有不同的培养目标，不同类型的大学职能决定了其培养目标会有所区别。研究型大学以理论创新、科技创新为主，以为社会培养大量高层次拔尖创新的理论大学生，学术型大学生和原创性、基础性科学研究为主要职责；教学研究型大学在大量培养专门应用大学生基础上，重视高层次拔尖创新大学生的培养；教学型高校则着重承担面向生产，管理、服务一线的应用型专门大学生的培养，致力于社会现实问题和生产实践问题的研究与探索；高职高专院校则主要承担职业技能型大学生的培养。培养应用型大学生，这是教学型高校的目标与使命。结合我校的办学定位，培养应用型大学生是我校大学生培养目标确定的理性选择。

2. 市场需求是培养目标定位的客观依据

教育最基本的规律之一就是它的外部规律，即教育要满足社会的需求，与社会发展相适应，为社会经济发展提供自己的合格"产品"，即大学生。在市场经济背景中，大学生这种"产品"被赋予了商品的属性，对大学生"产品"存在客观需求的主体有三个，即国家主体、社会性组织主体和个体主体。这三个主体的客观需求及其变化构成了培养目标的客观依据。因此，培养目标必须依据市场三个主体的实际需求科学、准确定位，并有针对性地不断修正调整。现代社会发展的一个重要趋势就是把高等教育纳入职业化的轨道，可以说是高等教育在大众化时代最深刻的变化，大学生结构的变化也是其中的主要内容。市场的需求已经表明，高层次精英大学生和从事尖端研究的学术型大学生总是少数，各行各业的实际工作者则是多数。社会发展期待高等教育培养更多的适用型大学生，社会所关注的焦点是毕业生是否具备可聘用的素质与能力。

经济社会发展对大学生的需求是高校大学生培养目标确立的第一根据。高校的生存和发展取决于培养适应经济社会发展的所需大学生。高校要培养适销对路的大学生，必须增强专业教育的适应性，对经济社会发展的大学生需求情况进行调研与预测，并按经济社会发展的行业或职业群的要求设置专业、修订课程和培养目标。本校在大学生培养目标定位、大学生培养方案设计和大学生培养模式构建方面，必须看准以下四方面的新变化：

一是大学生需求的多样化。随着科学技术的蓬勃发展，产业结构的调整加速，社会对大学生的需求日益多样化。社会经济发展不仅需要一定数量的学术型、理论型大学生，更需要大量从事实际工作的应用型大学生；不仅需要大量的技术，技能型大学生，更需要一大批具有创造性的高层次应用型大学生。

二是生产方式的变革。随着科学技术更新周期的大大缩短，生产技术由单一的经验技术向综合的理论技术转变，由过去在生产现场和生产过程中就能学习掌握的技术向现在必须拥有一定的专业理论基础才能进一步学习掌握的生产技能和生产要求转变，对劳动者素质的要求逐步提高。科学技术和生产技术的新变化要求我们在培养大量的技术型、技能型大学生的同时，急需培养大量的有理论、有技术、有能力的高校大学生可持续发展。

三是区域经济发展的不平衡性。国家为了解决区域经济发展的不协调问题，加大了经济结构的调整力度，产业结构不断优化升级，区域间的竞争日趋激烈，地方经济发展对应用型大学生的需求不断增长。由于高素质应用型人才缺乏，使大量的科学研究成果处于理论层面，难以转化为现实生产力，从而制约着经济发展方式的转型和产业结构的调整。

四是大学生培养结构的失衡。从当前毕业生的就业现状来看，目前国家对工程型，技术型、技能型、管理型，服务型等应用型大学生的需求明显大于对学术型、理论型大学生的需求。大学生需求的结构性失衡要求高校必须改变大学生培养类型，加大对应用型大学生的培养力度。唯有认清了这些新变化，才能合理确定大学生培养的目标与规格，科学设计出知识、能力和素质相统一的大学生培养体系。

3. 学校的现实条件是培养目标定位的基础

教学型高校选择的定位目标应该是积极的，能确保为区域经济发展提供足够的大学生支持与知识储备。同时，要考虑实现定位目标所必备的社会物质条件，高校现有的发展基础及可能的发展环境及保障。学校现实条件是定位的基础，不同类型高校办学实力有着很大差别，即使是同一类型的高校，在学科专业，师资力量、设施条件、管理水平等诸多方面也各不相同。高校在定位自身大学生培养目标时，要充分考虑校情，突出学科专业优势，发挥特色，切忌好高骛远。就目标个性而言，则必须体现学校自身的历史、传统，定位和条件，以及本专业大学生的知识能力要求。

在经济社会发展对大学生的需求出现新变化的情况下，山东工商学院选取什么样规格、哪个层次的大学生作为自己的培养目标还要着眼于学校大学生培养的实际能力。山东工商学院由于开办本科教育的历史相对较短，与名牌、老牌高校相比，在学科建设、师资力量、生源层次、管理模式，教学能力等方面存在一定差距，难以按学科教学的模式培养出高层次，高水平的学术型和理论型大学生。相反，山东工商学院在培养面向行业，面向地方的管理、服务第一线的应用型大学生方面则积累了相当丰富的经验，从而形成特色。因而，培养应用型大学生不仅能适应我国社会经济发展的内在要求，而且是学校尊重客观实际的明智选择，更是学校发挥自身办学传统和优势的必由之路。特别在时下，一些大学纷纷向研究型、综合型大学靠拢，不愿培养应用型大学生之际，山东工商学院若能独树一帜，大力发展应用型教育，将大有用武之地。此外，我们从近几年来一些研究型大学为解决高层次应用型大学生的缺口问题发展了专业硕士教育的现实来看，作为山东工商学院发展应用型教育，培养应用型大学生，既是时代赋予的责任，也是规避因自身条件和实力不足而盲目走精英教育老路所面临的诸多风险的需要。

4. 学生的发展潜质是培养目标定位的价值指向

培养目标的合理定位，还要充分考虑教育对象的知识储备、能力基础和个性特征，以此增强大学生培养的针对性。现代多元智力理论认为，人的智力是多元的，个体的差别并不在于有没有某种智力，而在于不同智力因素在不同个体中组合的方式与比例，不存在谁更聪明，只存在谁在哪方面聪明、怎样聪明的问题。每个学生都是独特的并且可以是出色的。随着大众化高等教育阶段的到来，招生规模的扩大，一些文化基础知识不够扎实的学生也能进入大学学习。如果严格按照传统划一的学科教学模式和学术标准要求他们，企图把他们培养成学术型和理论型大学生，这只能是好高骛远，既不适应经济社会发展对大学生多样化的需要，也不符合学生成长和发展的实际。一般而言，山东工商学院的学生虽然对理论学习不太感兴趣，在学术研究方面有所欠缺，但是他们也是兴趣广泛、思维活跃、善于动手和充满着个性化、多元化特点的青年群体，在解决实际问题能力、社会交往能力、艺术想象力等方面则存在着一定的优势。因此，山东工商学院只有因材施教，扬长避短，因势利导，对他们实施有针对性的个性化教育，才能把他们培养成为适合从事各类职业的应用型大学生，让他们在自己喜欢的职业中干出成效。这既是人力资源开发中以人为本的体现，也是高等教育大众化的内在意蕴。

三、大学生培养目标的确立及其实现模式

按照以上要求，我们总结出山东工商学院公共管理学院的大学生培养目标：以培养既能适应用人单位当前需要，具有较强的可就业能力和职业竞争力，又能适应未来职业发展、人生幸福和社会经济发展需要的可持续发展能力的高校大学生可持续发展为目标，在对学生的身体素质、心理素质、专业素质和道德、人文、科学与信息素质以及社会素质进行全面培养的基础上，着重培养学生的道德人文素质、科学素质、社会素质和自我设计与开发能力、专业工作能力和适应国际化需要的能力，将学生培养成具有自我设计与开发的意识，能力与习惯，一定的中外文化素养和对不同文明的理解与包容能力，进行探究性思维和探究性学习的能力和较强的语言表达、人际沟通、合作共处、组织协调能力，能够通过不断地进行自我设计与开发，迅速有效地适应不确定性环境并不断发展的高校大学生可持续发展。

第三节　大学生培养方案的构建模式

一、大学生培养方案的构建原则

应用型教育是以面向服务与经济社会发展的高校大学生可持续发展为目标定位的一种新的高等教育类型。山东工商学院应用型大学生培养模式构建应遵循以下五个原则：

1. 培养目标应体现区域性和行业性

山东工商学院是为了满足人们对高等教育的需求和地方经济社会发展的需要而建立的。山东工商学院的最大特点就是建于地方、服务于地方，地方特色鲜明，服务角色清晰，地方产业发展导向明确，其生存与发展离不开地方政府的支持。它们不仅与地方经济文化发展联系紧密，而且与区域内的行业发展联系紧密。因而，山东工商学院必须以培养区域和行业所需的一线应用型大学生作为自身发展的目标定位和价值取向。在大学生培养上既要准确把握地方经济发展现状和发展趋势，了解行业中的职业岗位及其就业前景，又要主动、灵活地适应行业和企业的用人需求，充分考虑毕业生的社会适应性。

2. 专业设置应体现应用性

应用型大学生培养是以开设应用型专业为载体的。本校要培养应用型大学生必须加强应用型专业建设。在专业建设上既要根据地方的产业结构、经济发展趋势和当地市场的用人需求，又要根据学校的教学科研和学科建设的实际，有针对性地设置应用型专业，建设应用型学科，开展应用型研究，为地方的行业发展培养大批急需的应用型大学生。在融入地方化发展战略中彰显自己的特色，从而实现高等教育与区域经济发展的良性互动和双赢共生。

3. 课程设计应体现复合性

应用型大学生需要具有以通识为基础的深厚专业理论和可供广泛迁移的知识平台，具有较强的终身学习能力和职业转换能力，具有用知识和技术解决管理，服务一线问题的实际应用能力和创新能力，具有必要的人文素养，科学精神和心理素质。本校应按照"厚基础、宽专业，强能力，高素质"的培养要求，设计应用型大学生培养方案，构建包括基础课程（公共基础理论课、专业基础理论课）＋专业课程（专业主干课、专业方向选修课）＋实践课程（校内实践课、校外实践课）和素质课程（文化素质课＋素质拓展课）在内的课程体系，按照"学位（学科）课程＋技能课程＋职业课程"的三位一体模式进行设计，充分体现课程设计的复合性，不断提高学生的职业能力和社会适应能力。

4. 教学过程应体现实践性

实践在培养应用型大学生的过程中起着重要的作用。应用型教育的教学过程不完全是理论性的，还必须是实践性的。本校培养应用型大学生的实践教学环节有课内外结合，校内外结合和实验、实训、实习相结合几种形式。学校在进行理论教学的同时必须突出实践教学，注重理论联系实际，以巩固和检验课堂所学的理论知识，注重实际技能的培养，以提高学生的实践应用能力。实践教学必须走产学研合作之路，加强校企合作，实现学校大学生培养方案与企业用人机制的对接，共同培养行业需要的应用型大学生。

5. 大学生评价应实现多元化

对应用型大学生的培养应采用多元化评价方式，以推动本校大学生培养方式的转变和应用型教育的发展，包括实现评价主体的多元化——应用型人才评价应引入社会评价机制，建立由学校、实习单位、用人单位、行业团体、技能鉴定机构共同参与的大学生质量社会监控体系，形成一种全方位的质量考核与评价方式；实现评价内容的多样化——彻底改变传统的过于注重知识评价学生质量的做法，实行知识、能力、技能的综合考核，建立以应用能力为主的质量评价体系，不仅重视培养与学习的结果，而且重视思维与进步的过程。

二、大学生培养方案的构建途径

构建合理的课程体系是保障大学生培养目标实现的有效途径。我校培养应用型大学生，必须根据行业和职业群的发展要求，按照以促进知识、能力、素质和谐发展为目标和以能力培养为重心的教育理念，设计大学生培养方案，构建大学生培养模式。

1. 构建理论课程体系，夯实学生职业能力形成的基础

构建可持续发展大学生培养的理论课程体系，需要对可持续发展大学生培养目标和要求进行整体研究，并根据行业和用人单位的职业要求广泛采集大学生需要掌握的知识点和能力点，然后学校再根据所采集的知识点和能力点来组织，设计大学生培养方案。本校在围绕职业能力的培养来设计理论课程体系架构时，必须分析、把握应用型大学生职业能力的构成要求及形成机制。

职业能力是指个体从事一门或若干相近职业所必备的本领，是个体在职业工作、社会交往、私人生活中的思维方式方法及做人态度、做事能力的反映，包括从事职业应具备的有关知识、技能、行为态度、职业经验等内容。职业能力的形成涵盖了对专业能力，方法能力和社会能力的培养。其中，第一，专业能力是个体合理地利用专业知识和技能独立解决问题的一种能力，是劳动者胜任工作、赖以生存的核心本领。专业能力的形成主要是通过学习某个职业群（或行业）的专门知识，技能、行动方式和态度而获得的。第二，社会能力是个体建立社会关系、感受和理解社会责任、有效处理矛盾冲突，与他人交流、合作、共处的一种能力。社会能力的形成特别强调对劳动者的人生态度、社会适应性和行为规范性的培养。第三，方法能力是指个体在家庭、职业和公共生活中，对发展机遇、要求和限制做出解释，思考和评判，并能有效开发自己的智力，设计发展道路的一种能力。方法能力的形成特别强调对劳动者思维的合理性、方法的逻辑性、学习的独立性，获取新知识新技能、独立寻找解决问题的途径，以及制订工作计划、把握工作流程、实现自我控制等方面的培养。社会能力、方法能力虽然与专业能力无直接联系，但这种能力非常重要，

是劳动者适应职业变更、劳动组织变化的一种转岗能力，被看作是一种跨职业能力。因而，学校在应用型大学生培养的理论课程体系设计中，必须综合考虑这些职业能力的培养。

知识是能力形成的基础，学生职业能力的形成离不开对理论性知识、工作过程知识和实践性知识的学习。因此，本校培养应用性本科大学生，需要突破传统按学科范式设计的课程构架，对理论课程体系进行大胆的整合、取舍与创新，不断夯实学生职业能力形成的知识基础，不断增强学生的发展后劲。在理论课程体系构建上：一要通过构建"公共基础+专业基础+素质基础"的平台化理论课程体系，不断扩充学生的知识面，巩固专业基础，提高综合素养；二要通过构建"专业主干+专业方向选修+职业拓展选修"的模块化理论课程体系，不断提高学生的职业能力、技术应用及研发能力，拓展学生的个性化发展空间；三要以地方社会经济发展的大学生需求为导向，按行业发展的要求把"学位（学科）课程+技能课程+职业课程"有机结合起来，促进各类知识的融会贯通，为学生职业能力的构建提供相对系统的理论知识和技术原理，不断增强学生把基本理论、基本技能在行业中应用的能力，促使学生向建设者转变。

2. 构建实践课程体系，增强学生的实践、创新、创业能力

构建应用型大学生培养的实践课程体系是培养学生实践、创新、创业能力的重要途径。构建多路径的实践课程体系，对学生进行实践技能训练和专业素质拓展训练，对增强学生的实践，创新、创业能力有着极大的促进作用。在实践教学中，指导教师应重点讲授研究和解决问题的思路和方法，鼓励学生积极提出问题，参与讨论，并通过各种渠道为学生实践提供相关资料，促使学生努力探求知识，始终保持对研究、分析和解决问题的兴趣和好奇心，让实践教学成为学生走上工作岗位前的演练，让学生在实践中不断深化对所学理论知识和技术原理的认识，不断增加其对未来职业的理解与感悟。构建实践课程体系的关键在于有效开发与职业能力相关的一系列的实践教学内容。实践课程体系可按照基本技能、初步综合技能、高级综合技能、创新技能的梯度模式进行设计，采取课内实训、实验设计、毕业设计和课外专业实习、开放实践等多种教学方式，对学生需要掌握的技能进行训练。属于核心或主流技术领域的实践教学内容宜开设为必修课，属于新兴技术领域的实践教学内容宜开设为选修课，属于能力外延扩展或深度提高的实践教学内容宜开设为课外的开放实践，涉及基本技能和初步综合技能的教学内容，可采用与理论教学相捆绑的课内实训或实验的形式，涉及高级综合技能和创新技能的教学内容，可依托实验设计、专业实习、毕业设计和开放实践等形式，独立设置实践教学环节。其中，开放实践是一类不占计划学时的课外教学活动，除了不受课内计划学时总数的限制外，可采用开放实验、项目开发、学科竞赛、职业认证等多种形式组织开展，在内容上可根据技术的最新变化进行灵活调整与扩充，学生也可根据自己的兴趣、特长及未来职业导向自主选择不同的实践主题，甚至学校可以创造条件，鼓励学生在开放实践中利用所学的技术实施创业项目。实践教学是将学生所学的知识应用于实践并转化为综合能力的关键性教学环节，是培养学生理论联系实际的必要手段，是理论知识得以实现的根本途径，是检验和巩固学生所学知识及理论教学质量的有力保证。因此，必须加强实践教学工作管理，以确保实践教学环节不流于形式。

3. 构建素质课程体系，提升学生的人文素养。促进学生全面发展

构建应用型大学生培养的素质课程体系，对学生进行素质拓展训练，是提升学生人文素养、促进学生全面发展的重要手段。素质拓展不仅包括专业素养的拓展，还包括社会综合能力的扩充，精神气质的陶冶和身心品质的提升。素质拓展既重视人文教育对学生健全人格的塑造，也重视科技文化知识对学生成才，成功的启蒙，更重视科学精神对学生创业、创新意识的涵养。构建素质拓展课程体系，是对学生进行职业能力和专业外延训练、促进第一课堂和第二课堂有机融合，推动学生课外学术科技活动与课内教学紧密结合的有效途径。我校对学生进行素质拓展训练，可通过形式多样的方式灵活开展。可以与科研工作相结合，结合专业特点，推进大学生科研训练计划，鼓励学生较早参加科研和创新活动，以培养学生的科学素养，提高学生学习与研究的积极性；可以让学生参与教师的科研项目构思，设计与实施，提高学生的知识运用能力和科研能力；可以让学生参与数学建模竞赛、电子设计竞赛、多媒体制作竞赛、英语竞赛等活动，通过各类专业证书教育，各类专项培训，提高学生的专业应用能力和技术开发能力；可以与学生社团工作相结合，通过组织学生参加各类科技、文化活动，提高学生的社会交往能力，团结协作精神等。我校必须将素质课程体系全面纳入应用型大学生培养的方案之中，通过完善项目化管理、学分制认证、规范化运作的素质教育体系，务求素质教育取得实效，不断提高学生的人文素养和综合素质，促进学生全面和谐发展。

第四节　大学生培养方案的形成机制

一、全面调研是大学生培养方案形成与调整机制的基本前提

没有调查就没有发言权。调研工作包括学科与专业发展状况调查、大学生培养社会需求调查、学生就业与大学生培养效果调查等方面，本次制定的大学生培养方案全面、客观、真实地反映了这些内容。具体包括：第一，国内高校调研。我们走访、调研了三十所高校（包括研究型高校，教学研究型高校、教学型高校），分别就培养目标、专业定位、专业特色、培养途径、课程安排、学时分配、实验课程等与我校相关专业一一进行比较分析，理清了我院三个专业的培养方案的优缺点，其目的是找准我院专业办学的比较优势与大学生培养定位的细分市场。第二，社会单位调研。我们邀请烟台市总工会、劳动就业办公室，劳动监察处相关领导以及不同类型企业负责人（包括通用东岳汽车公司，烟台富士康集团、烟台自来水公司，烟台万华等单位）参加专业建设座谈会，同时走访烟台养护管理处，社会保险事业处、烟台开发区管理委员会，烟台市行政审批中心等十多个单位就我院劳动与社会保障、行政管理、劳动关系专业大学生培养进行调研和论证，其目的是全面掌握所培养的大学生的就业市场与大学生培养规格的现实需求。第三，毕业生跟踪调研。

调查内容涵纳个人现状、初次就业情况、对学校大学生培养方案的评价等，通过调研，以便比较全面地了解毕业生情况，及时做好信息反馈，其目的是找出我院在人才培养过程中存在的问题和偏差，为探索我院培养方案如何更好地适应社会需要提供参考和依据。第四，在校生调研。我们对劳动与社会保障专业，行政管理专业的在校学生进行问卷调查。调查主要侧重于本专业学生对所学课程的学时，课程设计及培养方案执行情况的调查，目的是了解我院大学生培养方案的执行与运行状况。

以上调研工作扎实具体，在全面调研的基础上，我们进一步明确了我院本科专业的办学定位和办学特色，成为制定科学合理的大学生培养方案的坚实基础。

二、明确办学定位与突出办学特色是形成大学生培养方案的落脚点

1. 定位决定地位

山东工商学院公共管理类专业定位的逻辑起点在于，首先，从高等教育的性质来看，山东工商学院公共管理类专业根据各自所面向的领域，理应定位于应用型；其次，从高等教育的价值取向来看，应用型专业性教育强调专门性、针对性、实践性和行业性，在这方面我校公共管理类专业具有比较优势。专业办学定位不准，势必影响大学生培养目标的确立，影响大学生培养规格的实现，进而影响到大学生培养的市场适应性。经过探索和总结，我们提出：山东工商学院公共管理类专业应以"实践"为载体。最终确立各专业"定位于培养具有国际化视野，服务于地方经济社会发展，面向企事业单位，政府机关人力资源管理部门及各行业组织就业，从事各专业及人力资源管理工作的'宽口径、厚基础、善创新、强能力'的高素质专门大学生"。具体而言，劳动与社会保障专业定位于培养具有国际化视野，服务于地方经济社会发展，面向企事业单位、政府机关人力资源管理部门及各级社会保障业务部门就业，从事社会保障及人力资源管理工作的"宽口径、厚基础、善创新、强能力"的高素质专门大学生。劳动关系专业定位于培养具有国际化视野，服务于地方经济社会发展，面向企事业单位、政府机关人力资源管理部门及各级工会组织就业，从事劳动关系及人力资源管理工作的"宽口径，厚基础、善创新、强能力"的高素质专门大学生。行政管理专业定位于培养具有国际化视野，服务于地方经济社会发展，面向企事业单位、政府机关的行政管理部门，从事行政助理、办公室事务等工作的"宽口径、厚基础、善创新，强能力"的高素质专门大学生。

2. 特色决定出路

专业办学定位一方面要紧紧围绕应用型大学生的培养进行：另一方面要大力培育自身的特色，提升整体办学实力和核心竞争力。特色专业是指高等学校在教学改革和专业建设过程中，在办学理念，大学生培养目标、培养模式，培养质量等方面具有显著特色，培养的学生某些方面的素质和能力优于其他院校的该专业学生，并得到社会的广泛认可、有较高声誉的专业。每所高校肩负的大学生培养任务、定位与思路都会根据自身所处的地域、层次和社会发展对大学生的需求来确定。不同类型的高校，它的学术贡献、大学生培养层

次、为社会服务的方式以及在高等教育中发挥的功能和作用也有所不同。因此，高等学校的办学特色是形成办学多样化的有效途径，是高校在教育市场中具有竞争力的表现，也是学校吸引生源、提高社会地位和培养创新型大学生的表现。我们总结出：大学生培养规格的特色，即通过同类院校培养目标的比较，找准大学生培养规格的比较优势；大学生培养机制的特色，即把教育教学各环节、各部分的设计意图与要求揭露出来，把大学生培养方案遵循的内在逻辑也即是目标大学生产生的逻辑揭露出来；大学生培养内容与体系的特色，即以素质、能力结构为核心，构建适合大学生培养的课程教学体系、实践教学体系，并完善相应的培养方式与实施途径保障。

三、科学严谨论证、落实培养目标是构建大学生培养方案的内在要求

方案论证要遵循科学理性。大学生培养方案既要反映现实的客观需要，又要反映大学生发展的未来需要，这就需要理性辨析两者的关系，科学论证方案的合理性。需要理性地分析论证拟培养的大学生应当具有的知识、能力与素质的关系，特别是应具有的核心素质与能力；需要厘清培养方案包含的功能模块及其教育教学内容；需要匹配各门课程与学生素质能力培养的对应关系；需要调整和革新对教学内容与教学方式的要求等。在以上方面，我们做了深入细致的论证，并力求充分反映到本轮次的大学生培养方案的制定当中。

科学的大学生培养目标需要科学的大学生培养机制来落实。大学生培养的目标定位，包括主要就业岗位以及未来职业发展的基本路径等，那么，专业办学特色就要充分体现并落实这一要求。通过对传统的以专业知识与技能培养为核心的教学内容与课程体系进行全面改革，强化教学组织与实施体系建设，特别是通过课程建设体系、学习指导体系，经典导修体系，自我设计与开发体系、实践性教学体系，网络教学体系等建设，构建有利于学生进行自我设计与开发的教学体系，推动教师教学模式和学生学习模式的全面改革，建立开放性的大学生培养模式，培养具有新儒商精神、具备新儒商素质和国际化视野，服务于地方经济社会发展，面向企事业单位、政府机关等工作的"宽口径，厚基础、善创新、强能力"的复合式高校大学生可持续发展。我们提出：本校公共管理类专业按照"宽口径，复合式"的要求采用"本专业＋人力资源管理辅专业"的复合式专业大学生培养模式；按照"凝内含，高素质"的要求着重培养"政策法规执行能力，业务操作能力、人际沟通与协调能力"体系；按照"成才与成人、人文素质与职业素质，初次就业能力与职业发展能力三结合"的要求拓展培养"基本素质与发展潜能、主体性与创新创业能力，适应国际化需要的素质与能力"的素质与能力体系。

四、全面制度约束是构建大学生培养方案的重要保障

制度约束可以避免主观随意。在大学生培养方案形成与调整过程中，既存在许多导致偏离设计目标的主观因素，也存在许多阻碍设计目标实现的客观障碍，这就需要通过制度设计以及严格执行制度来有效消除这些因素的影响，克服可能遇到的障碍。培养方案所要求的改革越多，越彻底，这类因素和障碍也就越多。主要包括四方面：一是在设计者与实

施者分离的情况下，如何保证将培养方案的设计意图贯彻到底；二是在教学任务承担者分散的情况下，如何保证教师课程教学目标与培养方案设计目标一致；三是如何有效避免不同课程之间教学内容的交叉重叠；四是在实践教学条件不完备的情况下，如何变"供给推动"为"目标拉动"、如何保证实践教学课程能够如期开出、如何保证教师能有足够的胜任力进行合格的实践教学，等等。鉴于此，我们制定了公共管理学院本科大学生培养方案管理办法，要求所涉及的各个模块必须严格、充分地论证，论证成熟，方能实施。同时，我们也创造性地要求和强化大学生培养方案实施大纲、课程大纲、实践教学大纲等成体系的专业与教学基本文件的编制。

第五节　大学生培养方案的基本设计

一、基本思路

劳动与社会保障专业大学生培养采用"社会保障＋人力资源管理"的大学生培养模式，行政管理专业大学生培养采用"行政管理＋人力资源管理"的大学生培养模式、劳动关系专业大学生培养采用"劳动关系＋人力资源管理"的大学生培养模式，充分考虑用人单位需求的多样性和学生职业发展的差异性，将人文/生活素质与职业素质、初次就业能力与职业发展能力培养相结合，强化基本素质和学科基本素质与能力培养，以人文素质和自我设计与开发能力培养为重点培养基本素质，以数学，西方经济学、英语素质与能力培养为重点培养学科基本素质与能力，突出专业核心能力培养，加大实践性教学比重，注重学生就业的地域分布特征，提高学生就业适应能力。同时，采用"成才＋成人"模式，注重课程教学之外对学生的心理、情感、观念、行为、习惯等的引导、规范、培育以及对学生各种社会素质与生活能力的培养，将以课程体系为载体的系统性知识、能力培养和以课外活动为主体的多样化、个性化综合素质培养有机结合起来。

二、基本理念

1. 主体性

通过整合利用课内外、校内外教育教学资源，将自我设计与开发意识、能力与习惯的培养与人生与职业规划、创新创业能力培养、专业及学习指导、就业与职业发展指导、社会实践等有机结合起来，以引导学生进行自我设计与开发实践为主体，按照理念引导—实践指导—行为养成的模式，对学生进行全方位、多层次的教育引导与实践训练，培育学生的主体性和创新、创业能力。

2. 持续性

公共管理类专业大学生所需要的能力的形成并非通过单一课程在短期内就能完成，从对相关知识的了解到熟练掌握，从潜能的发现到能力的形成，都是一个长期的过程，需要在大学四年中持续不断地进行学习与训练。因此，坚持能力培养的持续性，在课程设计及实践环节设计上需要保证不同层次与维度的能力的一贯性、不间断。

三、高校大学生可持续发展核心能力与素质要求

不同类型就业及需要履行职能的差异性，使公共管理类专业大学生的能力要求差异化明显。

从我校服务地方经济社会发展的定位以及社会发展的实际需求来看，公共管理类专业大学生就业可能性较大仍然是在数量众多的中小型非国有企业。根据能力发展的阶段性及层次性，公共管理类专业大学生初次就业要求具备"宽口径、厚基础"的基本素质、人力资源综合能力和劳动法律法规及政策应用能力。而未来职业生涯发展将呈现多元化特征，需要有国际化视野，具备较强的沟通协调及危机处理能力，成为真正不可或缺的核心大学生。这三方面的要求均需要在大学生培养的课程体系、教学内容体系及实践教学体系中完全渗透，这就意味着教学设计将围绕能力的培养展开。

四、素质能力培养承载的课程体系

1. 课程体系设计的基本思路

根据用人单位对公共管理类大学生的核心能力的需求，突显我校公共管理类大学生培养的特色。在课程设计上，依据知识、技能、能力需求合理安排公共基础课、学科基础课、专业课以及专业限制性选修课，遵循知识学习的基本原理，保证知识内容体系的承接起合逻辑严谨。基础课做到"全、深、透、足"，即知识领域覆盖面要"全"，课程内容要"深"，讲解要"透"，课时量要"足"；专业课要"精"，即专业课程及其内容选择要精，注重专业知识与能力的可扩展性，突出核心能力培养；实践性课程要"全、够"，不仅要确保学生掌握专业核心能力特别是初次就业所需的各项技能，而且要掌握进行自我设计与开发的基本能力；课程内容要注重应用性，突出方法与技能，不仅注重基础理论知识的传授，还要关注知识的应用与方法技能的培养。

2. 体现能力培养的课程体系

课程体系的设计充分体现能力培养的基本要求，建立能力层次递进模型，根据不同层次能力形成的客观规律合理设计课程体系。

（1）基本素质与能力要求是大学教育与职业教育之间非常重要的差异，大学教育不仅要培育具有专业素质的专门大学生，而且要拥有较强的基本素质，能够不断适应社会发展的需要。

（2）学科通用知识与能力充分体现"宽口径与厚基础"，是专业能力与技能形成与提升的重要基础，同时也会在学生未来的职业生涯发展中从事相关工作并发挥基础性的作用。

（3）人力资源综合能力作为专业序列通用能力，在初次就业中扮演着非常重要的角色，通过人力资源综合能力的培养，能够进一步理解和掌握劳动关系专业能力的核心与

精髓。

（4）公共管理类专业能力是体现专业大学生的特殊性及特色，也是本专业区别于其他专业的核心能力，在大学生培养体系中居于核心地位，在学生初次就业和职业生涯发展中将发挥极其重要的作用。

参考文献

[1] 邹礼均. 大学生安全教育与管理［M］. 重庆：重庆大学出版社，2018.

[2] 李丽丹，艾娇，郑旭. 高校大学生管理［M］. 沈阳：辽宁人民出版社，2018.

[3] 刘增军. 当代大学生管理理论与实践［M］. 延吉：延边大学出版社，2018.

[4] 杨君俐. 大学生管理工作中法律问题研究［M］. 长春：吉林大学出版社，2018.

[5] 王暐琦. 新时代大学生管理工作创新研究［M］. 长春：吉林人民出版社，2018.

[6] 李星华. 当代大学生教育与管理［M］. 延吉：延边大学出版社，2018.

[7] 徐海鹰，郭莉，黄娟. 当代大学生教育与管理［M］. 哈尔滨：哈尔滨工业大学出版社，2018.

[8] 刘昌滨. 大学生创业教育与管理［M］. 徐州：中国矿业大学出版社，2018.

[9] 张恒悦. 大学生创业教育与管理［M］. 延吉：延边大学出版社，2018.

[10] 邱爽，莫新均，韩霜. 大学生道德教育与学生管理研究［M］. 长春：吉林人民出版社，2018.

[11] 余小英. 大学生安全管理理论与实务［M］. 成都：西南交通大学出版社，2018.

[12] 黄琳，黄东斌. 大学生职业生涯规划与自我管理［M］. 北京：人民邮电出版社，2018.

[13] 刘佳，张红，王志芳. 大学生高校事务管理的理论与执行［M］. 北京：北京工业大学出版社，2018.

[14] 冀文. 大学生体育健康与体质管理［M］. 长春：吉林人民出版社，2018.

[15] 庞伊婷. 体育教育与大学生健康管理研究［M］. 哈尔滨：东北林业大学出版社，2018.

[16] 陈宁，袁永和. 管理专业大学生素养实训教程［M］. 广州：暨南大学出版社，2019.

[17] 邵帅. 新生代大学生的心理行为特点及教育管理对策研究［M］. 北京：北京工业大学出版社，2019.

[18] 胡睿. 新时代大学生管理工作的探索与实践路径［M］. 北京：中国水利水电出版社，2019.

[19] 徐芃，祁禄. 大学生职业生涯管理［M］. 长沙：湖南科学技术出版社，2019.

[20] 李建平. 大学生自我提升管理［M］. 成都：四川大学出版社，2019.

[21] 吴小燕. 高职大学生职业发展与就业管理［M］. 武汉：武汉大学出版社，2019.

［22］白芳. 学生本位视角下大学生教育管理与实践探索［M］. 北京：中国水利水电出版社，2019.

［23］张景亮. 大学生创新创业管理与人才培养模式研究［M］. 长春：吉林科学技术出版社，2020.

［24］王婵. 大学生管理理论与方法研究［M］. 合肥：安徽人民出版社，2020.

［25］罗磊. 大学生的时间管理［M］. 南京：东南大学出版社，2020.

［26］孙强. 大学生体育健康与体质管理研究［M］. 北京：人民体育出版社，2020.

［27］杨英杰. 体育强国背景下大学生体质健康科学管理研究［M］. 长春：吉林大学出版社，2020.

［28］邓向荣，刘燕玲. 大学生创新创业［M］. 北京：北京理工大学出版社，2020.

［29］郑宏源，徐超. 大学生安全教育教程［M］. 昆明：云南大学出版社，2020.

［30］张秀娟. 大学生心理健康教育［M］. 长春：东北师范大学出版社，2020.

［31］于国庆. 大学生自我控制研究［M］. 上海：同济大学出版社，2020.

［32］王刚，曹菊琴. 大学生心理健康教育［M］. 北京：北京理工大学出版社，2020.